바로 써먹고, 바로 돈이 되는

1페이지 마케팅 플랜

바로 써먹고, 바로 돈이 되는

1페이지 마케팅 플랜

앨런 딥 지음 | 홍석윤 옮김

알파미디어

제1막 **사전 단계**

1장 표적고객을 설정하라:

2장 메시지를 만들어라:

3장 잠재고객에게 다가가라:
투자수익률 게임

제2막 진행 단계

4장 관심고객을 포착하라:
당신은 사냥꾼인가, 농부인가

제3막 후속 단계

"내가 남들보다 더 멀리 보았다면, 그것은 거인들의 어깨에 올라섰기 때문이다."

– 아이작 뉴턴

이 책에 있는 모든 아이디어가 내 발명품이고 그래서 내가 마케팅과 비즈니스의 천재라고 말할 수 있다면 얼마나 좋을까. 하지만 사실은 그렇지 못하다. 내가 비록 우아한 아이디어 수집가이긴 하지만, 어떤 것도 발명한 적이 없다. 설령 발명했다 해도 책에 쓸 만한 것은 거의 없다.

나의 초기 비즈니스 멘토인 멀 에머리Mal Emery는 종종 이렇게 말하곤 했다. "나는 독창적인 아이디어를 생각해낸 적이 없다. 그것은 너무 위험하기 때문이다." 하지만 그는 예나 지금이나 매우 성공적인 사업가이자 마케터다. 그의 성공 비결은(나중에는 내 성공 비결이 되었지만) 바퀴를 재발명하는 것이 아니라, 확실하게 작동하는 것들을 모방하는 것이었다.

바퀴를 재발명하려면, 당신은 천재여야 할 뿐만 아니라 실패 확률도 높다. 나는 천재도 아닐뿐더러 실패도 싫어하므로 다른 사람이 성공한 방법을 따라 해 적어도 그 기본을 완전히 내 것으로 소화하는 쪽을 좋아한다. 나에게 유리하고 성공할 확률도 높으니까.

내가 '1페이지 마케팅 플랜(1PMP)'이라는 시스템을 만들었지만, 이 시스템을 작동시키는 여러 직접 반응 마케팅direct response marketing(즉각 적인 구매를 유도하는 마케팅-옮긴이) 개념들은 다른 위대한 비즈니스 리더와 마케터 들이 발명해낸 아이디어다.

이렇게 말하면 내 자랑 같지만, 나는 파블로 피카소가 말했다는(그리고 스티브 잡스도 여러 번 반복한 것으로 알려진) '좋은 예술가는 남의 것을 잘 모방하는 사람이고, 위대한 예술가는 남의 것을 잘 훔치는 사람이다'라는 격언을 항상 마음에 새겨왔다. 그리고 그런 철학을 바탕으로 지난 수년간 누군가의 우아한 생각들을 모아서 이 책을 썼다. 이런 나를 '위대한 예술가'로 보든 '도둑'으로 보든 간에, 그런 내 노력의 결과로 탄생한, 한마디로 검증된 사업 성공 아이디어인 이 책에서 독자 여러분도 무언가를 얻어가길 바란다.

물론 창의성과 발명은 이와는 별개의 개념이긴 하지만, 내 생각에 그것은 기본을 먼저 익힌 후에 생긴다. 이 책에는 바로 그런 기본 사항들로 가득 차 있다. 그중에는 내 경험에서 나온 것도 있지만, 대부분은 내 비즈니스 인생에서 어깨를 딛고 일어서게 해준 '거인'이었던 사람들에게서 나온 것이다. 그분들께 감사드리지 않을 수 없다. 특별한 순서는 없이 그분들의 이름을 공개한다.

멀 에머리

딘 잭슨Dean Jackson

조 폴리시Joe Polish

피트 고드프리Pete Godfrey

댄 케네디Dan Kennedy

제임스 슈람코James Schramko

짐 론Jim Rohn

프랭크 컨Frank Kern

세스 고딘Seth Godin

몇몇 분은 내게 개인적인 멘토가 되어주었고, 또 다른 분들은 그들이 쓴 책이나 연구를 통해 멘토가 되어주었다. 내가 이 책에서 설명하는 아이디어가 이분들에게서 나온 경우 각주나 괄호 안에 그분들의 이름을 표기해놓았다. 하지만 내가 빠트린 분도 있을 테고, 때로는 이분들의 아이디어에 충분히 감사를 표현하지 못한 부분도 있을 것이다. 오랜 기간 아이디어를 수집하다 보면, 그 아이디어가 어디에서 왔는지 기억이 가물거릴 때가 있다. 그에 대해서는 미리 사과드리는 바이다.

'1페이지 마케팅 플랜'은 새로운 마케팅 혁신이나 개념이라기보다는 아이디어를 실행하는 돌파구라고 할 수 있다. 이 방법은 소규모 기업이 마케팅에 대해 전혀 알지 못하는 상태에서 회사를 위해 정교한 직접 반응 마케팅 계획을 세우고 실행할 수 있는 가장 쉬운 방법이다. 이 마케팅 계획은 문자 그대로 1페이지로 축약되어 있다.

이 책에 있는 아이디어를 충분히 즐기시기 바란다. 더 중요한 것은 당신이 회사에서 그 아이디어들을 실행하는 것이다. 알고도 실행하지 않는 것은 모르는 것과 다를 바 없다.

중요!

이 책은 상호 소통하는 방식으로 설계되어 있다. 따라서 이 책을 읽어나가면서 '1페이지 마케팅 플랜' 웹사이트의 특별한 자료로 안내하는 이정표를 만나게 될 것이다.

이 자료들은 이 책의 독자만이 이용할 수 있으며, 이 책과 함께 사용할 수 있게 고안되었다. 여기에는 '1페이지 마케팅 플랜'의 방향성 및 예제뿐만 아니라 이 책에 참조된 링크, 비디오, 기사 등도 들어 있다.

정보 출처를 보려면 1pmp.com에 접속하라.

돈 못 버는 마케팅은 버려라

이 책의 핵심을 한 문장으로 요약하면 '돈을 버는 가장 빠른 길'이라고 할 수 있다. 시작부터 이런 '속된' 말을 하는 것은 당신의 시간을 낭비하고 싶지 않기 때문이다.

이 말을 불쾌하게 생각하는 사람이 많을지도 모른다. 솔직히 그런 사람들은 '당신의 열정을 따르라', '열심히 노력하라', '인재를 고용하라' 등등의 귀에 익은 상투적인 문구로 가득한 비즈니스 책을 읽는 편이 낫다. 그런 허황한 개념을 늘어놓은 비즈니스 책들은 수없이 많다. 그런 책들은 실제로 비즈니스에서 크게 성공해본 적 없는 전문 작가나 연구자들이 쓴 것이 대부분이다.

반면 이 책은 노골적이고 대담할 정도로 당신의 비즈니스를 '실제로' 빠르게 성장시켜 성공의 보상을 얻게 하는 과정을 담고 있다.

산소만큼이나 우리 삶에
돈은 중요하다

동기부여 전문가 지그 지글러Zig Ziglar가 말했듯이, 돈이 전부는 아니지만 돈은 우리 삶에서 산소 못지않게 중요하다.

그렇다, '산소'(즉, 돈) 부족보다 더 빨리 기업을 죽이는 것은 없다.

내가 이렇게 뻔뻔하게 돈 버는 것이 중요하다고 강조하는 이유가 몇 가지 있다.

첫째, 충분한 돈만 있으면 해결할 수 없는 회사의 문제는 거의 없기 때문이다. 내가 아는 거의 모든 회사는 크고 작은 문제로 가득하다. 사업을 골치 아프게 하는 대부분의 문제를 해결하는 데 돈은 결정적인 도움을 준다.

둘째, 당신 자신이 문제가 없어야 다른 사람들을 도울 기회를 얻을 수 있기 때문이다.

사업에 뛰어든 이유가 돈을 벌기 위해서가 아니라고 한다면, 당신은 거짓말을 하고 있거나 기업 경영이 아닌 단지 취미생활을 하는 것이다. 나는 가치 실현을 한다거나 세상을 바꾸고 싶어 회사를 운영한다는 등의 말을 하는 사람들을 잘 알고 있다. 하지만 빈털터리가 된다면 과연 이런 일들을 할 수 있을까? 과연 얼마나 많은 사람이 당신을 도와줄 수 있을까?

비행기에 탑승하면 항공기 승무원들이 안전지침을 설명해준다. 아마도 다음과 같이 말할 것이다.

실내에서 갑작스러운 압력 손실이 발생하면 산소마스크가 좌석 위에서 아래로 내려옵니다. 마스크를 입과 코에 대고 줄을 당겨 조이십시오. 어린이나 도움이 필요한 사람들과 함께 여행한다면, 다른 사람들을 돕기 전에 당신의 마스크부터 먼저 착용해야 합니다.

왜 다른 사람들을 돕기 전에 자신의 마스크를 먼저 써야 할까? 그 이유는 당신이 산소 부족으로 먼저 쓰러진다면,

1. 다른 사람을 도울 수 없기 때문이다. 더 나쁜 것은
2. 다른 사람들이 당신을 돕기 위해 부족한 자원을 배치해야 한다. 그러지 않으면 당신이 곧 죽을 테니 말이다.

무엇을 해야 할지 정확히 파악하라

앤서니 그린뱅크Anthony Greenbank는 저서 『생존의 서The Book of Survival』에서 다음과 같이 썼다.

불가능한 상황을 헤쳐나가기 위해 당신에게 필요한 것은 자동차 경주 운전자의 반사 신경, 헤라클레스의 힘, 아인슈타인의 두뇌 같은 것이 아니다. 당신에게 필요한 것은 지금 무엇을 해야 하는지를 아는 것뿐이다.

회사 설립 후 5년 이내에 정확히 몇 퍼센트가 문을 닫을까? 통계에 따르면, 약 90%에 달한다고 주장하는 추정치도 있다. 다양한 추정치가 있지만 나는 그 수치가 50% 아래로 떨어진 것을 본 적이 없다. 이 말은 아주 낙관적으로 봐도 5년 후에 회사가 문을 열고 있을 가능성은 50 대 50에 불과하다는 의미다.

더 걱정스러운 점은 통계 수치에 잡힌 것은 거래가 완전히 중단된, 그러니까 완전히 망한 회사만을 포함했다는 사실이다. 이미 최저 수준으로 떨어진 상태에서 정체되어 비참하게 죽어가는 회사는 포함하지도 않았다.

왜 대부분 영세기업(여기서는 주로 자영업을 의미함)들은 크게 도약하지 못하고 그저 그런 수준에서 정체되는 것일까?

예를 들어 배관공 피트Pete는 하루 16시간씩, 휴일 없이 주말에도 쉬지 않고 일하는데도 겨우 입에 풀칠하고 산다. 반면 조Joe는 20명의 배관공을 둔 배관회사를 운영하고 있다. 그가 하는 일이라곤 계속 굴러들어 오는 엄청난 돈을 세는 일밖에 없는 것처럼 보인다.

영세기업의 경우 사업주가 적당히 생계를 유지하는 수준 그 이상으로 성장하지 못하는 것은 매우 흔하다. 사업주가 아무리 노력해도 그들의 노력만으로는 다음 단계로 올라가지 못하고 좌절로 이어질 뿐이다. 이 시점에서 다음 2가지 상황 중 하나가 발생한다. 환멸을 느끼거나, 아니면 그저 운명이라고 받아들이거나. 그러니까 자기 회사는 돈을 많이 벌지 못하는 영세 자영업에 머물 수밖에 없다고 생각한다.

실제로 많은 영세 사업자들은 자영업을 운영하기보다 해당 산업에서 일자리를 찾는 편이 더 나을지도 모른다. 더 적은 시간 일하고, 스트레스도 덜 받고, 더 혜택을 누리고, 더 휴가 시간을 가질 수 있을 테니 말이다. 반면 잘나가는 일부 사업주들은 모든 것을 가진 것처럼 보인다. 그들은 합리적인 시간 동안만 일하고도 회사의 현금 사정이 좋으며, 지속적인 성장을 누리고 있다.

어려움을 겪는 많은 영세 사업자가 그들의 업계를 탓한다. 실제로 서점이나 도서대여점 같은 사업은 이미 업계에서 퇴출되고 있는 것이 현실이다. 당신이 이런 죽어가는 산업에 속해 있다면, 이제는 재정적으로 스스로를 고문하기보다는 손실을 줄이고 앞으로 나아가야 할 때가 왔다. 하지만 그 업계에 오랫동안 종사했다면 선뜻 빠져나오기가 쉽지 않다. 그렇다고 자신이 속한 업계를 탓하는 것은 그저 비난 게임을 하는 것에 불과하다. 가장 일반적인 불만 사항을 들어보자.

- 경쟁이 너무 심하다.

- 마진이 너무 낮다.

- 온라인 할인점에 고객을 빼앗기고 있다.

- 광고해도 효과가 없다.

과연 이것이 업계 탓일까? 같은 업계에서도 잘나가는 이들이 있지 않은가. 그렇다면 그들은 무엇이 다른가 하는 점에 주목해야 한다.

많은 소기업 사업주가 작가이자 창업가인 마이클 거버Michael Gerber 의 고전 『사업의 철학』(라이팅하우스, 2015)에 묘사된 함정에 빠진다. 즉 소기업 사업주들은 대체로 기술자, 예를 들어 배관공, 미용사, 치과 의사 등으로 자신이 하는 일에는 능숙하기 때문에 거버의 표현대로 '기업가가 되고 싶은 강박관념entrepreneurial seizure'에 빠지기 쉽다는 것이다. 그들은 속으로 이렇게 생각하기 시작한다. "왜 내가 이 바보 같은 상사를 위해 일해야 하지? 난 내가 하는 일에 능숙해. 내 사업을 시작하면 훨씬 더 잘할 거야."

이것이 대부분 소기업 사업자들이 하는 실수다. 그들은 결국 자신이 바보 같다고 생각하는 상사를 위해 일하다가 스스로 바보 상사가 되어버린다! 여기에 이 말의 핵심이 담겨 있다. 하는 일에 기술적으로 능숙하다고 해서 당신이 그 사업에 능숙한 것은 아니라는 사실이다.

다시 위 예로 돌아가보자. 당신이 훌륭한 배관공이라고 해서 배관

사업을 운영하기에 적합하다는 의미는 아니다. 이것을 잘 구분해야
한다. 대부분 소기업이 실패하는 주요 이유이기 때문이다. 사업주가
뛰어난 기술력을 가졌다고 해도 그 회사가 망하는 것은 기술이 아니
라 사업 능력이 부족해서다.

그렇다고 자기 사업을 시작하지 말라는 게 아니다. 기술적인 일뿐
만 아니라 자기가 하는 사업에도 능숙해져야 한다는 말이다. 자기 회
사를 갖는 것은 경제적 자유와 성취를 달성하는 데 놀라운 수단이 될
수 있다. 그러려면 먼저 이런 중요한 차이를 이해하고 성공적인 회사
운영을 위해 무엇을 해야 할지 알아야 한다.

당신이 기술적인 업무는 능숙하지만 사업적 측면에서는 도움을 받
아야 한다고 생각한다면, 제때 잘 왔다. 이 책의 목적은 당신이 혼란
스러워하는 것을 명쾌하게 밝혀주는 데 있다. 회사의 성공을 위해 무
엇을 해야 하는지 정확히 아는 것이야말로 가장 중요한 일이다.

전문가들은 다 계획이 있다

어렸을 때 내가 가장 좋아했던 TV 프로그램은 〈A특공대The A-Team〉였
다. 한 번도 본 적 없는 사람들을 위해 매 회차 줄거리의 99%를 요약
하면 다음과 같다.

1. 악당들이 나타나 무고한 사람들을 괴롭히고 위협한다.

2. 무고한 사람들은 A특공대에게 도와달라고 간청한다.

3. A특공대가 나서서 악당들과 싸워 이기고, 그들에게 굴욕감을 주며 쫓아낸다.

이야기는 언제나 한니발(A특공대의 대장)이 시가를 입에 물고 의기양양한 태도로 이렇게 중얼거리면서 끝난다. "역시 계획대로 일하는게 최고야."

어느 직업이든 위험이 클수록 잘 짜인 계획대로 일한다. 전문가는 절대 즉흥적으로 일하지 않는다.

• 의사는 치료 계획에 따라 진료한다.

- 비행기 조종사는 항상 비행 계획을 따른다.
- 군인은 군사 작전대로 움직인다.

이른바 전문가에게 일을 맡겼는데, 그 사람이 "계획 따윈 필요 없어요. 내가 알아서 할 테니까"라고 말한다면 어떻겠는가. 그런데 그게 바로 대부분의 영세 사업자가 저지르는 짓이다.

누군가가 일을 망쳐버렸다면 대개는 애초 계획이 없었다는 것이 나중에 명백히 드러난다. 당신이나 당신 회사가 그렇게 되지 않도록 해라. 아무도 성공을 보장할 수는 없지만, 계획을 세우면 성공할 확률이 극적으로 높아진다.

비행 계획을 세우지 않은 조종사의 비행기에 탑승하고 싶지 않은 것처럼, 사업 계획을 세우지 않은 회사에 당신이나 당신 가족의 운명을 걸고 싶지는 않을 것이다. 결혼, 동업, 직업 등 모든 일에서 우리는 높은 위험에 직면한다. 이 모든 일에 계획이 없으면 실패한 기업의 희생자라는 운명에 처하고 만다.

이로 인해 비단 자존심만이 아니라 많은 것이 위태로워질 수 있다. 진정한 전문가가 되어 계획을 세워야 한다.

하지만 잘못된 계획도 있다

첫 사업을 시작했을 때, 나는 사업 계획이 회사의 성공에 중요하다는 것을 잘 알았다. 하지만 불행히도, 나의 총명함은 거기까지였다.

비즈니스 컨설턴트(실제로 자기 회사를 성공적으로 운영한 적이 전혀 없는) 덕택(?)으로 내 자산은 수천 달러 더 축났지만, 나는 대부분의 사업주들이 갖지 못한 서류 뭉치를 손에 쥘 수 있었다. 바로 사업계획서였다.

내 사업계획서는 무려 수백 페이지에 달했다. 거기에는 그래프, 차트, 미래 비전 등 많은 것이 들어 있었다. 그 서류 뭉치는 대단히 멋져 보였지만 본질적으로 전혀 터무니없는 내용이었다.

그 사업계획서는 작성되자마자 내 책상 맨 위 서랍에 고이 모셔졌다. 우리가 사무실을 옮기려고 책상을 청소할 때까지 찾은 적이 없었다.

나는 겉만 번지르르한 컨설턴트에게 돈을 낭비했다는 생각에 화가 나서 사업계획서를 쓰레기통에 집어 던졌다.

하지만 나중에 곰곰이 생각해보니, 비록 사업계획서 자체는 터무니없었지만 나름대로 가치 있는 부분도 있었다. 바로 컨설턴트와 함께한 과정에서 내 사업의 핵심 요소, 특히 마케팅 계획이라는 한 가지 중요한 부분을 명확히 할 수 있었던 것이다.

사실, 마케팅 계획을 세우기 위해 우리가 한 많은 노력이 회사의 뼈대가 됐고, 미래 성공의 상당 부분을 만들어냈다고 해도 과언이 아니다.

이에 대해서는 곧 다시 설명하겠지만, 먼저 당신의 비즈니스를 성공시키는 데 중요한 역할을 할 한 남자와 그가 주장하는 개념부터 소개하겠다.

내 친구 빌프레도 파레토와
80 대 20 법칙

안타깝게도 나는 빌프레도 파레토Vilfredo Pareto를 만날 수 있는 특권을 누리지는 못했다. 내가 태어나기 반세기도 전에 세상을 떠났기 때문이다. 하지만 우리가 만났다면 최고의 단짝이 되었을 것이다.

파레토는 이탈리아의 경제학자다. 그는 이탈리아 인구의 20%가 이탈리아 땅의 80%를 소유하고 있다는 것을 발견했다. 그래서 흔히 80 대 20 법칙으로 불리는 파레토 법칙이 탄생했다.

80 대 20 법칙은 이탈리아의 토지 소유권뿐만 아니라 거의 모든 분야에 적용될 수 있다. 아래 몇 가지 예를 보자.

- 회사 수익의 80%는 고객의 20%에서 나온다.
- 도로 교통사고의 80%는 운전자 20%에 의해 발생한다.
- 소프트웨어 사용량의 80%는 사용자의 20%가 차지한다.

- 회사에 대한 불만 사항 중 80%는 고객의 20%에게서 나온다.

- 부의 80%는 전체 인구의 20%가 소유하고 있다.

- 우디 앨런은 심지어 성공의 80%는 일단 출석하기에서 시작된다고 말한다.

즉, **파레토 법칙은 전체 결과의 80%가 전체 원인의 20%에 기인한다고 예측한다.**

나는 원체 게으른 사람이라 이 법칙을 알고 정말 흥분을 감출 수 없었다.

흔히 '필요는 발명의 어머니'라고들 말하지만, 나는 게으름도 발명의 계기가 될 수 있다고 생각한다. 그리고 내 친구 빌프레도는 그런 점에서 나의 멘토다.

이 법칙에 따르면 당신은 지금 하는 일의 80%를 줄이고 대신 그 시간에 소파에 앉아서 나초를 먹어도 된다. 그래도 거의 비슷한 결과를 얻을 수 있을 테니까 말이다.

하지만 소파에 앉아서 나초를 먹으면서 줄어든 일로 인해 생긴 80%의 시간을 그냥 허비하고 싶지 않다면, 나머지 20%의 일을 더 많이 하는 것이 성공으로 가는 지름길이다. 바로 이런 맥락에서, 성공이란 일은 더 적게 하면서 돈은 더 많이 버는 것이다.

64 대 4 법칙도 있다

80 대 20 법칙이 재미있다면, 64 대 4 법칙(나는 제임스 슈람코의 슈퍼패스트 비즈니스 라이브SuperFast Business Live 이벤트에서 이 법칙을 처음 들었다)은 당신의 마음을 완전히 사로잡을 것이다. 80%에서 또 80%를, 20%에서 또 20%를 취하면 64 대 4 법칙이 된다.

결국 전체 결과의 64%는 4%의 원인에서 나온다는 것이다.

다시 말하자면, 성공은 자신이 한 행동의 상위 4%에서 나온다는 의미이고, 비교해서 표현하자면 우리가 하는 일의 96%는 시간 낭비라는 얘기가 된다.

무엇보다 놀라운 점은 80 대 20 법칙이나 64 대 4 법칙이 여전히 놀라울 정도로 정확하게 들어맞는다는 것이다. 지난 세기 부의 분배에 대한 통계를 보면, 상위 4%가 부의 약 64%를 소유하고 있고, 상위 20%가 부의 약 80%를 소유하고 있다는 것을 알 수 있다. 오늘날과 같은 '정보 시대'에서도 말이다. 우리는 100년 전만 해도 부유한 사람들만이 정보에 제대로 접근할 수 있다고 생각했다. 따라서 그들이 부의 80%를 가지고 있는 것은 당연해 보였다. 그러나 오늘날에도 이러한 부의 분배 통계는 유효하다. 정보는 민주화되었고, 가난한 사람들도 부유한 사람들과 거의 같은 정보에 손쉽게 접근할 수 있는 정보화 시대가 되었는데도 말이다.

이것은 더 이상 정보 부족이 문제가 아니라는 얘기다. 하위 80%의 영세 사업자들의 진짜 문제는 '행동과 사고방식'이다. 그것은 지난 100년 동안 전혀 변하지 않았다.

부자들만 아는 비밀

나는 전 세계 수많은 사업주를 관찰하고 함께 일해오면서 큰 성공을 거둔 부유한 사람과, 힘들게 고생하다 파산한 사람의 차이점을 발견했다.

어려움을 겪는 사업주들은 돈을 절약하기 위해 시간을 쓰는 반면, 성공한 사업주들은 시간을 절약하기 위해 돈을 쓴다는 사실이다. 이 차이가 왜 중요할까? 돈은 언제든 더 벌 수 있지만, 시간은 결코 더 가질 수 없기 때문이다. 지금 당장 가장 많은 시간을 쓰는 일이 자신에게 가장 큰 영향을 미치는 일인지 확인해봐야 한다.

이것을 '레버리지(지렛대)'라고 부른다. 이는 지금까지 부자들만이 간직해온 비밀이다.

이처럼 큰 영향을 미치는 레버리지 활동이 모여서 80 대 20 법칙에서 가장 중요한 20%가, 그리고 64 대 4 법칙에서 가장 중요한 4%가 되는 것이다.

더 큰 성공을 원한다면, 당신에게 가장 영향을 미치는 레버리지 활동에 관심을 갖고 이를 계속 확장해나가야 한다.

당신의 비즈니스에서 레버리지 포인트를 찾을 수 있는 영역은 다양하게 널려 있다. 예를 들어 협상 능력을 50% 향상시키는 것을 레버리지로 삼을 수 있다. 이를 통해 주요 공급업체와 재협상하고 구매 가격을 점진적으로 개선할 수 있다. 물론 이 자체도 훌륭하지만 시간과 노력을 기울인 결과 수익성을 조금 더 개선시킬 뿐이다. 이것은 내가 말하는 본격적인 거대 레버리지가 아니다. 우리가 원하는 것은 점진적인 개선이 아니라 기하급수적인 개선이다.

어떤 회사에서든 가장 큰 레버리지 포인트는 단연코 '마케팅'이다. 마케팅 능력이 10% 향상되면 회사 수익에 기하급수적인 영향을 미칠 수 있다.

미국의 전설적인 은행 강도 윌리 서턴Willie Sutton은 40년간 범죄를 저지르면서 수백만 달러의 돈을 훔쳤고, 성인기 인생의 절반 이상을 감옥에서 보냈으며, 세 번이나 탈옥에 성공하기도 했다. 서턴에게 왜 은행을 털었냐고 묻자 그의 대답은 간단했다.

"거기에 돈이 있었으니까."

회사에서 마케팅에 크게 집중하는 이유도 마찬가지다. 바로 거기에 돈이 있기 때문이다.

80 대 20과 64 대 4 법칙을 마케팅 계획에 적용하라

앞서 언급했던 잘못된 사업 계획 이야기로 돌아가보자. 우리 회사의 사업계획서는 결국 경영진의 쓸모없는 헛소리와 터무니없는 얘기로 끝났지만, 그나마 사업 계획 과정에서 내게 매우 중요했던 부분은 마케팅 계획을 작성한 것이었다.

그 마케팅 계획이 사업 계획 과정의 중요한 20%였고, 결국 결과의 80%를 창출해냈다.

그 이후 내가 시작하고 운영한 모든 회사도 마찬가지였다.

내가 소규모 사업주들에 대한 코칭을 시작했을 때, 그들에게 가장 강조한 것도 마케팅 계획 세우기였다.

하지만 어떻게 되었을까? 안타깝게도 그들 중 소수만이 그 일을 해냈다. 왜냐고? 마케팅 계획을 세우는 것은 복잡하고 힘든 과정이기 때문이다.

내가 앞서 게으름도 발명의 어머니가 될 수 있다고 말한 것도 바로 이 때문이다. 이러한 현실을 보고 나는 소규모 사업자들이 마케팅 기획 과정의 핵심 본질을 취해서 쉽고 실용적이며 유용하게 활용할 수 있는 방법을 찾아보자는 아이디어를 떠올렸다. 그것이 바로 이 '1페이지 마케팅 플랜'이 탄생한 배경이다.

1페이지 마케팅 플랜은 당신의 비즈니스가 이뤄내는 결과의 64%

(또는 그 이상)를 창출하는 4%의 노력이다. 이것이 바로 사업 계획에 적용되는 64 대 4 법칙이다. 이 프로세스를 사용하면 수천 시간에 걸쳐 만든 수백 페이지의 사업 계획을 단 1페이지로 요약할 수 있으며, 이것을 생각하고 작성하는 데에는 30분도 걸리지 않는다.

더 흥미로운 것은 이 한 장짜리 마케팅 플랜이 당신 회사의 살아 있는 문서가 된다는 사실이다. 사무실 벽에 붙여놓고 계속 살펴보고 다듬을 수도 있다. 무엇보다도 이 계획서는 실용적이다. 이해하기 어려운 경영진만의 논조나 전문용어도 없다. 또 그것을 만들거나 이해하기 위해 MBA 자격증이 필요한 것도 아니다.

'1페이지 마케팅 플랜'은 마케팅 실행의 돌파구가 되었다. 내가 코칭해주는 고객사들이 내 가르침을 따르는 비율도 크게 향상되었다. 전통적인 마케팅 계획을 세우는 데 필요한 시간, 돈, 노하우가 전혀 없었던 영세 사업자들도 이제는 마케팅 계획을 세울 수 있게 되었다. 그 결과, 그들은 자신들이 해야 할 마케팅을 명확히 이해하고 그에 따른 엄청난 혜택을 누렸다.

'1페이지 마케팅 플랜'을 소개하기 전에, 우선 처음에는 아무것도 가정하지 말고 시작하는 것이 중요하다. 사실 마케팅이라는 말 자체가 소위 업계 종사자나 전문가들조차 제대로 이해하지 못하는 막연한 용어다.

일단 마케팅의 실제적 의미가 무엇인지 빠르고 간단하게 살펴보자.

마케팅이란 무엇인가?

보통 마케팅 하면 광고나 브랜딩 작업으로 간주하거나 다른 어떤 모호한 개념이라고 생각한다. 물론 이런 것들도 마케팅과 관련 있지만, 그런 것들이 마케팅과 같은 개념은 아니다.

간단하고 쉬운 말로 마케팅을 정의하면 이렇다. 서커스단이 어느 도시에 들어와서 "이번 토요일 도시 광장에서 서커스가 열립니다"라고 쓰인 표지판을 만든다면 그건 광고advertising다.

단원들이 코끼리 등에 그 표지판을 올려놓고 마을마다 돌아다닌다면 그건 판촉promotion이다.

코끼리가 그 도시 시장市長이 가꾼 화단을 통과해 지역 신문이 그에 대한 기사를 쓴다면, 그것은 홍보publicity다.

시장을 모셔다가 그 광경을 보고 웃게 만든다면 홍보 활동public relations이다.

서커스를 보러 온 시민들에게 다양한 볼거리가 있음을 알려주고, 각 볼거리의 요금과 재미, 그들의 질문에 대답하고, 궁극적으로 서커스에서 많은 돈을 쓰게 하면, 그것은 영업sales이다.

이 모든 것을 계획했다면, **그것이 바로 '마케팅'이다.**

그렇다. 마케팅은 이처럼 간단하다. 마케팅은 표적고객target market에게 당신 회사를 알리고, 좋아하게 하고, 신뢰하게 해서 마침내 고객이 되도록 만들기 위해 사용하는 전략strategy이다. 그리고 이 마케팅 전략과 관련된 모든 것이 전술tactics이다. 전략과 전술의 차이에 대해서는 다음 단원에서 자세히 알아볼 것이다.

다만 그에 앞서, 지난 10년 동안 시장에 근본적인 변화가 일어났고 따라서 상황이 결코 예전과 같지 않다는 점을 먼저 이해할 필요가 있다.

답이 바뀌었다

알베르트 아인슈타인이 졸업반 학생들에게 시험지를 나눠주었다. 그런데 그 시험지는 작년에도 나눠주었던 것이다. 그의 조교는 깜짝 놀라 아인슈타인 교수에게 건망증이 생겼나 생각하고 나름대로 주의를 주기 위해 말을 꺼냈다.

"저, 교수님." 숫기 없는 조교는 어떻게 저명한 교수의 실수를 지적해야 할지 몰라서 머뭇거렸다.

"무슨 일인가?" 아인슈타인이 말했다.

"음, 저 그런데, 방금 교수님이 학생들에게 나눠주신 시험지 말입니다."

아인슈타인이 참을성 있게 기다렸다.

"교수님께서 알고 계신지 모르겠습니다만, 작년에 나눠준 시험지와 같은 것이더군요. 네, 정말이지 똑같은 문제였습니다."

아인슈타인은 잠시 생각하더니 이렇게 말했다. "맞아, 같은 시험지지. 하지만 답이 바뀌었다네."

새로운 발견이 이루어짐에 따라 물리학의 답이 바뀌는 것처럼, 비즈니스와 마케팅의 답도 변한다.

예전에는 많은 돈을 들여 두툼한 전화번호부에 광고를 냈고, 그것으로 그해의 마케팅은 다 했다고 생각했다. 그러나 오늘날에는 구글, 소셜 미디어, 블로그, 웹사이트 등 무수히 많은 매체가 있다.

인터넷은 말 그대로 모든 경쟁자에게 신세계를 열어주었다. 예전에는 경쟁업체가 길 건너편에만 있었지만 이제는 지구 반대편에도 있다.

그 결과, 마케터들은 이른바 '스타 물건 증후군bright shiny object syndrome, BSOS'에 마비되어버린다. BSOS는 기업의 마케터들이 검색엔진최적화(SEO), 비디오, 팟캐스트, 클릭당 지불pay per click 광고 등과 같이, 당시에 '뜨겁게 유행하는' 마케팅 전술에 몰려드는 현상을 말한다.

그들은 그런 도구와 전술에 사로잡힌 나머지, 실제로 무엇을 왜 하려고 하는지 큰 그림을 이해하지 못한다.

왜 이것이 아무런 효과가 없는지 보여주겠다.

전략과 전술의 차이

전략과 전술의 차이를 올바로 이해하는 것은 마케팅 성공에 절대적으로 중요하다.

전략은 전술에 앞서 큰 그림을 계획하는 것이다. 예를 들어 빈 땅을 사서 집을 짓고 싶다고 생각해보자. 당장 벽돌을 사서 그냥 쌓기 시작할 것인가? 물론 그렇지 않을 것이다. 그러면 곧 엉망이 될 뿐 아니라 안전하지도 않을 테니 말이다.

그럼 어떻게 할 것인가? 먼저 설계자와 시공자를 고용한다. 그들이 건축 허가를 받는 중요한 절차에서부터 당신이 원하는 수도꼭지 부품에 이르기까지 모든 것을 계획한다. 이 모든 과정이 한 삽의 흙을 뜨기 전에 계획된다. 그게 바로 전략이다.

이 같은 전략을 세워야만 비로소 벽돌이 몇 개나 필요한지, 초석을 어디에 세울 것인지, 지붕은 무엇으로 할 것인지를 정할 수 있다. 그 다음에는 벽돌공, 목수, 배관공, 전기기사 등을 고용한다. 그것이 바로 전술이다.

전략과 전술 없이는 어떤 가치 있는 일도 성공적으로 할 수 없다.

전술 없는 전략은 분석 마비로 이어진다. 시공자와 설계자가 아무리 뛰어나더라도 누군가가 벽돌을 직접 쌓기 전에는 그 집은 지어지지 않은 것이다. 어느 단계에서 그들은 이렇게 말할 수 있어야 한다.

"좋아, 청사진은 이제 됐어. 건축에 필요한 모든 승인을 받았으니 지금부터 건축을 시작합시다."

전략 없는 전술은 앞서 언급한 BSOS로 이어진다. 아무 계획 없이 벽을 쌓기 시작했는데 나중에 그 벽이 잘못된 곳에 세워졌다는 것을 알게 되고, 초석을 만들기 위해 콘크리트를 부었는데 그것이 이런 종류의 집에는 맞지 않는 소재라는 걸 알게 되고, 수영장을 만들기 위해 땅의 어느 부분을 팠는데 그곳이 수영장으로 적합하지 않다는 걸 알게 되었다고 생각해보라. 이래서야 좋은 집을 지을 수 없다는 것은 명약관화하다. 하지만 안타깝게도 그것이 많은 사업주들이 마케팅하는 방식이다. 그들은 자신들의 행위가 고객에게 전달되기를 간절히 바라면서 무작위로 각종 전술을 난사한다. 신중하게 생각하지 않고 웹사이트를 바꿔서 결국 브로셔의 온라인 버전에 불과하게 만들어버리거나, 최신 정보가 소셜 미디어에 있다는 얘기를 듣고는 느닷없이 소셜 미디어 홍보를 전개한다.

성공적으로 마케팅을 하려면 전략과 전술 모두 필요하지만, 전략이 먼저 나와야 하고 그것이 전술을 지시하도록 해야 한다. 그리고 바로 이 대목에서 마케팅 계획이 수립되어야 한다. 마케팅 계획은 고객을 확보하고 유지하기 위한 설계자의 청사진이다.

제품과 서비스가 훌륭한데
굳이 마케팅을 해야 할까?

많은 사업주가 제품이 훌륭하면 시장에서 알아서 팔린다고 생각하지만, 이는 스스로를 속이는 것이다. '만들기만 하면 고객은 온다'는 개념은 영화의 줄거리로는 좋을지 몰라도, 사업 전략으로는 끔찍할 뿐이다. 그것은 비용만 많이 들고 실패율이 높은 전략이다. 역사를 돌아보면, 기술적으로 우수한 제품이 상업적으로 실패한 사례가 허다하다. 베타맥스Betamax(일본 소니가 1975년에 개발한 VTR 방식. 고밀도 녹화라는 장점이 있는데도 VHS 방식과의 경쟁에서 패배해 시장에서 사라졌음-옮긴이), 뉴턴The Newton(애플이 개발한 PDA 기기. 1993년에 발매를 시작했으나 높은 가격과 손으로 쓴 필기 인식 기능의 문제로 1998년에 생산이 중단되었음-옮긴이), 레이저디스크LaserDisc(1978년 상용화된 최초의 광학식 영상 매체였으나, 1996년 DVD의 등장으로 급속도로 사양길에 접어들었음-옮긴이) 등이 대표적 사례다.

좋은 제품, 심지어 위대한 제품이라도 제품만으로는 성공하기 어렵다. 사업적으로 성공을 거두려면 반드시 마케팅이 사업의 주력 활동이 되어야 한다.

잠재고객은 당신 회사의 제품이나 서비스가 좋은지 언제 알게 되는가? 당연히 그 물건이나 서비스를 구매했을 때다. 하지만 사지 않는다면, 그들은 그 제품이나 서비스가 얼마나 좋은지 결코 알 수 없다. IBM

의 초대 회장을 지낸 토머스 왓슨Thomas Watson은 다음과 같은 유명한 말을 남겼다. **"판매가 이루어지기 전에는 아무 일도 일어나지 않는다."**

따라서 '좋은 제품이나 서비스는 고객을 유지하는 도구일 뿐이다' 라는 개념을 명확하게 이해하자. 물론 고객에게 훌륭한 제품이나 서비스를 제공한다면, 그들은 우리에게서 더 많이 살 것이고, 다른 사람들에게 우리를 소개할 것이다. 그들이 퍼뜨린 긍정적인 입소문으로 회사의 브랜드 힘은 더욱 커질 것이다. 그러나 고객 유지에 앞서 신규 고객을 유치할 방법(즉, 마케팅)부터 생각해야 한다. 성공한 기업가는 항상 마케팅에서 출발한다.

회사를 망하게 하는 가장 쉬운 방법

이제 회사를 망하게 하는 가장 쉽고 흔한 방법 중 하나를 알려주겠다. 물론 당신이 그렇게 하지 않기를 간절히 바라는 마음에서 하는 말이다. 이것은 마케팅에 관해 소규모 사업자들이 저지르는 가장 큰 실수다.

안타깝게도 이 문제는 소규모 사업자들 사이에서 널리 퍼져 있을 뿐 아니라 그들의 마케팅이 실패하는 핵심 이유이기도 하다.

만약 당신이 소기업 사업자라면, 의심할 여지없이 마케팅과 광고에 대해 생각해본 적이 있을 것이다. 어떤 방법을 사용할 것인가? 광고에서 뭐라고 말할 것인가?

소기업 사업주들이 이 문제를 결정하는 가장 일반적인 방법은, 업계에서 크게 성공한 경쟁자를 살펴보고 그들이 하는 대로 따라 하는 것이다. 얼핏 논리적으로 보인다. '성공한 회사를 따라 하면 나도 성공할 거야.' 과연 그럴까?

하지만 실제로는 이것이 가장 빠르게 실패하는 길이며, 대부분의 소규모 기업들이 실패하는 원인이라고 나는 확신한다. 그 이유는 다음 2가지다.

1. 대기업은 의제 자체가 다르다

대기업의 마케팅은 소기업과는 매우 다른 의제를 가지고 있다. 따라서 그들의 전략과 우선순위도 당신의 회사와 크게 다르다.

대기업의 마케팅 우선순위는 대체로 다음과 같다.

① 이사회 만족시키기
② 주주 달래기
③ 상급자의 성향에 맞추기
④ 기존 고객의 선입견 충족시키기
⑤ 광고대상 수상하기
⑥ 다양한 위원회 및 이해관계자로부터 '승인' 받기

⑦ 수익 창출하기

소기업 사업주의 마케팅 우선순위는 다음 한 가지뿐이다.

① 수익 창출하기

보다시피 소기업과 대기업의 마케팅 우선순위는 천양지차다. 따라서 전략과 실행도 그만큼 달라야 한다.

2. 대기업은 예산부터 다르다

전략은 규모에 따라 변한다. 이 점을 이해하는 것이 매우 중요하다. 초고층 빌딩을 지으려 하거나 그에 투자하려는 사람은 일반 소규모 부동산 투자자와는 당연히 투자 전략이 달라야 한다.

같은 전략이라도 규모가 작으면 효과를 낼 수 없을 것이다. 100층 빌딩을 짓는데 1층만 짓고 말 수는 없지 않은가? 100층을 다 지어야 한다.

1천만 달러의 광고 예산으로 3년 안에 수익을 내려고 하는 대기업은 1만 달러의 예산으로 즉시 수익을 내야 하는 소기업과는 당연히 다른 전략을 구사한다.

대기업 마케팅 전략에서 1만 달러는 지극히 적은 돈이다. 당신이 운영하는 규모와 맞지 않는 잘못된 전략을 사용한다면, 그것은 전적으로 낭비에 불과한 비효율적 전략이 될 것이다.

이것은 대기업 마케팅이다

대기업 마케팅은 매스 마케팅mass marketing 또는 '브랜딩'이라고도 부른다. 특히 브랜딩 광고의 목표는 고객(잠재고객 포함)이 브랜드를 볼 때마다 당신 회사가 제공하는 제품과 서비스를 떠올리게 하는 것이다.

이런 아이디어는 브랜드 광고를 많이 할수록 사람들이 구매 의사를 결정할 때 가장 먼저 당신 회사 브랜드를 떠올린다는 생각에서 나왔다.

대기업 마케팅의 대부분은 대개 이 범주에 속한다. 당신이 코카콜라, 나이키, 애플 같은 주요 브랜드의 광고를 보았다면, 매스 마케팅이 무엇인지를 이미 경험한 것이다.

이런 종류의 마케팅은 효과적이지만, 성공적인 결과를 내려면 비용도 많이 들고 시간도 오래 걸린다. 또 TV, 인쇄물, 라디오, 인터넷 등 다양한 유형의 광고 매체에 정기적으로 그리고 장기간에 걸쳐 광고를 내보내야 한다.

잘 알려진 브랜드에는 막대한 광고 예산과 충분한 인력의 마케팅 팀이 있어서 비용과 시간에 큰 제한을 받지 않으며, 관련 제품 라인도 이미 수년 전에 계획되어 있는 것이 보통이다.

그러나 작은 회사는 이런 식의 마케팅으로 큰 브랜드를 모방한다면 여러 가지 문제가 발생한다.

작은 회사는 광고를 몇 번 낸다 해도 거의 표가 나지 않는다. 그들의 표적고객에게 매일 수천 개의 마케팅 메시지가 쏟아지고 있어서 작은 회사가 내는 몇 차례 광고는 고객의 의식에 전혀 영향을 미치지 못한다. 결국 작은 회사들의 광고는 광고 홍수에 빠져서 투자한 만큼의 수익을 거의 또는 전혀 얻지 못한다. 또 다른 광고 피해자만 더 생길 뿐이다.

이는 작은 회사들이 '브랜드화'나 대중매체 광고를 잘못해서가 아니다. 문제는 메시지를 효과적으로 전달할 만큼 충분한 양의 광고를 할 예산이 없다는 데 있다.

마케팅 예산이 수백만 달러가 되지 않는다면, 이런 유형의 마케팅은 실패할 확률이 매우 높다.

브랜딩, 매스 마케팅, 에고 마케팅ego-based marketing(맞춤형 제품과 서비스를 제공하는 마케팅-옮긴이) 등은 대기업의 영역이다. 이런 식의 마케팅으로 성과를 내려면 막대한 예산과 값비싼 대중매체의 사용이 필수적이다.

성공한 회사의 길을 따라가는 것은 현명한 생각이긴 하지만, 당신이 따르고 있는 전략의 전체적인 맥락을 이해한 다음에 실행하는 것이 중요하다.

또 외부 관찰자의 관점에서 본 전략은 현실과 매우 다를 수도 있다. 당신 회사와 우선순위가 다르거나 예산이 크게 다른 전략을 그대로 따른다면, 원하는 결과를 얻을 수 없다.

이제 성공적인 중소기업 마케팅이 어떤 것인지 알아보자.

중소기업 마케팅의 핵심

직접 반응 마케팅은 작은 회사들이 적은 예산으로 경쟁력 있는 마케팅을 하는 방법이다. 투자수익률(ROI, 기업의 순이익을 투자액으로 나눈 비율-옮긴이)을 측정할 수 있게 설계되어 있기 때문이다. 예를 들어 10달러의 지폐를 한 장당 2달러에 팔고 있다면, 당신은 몇 장이나 사겠는가? 당연히 살 수 있는 만큼 살 것이다. 직접 반응 마케팅으로 하는 게임의 이름은 '할인 금액으로 사는 돈'이다. 그러니까 광고에 2달러를 지출할 때마다 10달러의 판매 수입을 올리는 식이다.

직접 반응 마케팅은 또한 매우 윤리적인 판매 방식이다. 잠재고객의 특정 문제에 초점을 맞추고 있으며, 교육과 구체적인 솔루션으로 그 문제를 해결하는 것을 목표로 삼는다. 직접 반응 마케팅은 또 작은 기업이 저렴한 비용으로 잠재고객의 의식에 도달할 수 있는 진정으로 유일한 방법이다.

당신 회사의 광고를 직접 반응을 유도하는 광고로 바꾸면, 단순히 회사의 이름을 알리는 도구가 아니라 관심고객lead을 생성하는 도구가 될 수도 있다.

직접 반응 마케팅은 잠재고객의 즉각적인 반응을 불러일으킨다. 이를테면 회사의 이메일 목록을 선택하거나 더 많은 정보를 얻으려고 전화를 하거나 웹페이지를 방문하는 등의 특정 행동을 유도한다.

그렇다면 어떻게 하는 것이 직접 반응 마케팅일까? 다음은 직접 반응 마케팅의 주요 특징이다.

1. 추적할 수 있다

즉 누군가가 광고에 반응했다면, 당신은 어떤 광고와 어떤 매체가 그 반응을 생성시켰는지 알 수 있다. 이것이 대중매체 광고나 브랜드 마케팅과의 큰 차이점이다. 대중매체 광고나 브랜드 마케팅에서는 어떤 광고가 고객에게 코카콜라 캔을 사도록 설득했는지 알 수 없다.

2. 측정할 수 있다

잠재고객이 어떤 광고에 반응하고 있는지, 각 광고가 얼마나 많은 매출을 일으켰는지 알 수 있기 때문에 각 광고의 효과를 정확히 측정할 수 있다. 당신 회사는 이제 투자수익률을 알 수 없는 광고는 더 이상 하지 않거나, 투자수익률을 알 수 있는 광고로 바꿀 수 있다.

3. 강렬한 헤드라인과 판매 문구를 구사한다

직접 반응 마케팅은 선택한 잠재고객에게 강력한 관심을 끌 수 있는 메시지를 전한다. 직접 반응 마케팅은 '인쇄된 판매술salesmanship in print'(현대 광고의 대부라고 불리는 앨버트 래스커Albert Lasker가 내린 정의. 당시만 해도 신문 시대였기 때문에 생긴 용어-옮긴이)이라고 할 수 있는 강력한 카피와 이목을 끄는 헤드라인을 구사한다. 때로는 광고라기보다는 사설처럼 보이기도 한다(그래서 사람들이 읽을 가능성이 최소한 3배나 더 높다).

4. 특정 고객층이나 틈새시장을 겨냥한다

특정 업종, 지리적 지역, 틈새시장 내의 잠재고객을 대상으로 한다. 이 광고는 좁은 표적고객의 관심을 끄는 것을 목표로 한다.

5. 구체적인 제안을 한다

직접 반응 마케팅은 특정 가치로 포장된 제안을 한다. 반드시 광고에 나오는 어떤 제품을 파는 것이 아니라, 제품에 대한 무료 설명서를 달라고 하는 등 잠재고객의 행동을 유도하는 것이 목표다. 그런 제안은 광고주보다는 잠재고객에게 초점을 맞추며, 잠재고객의 관심, 욕구, 두려움, 좌절에 대해 이야기한다. 반면 대중매체 광고나 브랜드 마케팅은 광범위하고 모든 사람의 입맛에 맞는 마케팅 메시지를 내보내며, 아이러니하지만 고객보다는 광고주에게 초점을 맞춘다.

6. 응답을 요구한다

직접 반응 마케팅은 잠재고객이 특정 행위를 하도록 설득하는 '행동 요구' 특성을 가지고 있다. 또한 고객에게 응답할 수단을 제공하고 그 응답을 '포착'하는 수단도 가지고 있다. 회사의 제품이나 서비스에 관심을 보이며 고객으로 전환될 가능성이 높은 잠재고객에게는 무료 전화번호, 웹사이트, 팩스 회신 양식, 회신 카드, 쿠폰 등 쉽게 응답할 수 있는 방법을 제공한다. 잠재고객이 응답하면 처음 응답 이후 계속 연락할 수 있는 가능한 한 많은 연락처 정보를 포착한다.

7. 여러 단계의 단기 후속 조치가 포함되어 있다

회사는 잠재고객의 세부 정보를 파악하는 대가로 잠재고객의 문제를 해결해주는 귀중한 교육 및 정보를 제공한다. 단 이 정보에는 두 번째 '거부할 수 없는 제안'이 반드시 들어간다. 즉, 잠재고객에게 전화를 걸어 약속을 잡거나 전시장이나 매장을 방문하게 하는 등, 잠재고객이 다음 단계의 행동을 취하게 하는 것과 관련이 있다. 그러고 나서 이메일, 팩스, 전화 등 다양한 경로를 통해 일련의 후속 '접촉'이 이루어진다. 대개 이 제안에는 시간이나 수량 제한이 있는 것이 보통이다.

8. 고객으로 전환되지 않은 사람들에 대한 후속 조치도 있다

단기 추적 기간 내에 응답하지 않은 사람들은 즉시 고객으로 성숙

되지 못할 여러 가지 이유가 있을 수 있다. 성숙이 더딘 잠재고객층도 여전히 가치가 있다. 그들도 언젠가는 고객이 될 수 있게 정기적으로 회사의 소식을 계속 전해야 한다.

여러 측면에서 직접 반응 마케팅은 매우 깊이 있는 주제지만, '1페이지 마케팅 플랜'은 마케팅 전문가가 되기 위해 몇 년을 공부하지 않아도 당신 회사에서 직접 반응 마케팅을 구현할 수 있도록 지원하는 도구다.

'1페이지 마케팅 플랜'은 당신 회사만을 위해 필요한 직접 반응 마케팅 캠페인의 핵심 요소를 빠르고 쉽게 작성할 수 있게 돕는다.

1페이지 마케팅 플랜

1페이지 마케팅 플랜(1PMP) 양식은 이 책을 읽으면서 포인트 형식으로 작성할 수 있고, 당신 회사에 맞는 맞춤형 마케팅 계획을 짤 수 있도록 고안되었다. 다음은 1PMP의 빈 양식이다.

마케팅 과정을 주요 세 단계로 구분한 9개 칸이 있다. 대부분의 훌륭한 연극, 영화, 책은 3막 구조로 되어 있는데, 그것은 마케팅에서도 좋은 구성이 된다. 이 3막에 대해 살펴보자.

나의 1페이지 마케팅 플랜

	🎯	💬	📋
사전 단계 (잠재 고객)	1. 나의 표적고객	2. 표적고객에 대한 나의 메시지	3. 표적고객에 도달하기 위해 사용할 매체
	🔽👤	🔒	$
진행 단계 (관심 고객)	4. 관심고객 포착 시스템	5. 관심고객 육성 시스템	6. 나의 판매 전환 전략
	🎁	📊	👥
후속 단계 (진짜 고객)	7. 최고의 경험을 제공하는 방법	8. 고객생애가치를 높이는 방법	9. 추천 시스템을 구축하고 촉진하는 방법

3단계 마케팅 프로세스

이 마케팅 프로세스는 우리에게 가장 적합한 표적고객으로 안내해준다. 우리의 존재조차 모르던 표적고객들이 열광적인 팬 고객이 되게 한다. 이 여정은 세 단계, 즉 사전 단계, 진행 단계, 후속 단계로 구분된다(이 세 단계 개념을 개발한 사람은 직접 반응 마케팅의 전설적 인물인 딘 잭슨이다). 다음은 각 단계에 대한 간략한 설명이다.

사전 단계

'사전 단계'를 거치는 사람들을 우리는 잠재고객prospects으로 분류한다. 사전 단계가 시작될 때, 잠재고객은 일반적으로 당신 회사의 존재조차 알지 못한다. 이 단계를 성공적으로 완료하면 잠재고객은 비로소 당신 회사가 어떤 회사인지 알고 관심을 보이기 시작한다.

예를 들어 톰은 바쁜 사업주인데, 노트북과 스마트폰 간에 연락처를 동기화하지 못해 애를 먹고 있었다. 그는 온라인으로 해결책을 검색하다가 '기업 IT 시스템의 성능을 높이는, 당신이 잘 모르는 5가지 전략'이라는 제목의 광고를 우연히 보게 된다. 톰은 광고를 클릭하고 무료 설명서를 다운로드하기 위해 온라인 양식으로 이동해 이메일 주소를 입력한다. 톰은 그 설명서를 받아보는 것이 가치 있다고 생각하고 자신의 이메일 주소를 기꺼이 입력한다.

진행 단계

'진행 단계'를 거치는 사람들을 우리는 관심고객$_{lead}$으로 분류한다. '진행 단계'가 시작될 때, 관심고객은 이미 당신 회사의 제안에 관심을 표명했다. 이 단계를 성공적으로 완료하면 그들은 비로소 당신 회사로부터 물건이나 서비스를 구입하는 첫 고객이 될 것이다.

예를 들어 톰은 다운로드한 설명서가 매우 도움이 되었다고 생각한다. 거기에는 그가 이전에 알지 못했던 몇 가지 정말 좋은 조언들이 담겨 있었고, 그대로 따라 해보니 많은 시간을 절약할 수 있었다. 또 그 설명서를 작성한 IT 회사는 톰에게 유용한 추가 팁과 정보를 이메일로 보내왔을 뿐 아니라, 톰의 회사에 대해 무료 IT 감사를 해주겠다고 제안해왔다. 톰은 이 제안을 받아들였다. 감사는 매우 철저하고 전문적이었으며, 감사 결과 회사 컴퓨터 소프트웨어의 상당수가 구식이어서 IT 시스템이 취약하다는 것을 알게 되었다. 실제로 톰의 회사에서는 지난 6개월 동안 한 번도 백업이 이루어지지 않았다. 그들은 감사 결과 확인된 모든 문제를 해결하기 위해 대폭 할인된 가격에 기술자를 보내주겠다고 제안했다. 톰은 이 제안에 응한다.

후속 단계

이 단계를 거치는 사람들을 우리는 비로소 진짜 고객$_{customer}$으로 분류한다(우리는 회사에 돈을 지불하는 사람들을 '고객'이라고 총칭한다. 이 명칭은 당신이 어떤 유형의 사업을 하느냐에 따라 고객, 의뢰인 또는 환자로 불리기도 한다). '후속 단계'가 시작될 때, 고객들은 이미 당신에게 돈을 지불했다. 그러나 후속 단계는 결코 끝난 것이 아니며, 후속 단계가 계속 올바르게 실행되어야만 고객의 반복 구매를 유도할 수 있고, 당신 회사 제품 또는 서비스의 팬이 되어 지속적으로 당신 회사를 추천하고 새로운 잠재고객을 소개하는 선순환이 이루어진다.

예를 들어 톰은 회사의 IT 문제를 해결한 기술자의 전문성에 매우 깊은 인상을 받았다. 그 기술자는 항상 시간을 엄수했고, 예의 바르게 행동했으며, 해결책을 쉬운 말로 설명해주었다. 무엇보다 그는 '한 번에 해결하지 못하면 무료'라는 회사의 약속을 지켰다. 본사의 누군가가 다음 날 톰에게 받은 서비스가 만족스러웠는지 확인하는 전화를 걸어왔다. 톰은 매우 만족했다고 응답한다.

서비스 만족 확인 통화에서 본사는 톰에게 자격을 갖춘 기술자가 매달 IT 시스템을 관리해주는 월 고정금액의 유지보수 패키지를 제안한다. 이 패키지에는 무제한 기술 지원도 포함되어 있어 톰의 회사에 언제든 문제가 발생하면 수신자 부담 번호로 전화를 걸어 즉시 도움을 받을 수 있다. 톰은 이 제안을 받아들인다. IT 시스템에 자주 불만을 느끼고 해결 방법을 모색하느라 시간을 낭비해온 톰은 그런 전화 서비스를 받는 것만으로도 큰 가치가 있다고 생각한다. 톰은 자신이 경험한 이 훌륭한 서비스를 골프 클럽에서 어울리는 세 명의 사업가 친구들에게 소개한다.

3단계에 대한 설명을 표 형식으로 요약하면 다음과 같다.

단계	상태	단계별 목표
사전 단계	잠재고객	당신 회사의 존재를 알고 관심을 표하게 한다.
진행 단계	관심고객	당신 회사를 좋아하고 첫 구매를 하게 한다.
후속 단계	고객	신뢰를 쌓아 정기적인 구매를 유도하며, 새로운 고객사를 당신에게 소개하게 한다.

지금까지 1페이지 마케팅 플랜의 전체 구조에 대한 조감도를 살펴보았다. 이제 당신의 1페이지 마케팅 플랜을 구성하는 9개의 정사각형 하나하나에 대해 깊이 알아볼 차례다.

중요!

1pmp.com에서 '1페이지 마케팅 플랜' 양식을 다운로드할 수 있다.

제 1 막

사전 단계

사전 단계 핵심

'사전' 단계에서는 잠재고객을 상대한다. 잠재고객은 아직 당신의 존재 조차 모를 수 있다. 이 단계에서는 표적고객을 찾아내고, 선택한 표적고 객에 합당한 설득력 있는 메시지를 만들고, 광고 매체를 통해 그들에게 메시지를 전달한다.

이 단계의 목표는 잠재고객이 당신 회사를 알게 하고 당신이 보내는 메 시지에 응답하도록 하는 것이다. 잠재고객이 응답을 통해 관심을 나타 내면 그 잠재고객은 '관심고객'이 되어 마케팅 프로세스의 다음 단계로 진입한다.

1장

표적고객을
설정하라

표적고객을 설정하는 것은 마케팅 과정에서 중요한 첫 단계다. 표적고객을 설정하면 마케팅 메시지에 대한 고객 반응이 높아져서, 결과적으로 마케팅을 훨씬 더 효과적으로 구사할 수 있다. 당신 회사에 적합한 표적고객에 집중하면 투자 시간, 비용, 에너지 대비 보다 높은 수익률을 올릴 수 있다.

이 장에서 다루는 주요 내용

• 모두를 표적고객으로 삼는 것이 잘못된 생각인 이유

• 매스 마케팅이 당신의 사업에 해로울 수 있으며 얻는 결과에 비해 비용이 더 많이 드는 까닭

• 'PVP 지수'를 활용해 완벽한 표적고객을 선택하는 방법

• 틈새시장에 집중함으로써 작은 연못의 큰 물고기가 되어야 하는 이유

• 가격과 상관없이 고객이 당신 회사를 선택하게 하는 방법

• 제품 및 서비스를 구구절절 설명하는 광고를 중단해야 하는 이유

• 잠재고객의 마음 깊숙이 파고들어 그들의 니즈를 정확히 이해하는 방법

모두가 타깃이
될 수는 없다

표적고객이 누구냐는 질문에 대부분은 '모두'라고 대답한다. 사실 '모두'라는 말은 아무도 표적고객이 아니라는 것과 같다. 많은 고객을 확보하려고 가능한 한 넓은 시장에 서비스를 제공하려는 사업자들을 많이 볼 수 있다.

일면 논리적인 것 같다. 하지만 엄청난 착오다. 대다수 사업주들은 행여 잠재고객을 놓칠까 봐 표적고객을 좁히는 것을 우려한다.

이것은 초보자들의 전형적인 마케팅 실책이다. 이 장에서 우리는 고객을 배제하는 것이 실제로 왜 옳은 판단인지 그 이유를 살펴볼 것이다.

앞서 언급한 바와 같이, 대기업 광고는 매스 마케팅 또는 브랜딩의 범주에 속한다. 그러나 이런 식의 마케팅은, 짙은 안개 속에서 활을 쏘는 것처럼 대충 몇 개의 화살이 목표물에 맞기를 바라며 사방으로 활을 쏘는 것과 같다.

매스 마케팅의 이면에는 '회사의 이름을 온 세상에 알리고 싶다'는 논리가 깔려 있다. 하지만 나는 그 '온 세상'이 정확히 어디를 말하는지, 그리고 그곳에 이름이 알려지면 무슨 일이 생긴다는 것인지 정말 이해할 수 없다. 그들의 논리는 그저 메시지를 충분히 많이 발송하다 보면 우연히 잠재고객을 얻을 테고, 그들 중 일부가 뭔가를 구매한다는 것이다.

마치 안갯속에서 방향감각을 잃은 궁수가 사방으로 아무렇게나 활을 쏘면서 하나쯤은 목표물에 맞을 거라고 말하는 것 같지 않은가? 그렇게 들린다면 당신은 제대로 이해한 것이다. 어쩌면 당신도 그 궁수처럼 충분한 화살이 있어서 사방으로 활을 쏘다 보면 언젠가는 목표물을 맞힐 것이라고 생각할지도 모르겠다. 과연 그럴까? 물론 그럴 수도 있다. 하지만 적어도 중소기업의 경우 그것은 어리석은 마케팅 방법이다. 그들은 그런 방식으로 목표물을 맞힐 만큼 충분한 화살(돈)이 없을뿐더러 그럴 만한 시간도 없기 때문이다.

중소기업 마케팅을 성공적으로 하려면 좁은 표적 시장 혹은 틈새 시장에 레이저를 쏘듯 정확히 겨냥해야 한다.

좁고 깊게 틈새시장 공략하기

진도를 더 나가기 전에 틈새시장에 대한 정의부터 알아보자.

'틈새'란 세밀하게 좁혀진 하위 카테고리다. 예를 들어, 건강과 미용을 생각해보자. '건강과 미용'이라고 하면 이는 매우 광범위한 카테고리다. 미용 클리닉만 해도 태닝taning, 왁싱, 얼굴 마사지, 피하지방 제거 등 다양한 서비스를 제공한다. 여기서 만약 피하지방 제거 같은 하위 범주를 선택한다면, 이것이 바로 틈새시장이 되는 것이다. 더 나아가 갓 출산한 여성을 위한 피하지방 제거에 초점을 맞춘다면 범위는 더욱 좁혀진다. 이것이 바로 세밀하게 좁혀진 틈새시장에 대한 정의다. 여기서 왜 굳이 그렇게 시장을 제한해야 하느냐고 묻고 싶을지 모른다. 그 이유는 다음과 같다.

1. 가지고 있는 예산이 제한되어 있다. 너무 넓게 초점을 맞추면 마케팅 메시지가 희석되고 약해진다.
2. 또 다른 중요한 이유는 '관련성'이다. 잠재고객이 광고 메시지를 보자마자 "아, 이건 나한테 딱이군"이라고 말할 수 있어야 한다.

만약 이제 막 아기를 출산하고 피하지방을 걱정하는 여성이라면, 이 특정 광고에 흥미를 느끼지 않겠는가? 분명히 그럴 것이다. 반면 장황하게 설명하는 미용 클리닉의 일반적인 광고 목록 중 하나에 피하지방 치료가 있을 뿐이라면 흥미를 끌 수 있을까? 여러 가지 목록 속에서 그저 흘려듣기 십상이다.

보통 집에서 사용하는 100와트 전구는 방 전체를 밝게 해준다. 반면 100와트 레이저는 강철을 절단할 수 있다. 같은 에너지로 극적으로 다른 결과가 나타난다. 같은 에너지를 어떻게 집중시키느냐에 그 차이가 있다. 이 원리는 당신의 마케팅에도 정확히 똑같이 적용된다.

또 다른 예로 사진작가를 들어보자. 사진작가들이 하는 광고를 보면 다음과 같은 긴 서비스 목록을 흔히 볼 수 있다.

- 인물사진
- 결혼사진
- 가족사진
- 광고사진
- 패션사진

물론 사진을 찍는 기술은 상황에 따라 크게 다르지 않을 수 있다. 그런데 질문 하나 해보자. 결혼사진을 찍고 싶은 사람과 광고사진을 찍고 싶은 사람은 각기 다른 광고에 반응을 보일 것 같지 않은가?

특별한 날을 기념하기 위해 사진작가를 찾는 예비신부와 제품 브로셔를 만들기 위해 트럭 사진을 찍고자 하는 중장비 판매점의 구매 담당자는 근본적으로 다른 광고를 찾지 않을까? 물론이다.

그러니 광고에서 서비스 목록을 광범위하고 두루뭉술하게 펼쳐놓는다면 위 두 고객 모두 자신과 관련이 없다고 생각해서 이런 광고를 낸 사진작가를 무시할 가능성이 크다.

마케팅 캠페인에서 표적 시장을 좁혀야 하는 이유다.

'모든 사람에게 모든 것을 제공한다'는 식의 마케팅은 실패로 이어지기 쉽다. 표적 시장을 좁힌다고 해서 광범위한 서비스를 제공할 수 없는 것은 아니다. 단 각 서비스 범주마다 별도의 홍보가 필요하다는 점을 이해하라.

세밀하게 좁힌 틈새시장을 공략하면 작은 연못의 큰 물고기가 될 수 있다. 틈새시장 공략으로 특정 카테고리나 지역을 지배할 수 있다는 의미다. 이는 광범위한 접근 방식으로는 불가능하다.

틈새시장을 추구하는 방식은 '폭 1인치, 깊이 1마일'로 표현할 수 있다. '폭 1인치'란 정밀하게 표적화한 하위 범주를 의미하며, '깊이 1마일'은 특정 문제에 대한 해결책을 찾는 사람들이 많다는 뜻이다. 일단 하나의 틈새시장을 장악하고 나면, 수익성이 높고 고도로 표적화된 또 다른 틈새시장을 찾아 사업을 확장해가면서 그 틈새시장도 장악할 수 있다.

그렇게 되면 사업의 잠재적 규모를 제한하지 않고도 고도로 표적화되는 이점을 한껏 누릴 수 있다.

틈새시장은 가격이 중요하지 않다

방금 심장발작을 겪었다면, 일반 의사에게 치료를 받겠는가, 심장 전문의에게 치료를 받겠는가? 당연히 심장 전문의를 선택할 것이다. 그런데 심장 전문의와 상담한다면, 일반 의사보다 비용이 더 많이 들거라고 생각하지 않는가? 당연히 그렇다.

전문의의 청구서 금액이 일반 의사보다 훨씬 더 높을 수 있지만, 당신은 지금 가격을 비교하며 의사를 쇼핑하는 것이 아니다.

왜 갑자기 가격이 중요하지 않을까? 그것이 바로 틈새시장에 참여하는 묘미다. 심장 수술을 하는 심장 전문의든 피하지방을 제거하는 미용 클리닉이든 일반 의사나 일반 미용실보다 더 높은 비용을 청구할 수 있다. 잠재고객이나 기존 고객들은 그들을 이미 남들과는 다르다고 인식하고 있기 때문이다. 전문가는 가격으로 선택되지 않는다. 전문가는 소위 만물박사보다 훨씬 더 높이 평가되며, 표적 시장의 특정 문제를 해결하기 위해 상당히 높은 보수를 받는다.

그러니 당신의 표적 시장이 해결책을 원하고 있다는 것, 그리고 그 대가로 상당한 금액을 지불할 용의가 있다는 점을 상기하라. 그런 다음 그들의 마음속 대화를 파악하라. 그들이 잠자리에 들 때 걱정하고 눈 뜨자마자 생각하는 것이 무엇인지 찾아라. 그러면 엄청난 결과를 얻을 수 있다.

다시 말하지만 '모두'를 타깃으로 삼는다는 말은 '아무도 표적으로 삼지 않는다'는 말에 다름 아니다. 대상이 너무 광범위하면 당신의 '전문성'은 무시되며 오직 가격에 의존하는 상품으로 전락한다. 당신이 열정적으로 큰 성과를 낼 수 있는 표적 시장을 찾아 좁게 정의하라. 그러면 전문가가 될 수 있다.

표적 시장을 좁히면 누구를 배제할 것인지를 자연스럽게 결정할 수 있다. 이것의 중요성을 과소평가해서는 안 된다. 많은 영세 사업자가 잠재고객을 배제하는 것을 두려워한다. 그들은 그물이 넓어야 더 많은 고기를 잡을 수 있다고 생각한다. 이는 대단히 잘못된 생각이다. 틈새시장을 먼저 지배하고 일단 그 시장을 장악하면, 또 다른 틈새시장을 찾아 같은 과정을 거치고, 다시 또 다른 시장을 찾는 과정을 반복하라. 절대로 그 모든 시장을 한 번에 잡으려 해서는 안 된다. 그러면 메시지와 마케팅의 힘이 떨어진다.

당신에게 적합한 고객을 찾는 방법

좁은 표적 시장을 선택하는 것이 얼마나 강력한 힘을 발휘하는지 알게 되었다면 이제 당신의 표적 시장을 선택해야 할 차례다. 대부분의 다른 소기업들과 마찬가지로 당신도 현재 여러 분야의 시장에 서비스를 제공하고 있을 수 있다. 앞서 언급한 사진작가 친구의 예로 돌아가보자. 그는 지금 다음과 같은 일을 하고 있다.

- 결혼사진
- 기업사진
- 보도사진
- 가족사진

지금 분야가 다른 일을 동시에 하고 있는 사진작가에게 적합한 고객은 누구일까. 표적고객을 파악하는 좋은 방법으로, PVP 지수(개인적 성취감, 시장 평가, 수익성)라는 것이 있다. 이를 이용해 당신이 서비스를 제공하는 분야별로 10점 만점의 등급을 부여해보자(PVP 개념은 프랭크 컨의 아이디어에서 따온 것이다).

P(Personal fulfillment) — **개인적 성취감:** 고객을 상대하는 것이 얼마나 즐거운가? 단지 돈 때문에 어쩔 수 없이 소위 '진상고객'과 일할 때가 많다. 당신의 고객과 일하는 것이 얼마나 즐거운지 평가해보라.

V(Value to the marketplace) — **시장 평가:** 고객이 당신의 제품이나 서비스를 얼마나 가치 있게 평가하는가? 그들은 당신의 일에 기꺼이 많은 돈을 낼 용의가 있는가?

P(Profitability) — **수익성:** 당신이 하는 일은 얼마나 수익성이 있는가?

높은 수수료를 받고 있다고 생각하는데, 막상 자세히 따져보면 안 그럴 수도 있다. 간신히 이윤을 남기거나 심지어 손해를 보는 예도 있다. 중요한 것은 '매출'이 아니라 '최종 이익'이다.

예로 든 사진작가가 하는 일을 PVP 지수로 점수를 매겨 다음과 같이 나왔다고 하자.

결혼사진

개인적 성취감 = 5
시장 평가 = 7
수익성 = 9

총 점수: 21

보도사진

개인적 성취감 = 9
시장 평가 = 7
수익성 = 2

총 점수: 18

기업사진

개인적 성취감 = 3
시장 평가 = 6
수익성 = 9

총 점수: 18

가족사진

개인적 성취감 = 9
시장 가치 = 8
수익성 = 9

총 점수: 26

이 사진작가에게 가장 적합한 고객은 가족사진을 찍고 싶어 하는 사람들이다. 그들과 일하는 것이 가장 재미있고, 가장 높게 평가받고 있으며, 수익성도 좋다. 그들이야말로 가장 돈이 되는 고객이다.

물론 그렇다고 해서 가장 적합한 고객 외에는 일할 수 없다는 뜻은 아니다. 다만 현재로선 마케팅 노력이 가장 적합한 고객을 향해야 한다는 말이다. 앞서 말했듯이 레이저처럼 힘을 한곳에 집중해야 한다. 일단 이 부문을 먼저 장악하고 나면, 계속해서 다른 부문을 추가할 수 있다. 처음부터 너무 광범위하게 모든 시장을 목표로 삼는다면, 마케팅 노력은 효과가 없을 것이다.

당신에게 가장 적합한 표적고객은 누구인가? 당신의 일과 관련된 모든 속성에 대해 가능한 한 구체적으로 구분하라. 그들의 성별, 나이, 사는 곳 등으로 표현할 수도 있다.

표적고객의 사진을 가지고 있는가? 그렇다면 다음 질문에 답하면서 그들의 사진을 오려 붙이거나 출력해두어라.

- 그들이 밤잠을 설치는 이유는? 소화불량으로 식도가 불편한가? 잠을 못 이루고 천장만 바라보는가?
- 그들이 두려워하는 것은?
- 그들이 화를 내는 이유는?
- 그들이 화를 내는 대상은(누구에게 화를 내는가)?
- 그들이 매일 직면하는 좌절은?
- 그들의 사업이나 일상생활에서 현재 어떤 유행이 일어나고 있으며, 앞으로는 어떨 것인가?

- 드러내지는 않지만 간절히 바라는 것은?

- 그들이 의사 결정을 할 때 어떤 편견이 있는가? 예를 들어, 엔지니어는 유별나게 분석적이라고 생각하는 것 같은.

- 그들이 사용하는 특별한 언어나 전문용어가 있는가?

- 그들은 어떤 잡지를 즐겨 읽는가?

- 그들은 어떤 웹사이트를 자주 방문하는가?

- 오늘 운수는 어땠는가?

- 그들이 주로 느끼는 정서는 무엇인가?

- 그들이 가장 갈망하는 것 한 가지만 든다면?

이 질문들은 그저 이론적이고 허황한 것이 아니다. 바로 당신의 마케팅을 성공하게 해주는 열쇠다. 잠재고객의 생각을 이해하지 못한다면, 마케팅을 아무리 잘한다 해도 효과를 거두지 못한다.

아직 표적고객을 찾지 못했다면, 초기 마케팅 노력의 대부분은 표적고객에 대한 심도 있는 조사와 인터뷰, 세심한 연구에 집중되어야 한다.

잠재고객의 아바타 만들기

잠재고객의 생각을 어떻게 이해할 수 있을까? 가장 좋은 방법은 아바타를 만들어 일시적으로 그들이 되어보는 것이다. 걱정하지 마시라. 그런다고 해서 당신을 놀릴 사람은 아무도 없다.

아바타는 당신의 표적고객과 그들의 삶을 자세히 탐색하고 설명해주는 도구다. 마치 몽타주 화가처럼, 흩어진 정보를 짜맞춰서 잠재고객의 생생한 모습을 마음속에 만들어내는 것이다. 이 아바타가 그들의 이야기를 들려주면 당신은 그들의 관점에서 삶을 시각화한다.

표적 시장에서 만날 수 있는 여러 유형의 의사 결정자나 영향을 미치는 자의 아바타를 만드는 것도 중요하다. 예를 들어, 당신이 금융서비스 업계의 중소기업에 IT 서비스를 판매한다면, 사업주뿐만 아니라 그들의 비서도 상대할 수 있다.

예를 들어 잘나가는 재정자문 회사의 사업주 맥스 캐시Max Cash와 그의 개인 비서 앤절라 어시스턴트Angela Assistant의 아바타를 만든다고 해보자.

맥스 캐시

- 맥스는 51세다.
- 그가 소유한 재정자문 회사는 지난 10년간 꾸준히 성장해왔다. 사업을 운영

하기 전에는 글로벌 컨설팅 회사 KPMG와 몇몇 대기업에서 근무했다.

- 학사 학위와 MBA를 취득했다.

- 결혼해서 십 대 딸 둘과 어린 아들 하나를 두고 있다.

- 중상류층이 사는 교외에 방 5개짜리 주택을 보유하고 있으며, 현재 그 집에 4년 정도 살았다. 그는 2년 된 메르세데스 S-클래스를 타고 다닌다.

- 그의 회사는 직원이 18명이며, 사무실 건물도 그의 소유다. 사무실은 집에서 차로 15분 거리에 있다.

- 그가 운영하는 회사의 연간 매출액은 450만 달러로, 주로 서비스 기반 수익이다.

- 회사에는 IT 지원 인력이 없어서, 대부분 IT와 기술 업무는 그의 개인 비서인 앤절라 어시스턴트에게 위임한다.

- 그는 다양한 소프트웨어에 매달 약 4천 달러를 쓰고 있다. 이 소프트웨어들은 업계에서 자주 사용되며 이 소프트웨어를 사용해 가장 최근의 금융 데이터에 접근한다. 그는 이 소프트웨어가 자신과 고객에게 도움이 된다는 것을 잘 알고 있다. 하지만 그중에는 활용도가 낮은 기능도 많이 포함되어 있다는 것을 잘 알고 있다.

- 사무실 서버와 시스템은 대부분 그 소프트웨어 공급업체가 설치한 것이지만, 설치 이후 거의 유지보수가 되지 않아 뒤죽박죽인 상태다. 백업 시스템도 구식이며 실제로 테스트받은 적이 없다.

- 그는 골프광이다. 그의 사무실은 골프 기념품으로 장식되어 있다. 그가 골프

를 치는 사진이 여기저기 놓여 있다. 컴퓨터 바탕화면에도 페블 비치 골프장의 아름다운 파노라마 사진이 깔려 있다.

- 당연히 그는 여가 시간이면 친구나 사업 동료들과 골프 치는 것을 좋아한다.
- 그는 《월스트리트 저널》, 《블룸버그 비즈니스위크》, 지역 신문을 읽는다.
- 그의 아이폰은 대부분 통화와 약간의 이메일을 주고받는 데 사용된다.

이 아바타를 통해 잠재고객의 삶을 얼마나 구체적으로 살펴볼 수 있는지 알겠는가? 이제 표적 시장 내에서 영향을 미치는 또 다른 아바타를 살펴보자.

앤절라 어시스턴트

- 앤절라는 29세다.
- 그녀는 아직 미혼이며, 고양이 스프링클스와 함께 방 2개짜리 임대 아파트에서 살고 있다. 그녀는 대중교통을 이용해 출근하며 회사까지 약 30분 걸린다.
- 앤절라는 늘 정리가 잘되어 있고, 항상 단정하게 옷을 입으며, 매우 열정적이다.
- 앤절라는 회사가 빠르게 성장하기 시작한 지난 3년 동안 맥스의 개인 비서를 맡아왔다. 맥스의 오른팔이라 해도 과언이 아니며, 그녀가 없었다면 오늘의 맥스도 없었을 것이다.

- 그녀는 맥스의 일정을 잡고, 그의 노트북과 전화를 정리하며, 그를 대신해 전화하거나 받는 등 많은 일을 수행한다. 그녀는 맥스의 업무를 하나로 묶는 접착제 역할을 하며, 문구 주문에서부터 IT 관련 업무, 인사 업무까지 모든 일을 조금씩 소화해낸다.

- 직함은 개인 비서지만, 실제로는 그 이상의 일을 한다. 때로는 사무장으로, 때로는 부사장 역할까지 한다. 그녀는 직원들이 뭔가를 해결하려 하거나 정리해야 할 때 항상 찾는 사람이다.

- 그녀는 기술에 익숙하지만, IT 시스템의 기술적이고 전략적인 측면에서는 전문가가 아니다.

- 퇴근 후, 보통 운동하러 체육관에 가거나 넷플릭스의 새로운 드라마 보는 것을 좋아한다. 주말에는 친구들과 만나 밤의 유흥을 즐긴다.

- 그녀는 뷰티, 패션, 연예인의 가십 블로그를 읽으며 온라인에서 많은 시간을 보낸다.

- 그녀는 재량 소득의 대부분을 외출, 오락, 온라인 쇼핑에 소비하는데, 이는 거의 중독에 가깝다. 그녀는 꽤 월급을 많이 받지만, 늘 돈이 부족해 약 1만 달러의 신용카드 빚을 가지고 있다. 그녀는 돈을 좀 더 잘 써야 한다는 사실을 알지만, 유혹 거리가 너무 많다고 생각한다.

- 그녀의 손에서 휴대전화가 떨어져 있는 법이 없다. 끊임없이 문자를 보내고 소셜 미디어 앱을 사용한다.

한 걸음 더 나아가려면, 아바타를 시각적으로 표현한 실제 이미지를 찾아 마케팅 자료를 만들 때마다 눈앞에 붙여놓는다.

아마 지금쯤이면 아바타가 얼마나 강력한지 알 수 있을 것이다. 아바타는 메소드 연기와 유사한 마케팅이다. 표적 시장에 메시지를 전달할 때 고객의 관점을 이해하는 것이 절대적으로 중요한데, 아바타는 고객의 관점을 이해하는 데 매우 좋은 방법이다.

Do it!

1장 실행 과제

당신의 표적고객은 누구인가?

1페이지 마케팅 플랜의 첫 번째 칸을 채워보자.

2 장

메시지를
만들어라

대부분의 마케팅 메시지는 지루하고, 애매하며, 효과적이지도 않다. 그런 평범한 메시지 들과 차별화하려면 표적고객의 관심을 끌 수 있는 설득력 있는 메시지를 작성해야 한다. 메시지의 목표는 일단 표적고객의 관심을 끈 다음, 그들을 반응하게 만드는 것이다.

이 장에서 다루는 주요 내용

• 대부분의 광고가 전혀 쓸모없는 이유는? 그러면 어떻게 해야 하는가?

• 상품을 판매할 때도 다른 회사들과 차별화하는 방법

• 가격으로만 경쟁해서는 안 되는 이유

• 표적고객에게 맞는 설득력 있는 제안을 만드는 방법

• 역사상 가장 성공적인 광고 헤드라인의 예

• 잠재고객의 마음속에서 진행 중인 대화에 참여하는 방법

• 회사, 제품 또는 서비스의 이름을 효과적으로 짓는 방법

우연에 기대는 광고는 하지 마라

나는 많은 시간을 들여 여러 다양한 형태의 지역이나 전국 단위의 매체를 주의 깊게 살펴본다. 기사보다는 광고를 보기 위해서다. 그때마다 거의 대부분 광고가 얼마나 지루하고, 비슷하고, 쓸모없는지 놀라곤 한다. 오늘날 광고 업계에서 벌어지는 낭비는 엄청나다. 소규모 사업자들은 돈뿐만 아니라 수많은 기회를 낭비하고 있다.

대부분 영세기업의 광고 구조를 요약하면 다음과 같다.

- 회사 이름

- 회사 로고

- 제공되는 제품/서비스 항목

- 최상의 품질, 최상의 서비스 또는 최상의 가격이라는 주장

- '무료 견적' 제안
- 상세 연락처

　마치 군대에서 이름, 계급, 군번을 말하는 식이다. 그들은 광고를 내보낸 바로 다음 날, 자기 제품이나 서비스가 당장 필요한 잠재고객이 우연히 그 광고를 보고 뭔가 행동하기를 기도한다. 나는 이런 광고를 '우연에 호소하는 마케팅'이라고 부른다. 정말로 우연히 그 물건 혹은 서비스를 필요로 하는 잠재고객이 정말로 제때 정말로 우연히 그 광고를 발견해 판매가 이루어지는 운 좋은 사고가 벌어지기도 한다.

　만일 이런 운 좋은 '사고'가 일어나지 않는다면, 아무도 광고하지 않을 것이다. 운 좋은 사고가 가끔은 일어나기 때문에 그런 광고에서 불규칙한 매출이나 관심고객이 생기는 것이다. 광고로 인해 사업주들은 손해를 보지만 가끔은 매출이 발생하기 때문에 그나마 그런 광고를 하지 않으면 안 된다는 두려움에 휩싸인다. 다음 주에 그들이 기대했던 큰 매출이 나올지 누가 알겠는가.

　마치 카지노에 가서 슬롯머신을 하는 것과 같다. 그들은 돈을 넣고 손잡이를 잡아당기며 대박을 터뜨리기를 바라지만, 대부분 돈만 날리기 일쑤다. 가끔씩 몇 푼의 돈을 되돌려 받는데, 이 때문에 희망을 버리지 못하고 계속 돈을 넣고 손잡이를 당기다가 결국 돈만 더 잃는다.

이제는 정말 의도적인 마케팅을 시작할 때가 되었다. 광고를 운에 맡기는 슬롯머신으로 볼 게 아니라, 결과나 가치를 예측할 수 있는 자동판매기처럼 취급해야 한다.

의도적인 마케팅을 시작하기 전에 유념해야 할 2가지 필수 요소가 있다.

1. 광고의 목적은 무엇인가?
2. 무엇에 초점을 맞출 것인가?

광고의 목적이 무엇이냐고 물으면, 사업자들은 대개 다음과 같이 대답한다.

- 브랜딩
- 이름을 알리기 위해서
- 내 제품과 서비스를 알리기 위해서
- 매출을 올리기 위해서
- 견적을 요청하는 전화를 받기 위해서

각양각색의 대답이 나온다. 사실 한 번의 광고로 이 모든 목적을 달성할 수는 없다. 전형적인 영세 사업주들은 대개 광고 한 번으로 최대한의 매출을 올리려고 한다. 그러니 한 번에 너무 많은 것을 하려고 하고 결국 어떤 목적도 달성하지 못하게 된다.

내 경험상, **하나의 광고에는 하나의 목적만 있으면 된다.** 만약 광고에 있는 무언가가 당신이 원하는 목적을 달성하는 데 방해가 된다면 제거해야 한다. 그것이 회사 이름이나 로고 같은 것이라 하더라도 말이다. 쓸데없이 광고 공간을 차지하며 당신이 전달하려는 메시지를 강화하기는커녕 손상시키기 때문이다.

광고에서 직접 상품을 판매하려고 하지 말고, 그저 잠재고객을 조용히 초대해서 그들이 손을 들어 관심을 표하게 하라. 그렇게 하면 잠재고객의 저항을 낮추고 회사의 가장 가치 있는 자산 중 하나인 마케팅 데이터베이스를 구축하는 데 도움이 된다.

목표가 명확해지면 고객에게 메시지를 전달한 다음 잠재고객이 무엇을 했으면 하는지 정확한 행동 지침을 담아야 한다. 광고를 보고 바로 수신자 부담 전화번호를 돌려 주문하기를 원하는가? 전화를 하거나 회사 웹사이트를 방문해 무료 샘플을 요청하길 원하는가? 무료 견적을 요청하길 원하는가? 그렇다면 '주저하지 말고 전화주세요' 같은 뻔하고 막연한 표현보다는 아주 분명하게 원하는 행동을 요구해야 한다.

한마디로 잠재고객이 광고를 본 다음 무엇을 해야 하고, 그 대가로 무엇을 얻을 수 있는지가 명확히 담겨 있어야 한다. 물론 그들이 행동할 수 있게 여러 방법을 제안하는 것이 중요하다. 예를 들어, 상품 주문을 원한다면 온라인, 전화, 쿠폰 동봉 등 상품을 주문할 수 있는 다양한 기능을 제공하라. 사람마다 소통 방식에 대한 선호도가 다르다. 그들에게 여러 대응 수단을 제공하고 본인이 가장 편한 방법을 선택할 수 있게 한다.

파티나 모임에서 밤새도록 자기 이야기만 떠드는 사람 옆에 앉아본 적이 있는가? 무척이나 지루했을 것이다. 그저 건성으로 웃으며 공손하게 고개를 끄덕이지만, 마음은 딴 데 있고 출구만 하염없이 바라볼 뿐이다.

소기업의 광고도 대부분 이와 마찬가지다. 그들의 광고는 대개 자신에 대해 말하는 데 초점을 맞춘다. 잠재고객의 필요와 문제에 대해 말하기보다는 자화자찬에 집중한다. 눈에 띄는 로고와 회사 이름, 장황한 제품과 서비스 항목, 업계의 선구자라는 주장 등등. 이 모든 것들이 "날 좀 봐줘요!"라고 외치고 있다.

하지만 불행하게도 당신은 경쟁자가 많아 포화상태인 시장에 있다. 모든 장사꾼이 "날 좀 봐줘요!"라고 외치면 그것은 그저 배경 소음으로 들릴 뿐이다. 이와는 대조적으로 직접 반응 마케팅은 표적고객의 욕구, 생각, 감정에 주로 초점을 맞춘다. 그렇게 함으로써, 잠재고객의 마음속에서 진행되는 대화에 참여한다. 당신 회사는 더 깊은 차원에서 잠재고객에게 반향을 일으키게 되고, 그저 목소리 높여 자기 이야기만 늘어놓은 99%의 다른 광고와 차별화될 것이다.

파티에서 상대방은 그저 출구만 바라보고 있는데 밤새도록 자기 얘기만 떠드는 사람 같은 광고물을 만들지 마라. 그리고 어떤 것도 운에 맡기지 마라. 광고에서 당신이 달성하려는 것이 무엇인지, 잠재고객이 어떤 행동을 했으면 하는지를 정확히 파악하라.

독특한 판매 제안을 개발하라

많은 영세기업은 존재감이 별로 없다. 그들의 웹사이트나 마케팅 자료에서 이름과 로고를 제거하면, 아무도 그들이 누구인지 모른다. 그들은 동일 범주에 속하는 다른 기업들과 특별히 다를 게 없다. 그들의 존재 이유는 겨우 목숨을 부지하며 그럭저럭 현상을 유지하거나 어쩌면 손익분기점에도 이르지 못하는 사업주의 청구서를 지불하기 위해서일 뿐이다.

고객의 관점에서는 특별히 그들의 제품을 사야 할 이유가 없으며, 영세업자 또한 우연히 시장에 존재한다는 이유만으로 판매하고 있을 뿐이다. 특히 소매 업계에 이런 영세기업들이 많다. 그들이 올리는 매출이라고는 무작위로 매장에 들어오는 고객에게서 일어날 뿐이다. 사실 영세기업을 특별히 찾는 고객도 없으며, 그들이 제공하는 것을 적극적으로 원하는 사람도 없다. 그들이 없어도 아무도 그리워하지 않는다. 가혹하지만 그것이 현실이다.

문제는 그들이 모두 또 다른 '미투me too' 기업이라는 점이다. 그들은 어떻게 가격을 결정했을까? 어떻게 자기 제품을 만들기로 결정했을까? 어떻게 현재의 마케팅을 하기로 결정했을까? 그들은 대개 가장 가까운 경쟁자가 무엇을 하는지 보고 따라 하거나 뭔가 살짝 바꾸었을 것이다. 오해하지는 마시라. 이미 잘나가고 있는 회사를 모델로 삼는 것은 잘못된 일이 아니다. 사실 매우 현명한 행위다. 하지만 그들이 모델로 삼은 경쟁업체들조차도 비슷한 상황에 있으며, 그들 역시 고객이 그들을 선택해야 할 설득력 있는 이유를 개발하지 못해 어려움을 겪고 있을 가능성이 크다. 그들 역시 자신의 가장 중요한 비즈니스 결정을 추측에 의존했거나 남을 모방하는 보통 경쟁자들과 다를 바 없었다는 것이다. 그러니까 장님이 장님을 인도한 격이다.

이런 기업 중 상당수가 한동안 힘든 기간을 겪은 뒤에(겨우 생존할 만큼의 돈은 벌지만 번창할 만큼은 못 버는 기간을 거친 후에), 마침내 '마케팅'이라는 것을 시도한다. 하지만 그들은 한결같이 뻔한 '미투' 메시지로 '미투' 기업의 마케팅을 시작한다. 예상대로 그런 마케팅이 제대로 효과를 낼 리 만무하다. 광고로 판매가 늘어난다 해도 그 이익만으로는 마케팅 비용조차 감당하지 못할 때가 허다하다.

중요한 점은 첫 시도에서 마케팅을 완벽하고 올바르게 수행(메시지를 시장 및 매체와 조화시키는 것)할 가능성이 매우 낮다는 것이다. 경험 많은 마케터라 할지라도 첫 타석에서 홈런을 치는 경우는 드물다. 여러 번 반복해야 한다. 당신의 메시지가 시장 및 매체와 올바른 조화를 이루게 하려면 테스트와 측정이 필요하다.

하지만 안타깝게도 그렇게 할 시간, 노력, 돈이 부족하다. '미투' 스타일의 판매 제안으로는 희망을 품을 수 없다.

마케팅을 일종의 '증폭기'로 생각해보라. 예를 들어보자. 당신이 하는 일을 한 사람에게 말한다면 아무 일도 일어나지 않을 것이다. 10명에게 말해도 별다른 일은 벌어지지 않는다. 하지만 마케팅을 통해 당신의 메시지를 증폭시켜서 1만 명에게 말한다면 결과는 어떻게 달라질까? 그 이유는 무엇일까?

당신의 회사가 왜 존재하는지, 그리고 잠재고객이 왜 당신의 가장 가까운 경쟁자가 아니라 당신에게서 구매해야 하는지를 본인이 먼저 명확하게 해두지 않으면 마케팅은 힘든 싸움이 된다.

당신은 '독특한 판매 제안unique selling proposition, USP**'을 개발해야 한다.** 사실 많은 회사가 여기서 막힌다. 그들은 이렇게 말한다. "나는 커피를 파는데, 커피 판매에 특별할 게 뭐가 있겠어요?"

정말 그럴까? 그럼 왜 모든 사람이 편의점에서 1달러짜리 커피를 사 마시지 않는 걸까? 왜 그들은 꾀죄죄한 모습의 히피족 같은 사람이 운영하는 커피숍에서 4~5달러의 돈을 내고 커피를 사려고 줄을

서는 것일까? 생각해보라. 별 다를 것 없는 커피를 사려고 매번 4~5
배의 돈을 더 지불하다니.

지구상에서 가장 풍부한 상품 중 하나인 물을 생각해보라. 당신이
이 상품을 편의점이나 자동판매기에서 병으로 구매한다면, 당신은
집 수도꼭지에서 나오는 물보다 2,000배나 더 높은 가격을 기꺼이
지불하고 있는 것이다.

커피와 물의 예시에서처럼, 상품 자체가 달라진 것이 아니라 상품
과 관련된 환경이 달라졌거나, 포장 및 배송 방식이 달라졌다는 것을
알 수 있다.

USP의 최종 목표는 다음 질문에 답하는 것이다. **왜 인근의 다른 경
쟁사가 아니라 당신에게서 사야 하는가?**

또 다른 좋은 테스트가 있다. 내가 웹사이트에서 당신 회사 이름과
로고를 제거해도 고객들이 여전히 당신이라는 것을 알 수 있을까?
아니면 업계의 다른 회사라고 생각할까?

영세기업들이 USP를 개발하면서 저지르는 공통된 실수가 '품질'
이나 '훌륭한 서비스'가 USP라고 주장하는 것이다. 여기에는 2가지
문제가 있다.

1. 품질이나 훌륭한 서비스는 고객의 기대치이다. 이는 좋은 기업
   이라면 당연히 실천해야 할 사항이지 당신만의 특징은 아니다.

2. 잠재고객들은 당신 회사 제품을 구매하고 나서야 그 품질과 서비스가 좋다는 것을 알게 된다. 그러나 '독특한 판매 제안'은 그들이 구매 결정을 내리기 전에 끌어들이기 위한 것이다.

잠재고객이 가격에 대해 묻기 시작할 때 당신은 상품으로 마케팅하고 있음을 실감한다. 그러나 회사를 상품으로 포지셔닝해 가격만으로 평가받는 것은 영세 사업자에게는 최악의 상황이라 할 수 있다. 이런 가격 출혈 경쟁은 절망적인 데다 밑바닥까지 떨어져 눈물로 끝날 수밖에 없다.

답은 USP를 개발하는 것이다. 당신 회사를 다르게 포지셔닝해 잠재고객들이 경쟁 회사와 비교할 때 사과 대 오렌지를 비교하는 것처럼 당신 회사를 다르게 평가하도록 하는 것이다.

잠재고객들이 당신 회사와 경쟁사를 같은 종류의 사과 대 사과로 비교한다면, 결국 가격으로 비교될 수밖에 없고 그러면 당신은 끝장이다. 당신보다 더 싸게 팔려는 사람은 항상 있게 마련이니까.

태양 아래 새로운 것은 없다

실제로 어느 기업의 제품이든 진짜 독특한 경우는 드물기 때문에 "내 사업에는 딱히 독특한 것이 없는데 어떻게 USP를 개발해야 하나요?"라고 물을 때가 많다.

나는 고객의 USP 개발을 도울 때 다음 2가지를 묻는다. 이 두 질문에 답하는 것이 회사의 마케팅과 경제적 성공을 향한 길이기 때문이다.

당신도 이 두 질문을 스스로 해보고 그에 답해보기 바란다.

1. 잠재고객이 그 물건을 왜 사야 하는가?
2. 왜 '당신에게서' 사야 하는가?

이 질문에 명확하고 간결하며 정량적 답변을 할 수 있어야 한다. "우리가 최고다"라거나 "우리 제품의 품질이 가장 좋다" 같은 미적지근한 대답은 허튼소리일 뿐이다.

당신만의 장점은 무엇인가? 이 질문에서 '당신만의 독특함'은 꼭 제품 자체에 대한 것만이 아니다. 사실, 정말 독특한 제품은 거의 없다고 해도 과언이 아니다. '독특함'은 포장, 배송, 고객 지원 또는 판매 방식에 있을 수 있다.

경쟁업체가 바로 길 건너편에 있는데, 고객이 당신과 거래하려고

일부러 길을 건너오게 하려면 이 같은 방식으로 당신이 하는 일을 포지셔닝해야 한다.

이것을 잘 해놓으면 사람들이 애플 신제품을 사기 위해 밤새 줄 서서 기다리는 것처럼 당신의 비즈니스를 그렇게 만들 수 있다.

고객의 마음속 진짜 의도를 헤아려라

우리는 고객의 머릿속이 궁금하다. 그들이 원하는 건 무엇일까? **그들이 원하는 것은 당신이 파는 물건 자체가 아니라, 대개는 당신이 파는 물건이 가져다주는 '결과'다.** 그 차이를 이해하기 어려울 수 있지만, 실제

제1막 사전 단계

로 그 차이는 엄청나다. 예를 들어, 5만 달러짜리 시계를 사는 사람은 50달러짜리 시계를 사는 사람과 전혀 다른 것을 산다고 할 수 있다. 비싼 시계를 사는 사람은 단순히 시간을 보기 위해서가 아니다. 그들은 높은 지위, 고급스러움, 특권을 사는 것이다.

고객의 마음을 헤아려 실제로 어떤 '결과'를 사려고 하는지 알아내야 한다. 그 '결과'가 무엇인지 알아낸 다음, 그것을 토대로 당신만의 독특한 판매 제안을 만들어야 한다.

예를 들어 인쇄업자라면 가격으로 경쟁하는 상품 사업에 종사하고 있는 것이다. 당신은 가능한 한 빨리 가격 경쟁 상황에서 벗어나기를 원한다. 물론 이 업계에서 나가라는 뜻은 아니지만, 당신을 포지션시키는 방법을 바꿀 필요가 있다.

우선 명함, 브로셔, 인쇄물 같은 상품 판매를 중단하고, "당신은 왜 인쇄소에 오셨습니까? 당신이 인쇄물을 통해 정말 얻고 싶은 것은 무엇입니까?" 같은 열린 질문을 던져본다. 잠재고객은 명함이나 브로셔 자체를 원하는 것이 아니다. 고객은 명함과 브로셔가 자신들의 사업에 도움이 되기를 원한다.

그러니 그들과 함께 앉아서 다음과 같은 대화를 나눠보라. "우리가 만들어준 인쇄물로 당신이 성취하려는 것은 무엇입니까? 인쇄 감사監査를 통해 당신이 인쇄물을 사용하려는 모든 목적을 평가해보겠습니다." 물론 이 과정에서 인쇄 감사에 대한 비용을 부담할 수 있다. 하지만 나중에 고객이 당신에게 인쇄물 제작을 맡긴다면, 컨설팅 비용을 최종 가격에 포함시킬 수 있다. 이런 식으로 사업을 운영한다면 더 이상 당신은 단순한 인쇄업자가 아니라, 고객이 필요로 하는 것을 제공하는 믿음직한 조언자로 간주될 것이다.

고객을 혼란스럽게 하면 고객을 잃는다

잠재고객에게는 기본적으로 3가지 옵션이 있다는 것을 명심하라.

1. 당신에게서 구매한다.
2. 경쟁사에서 구매한다.
3. 아무것도 하지 않는다.

당신은 회사 성공의 가장 큰 걸림돌이 경쟁자라고 생각할지 모른다. 그러나 가장 큰 문제는 경쟁자가 아니라 타성에 젖은 고객과의 싸움이다. 당신은 '고객들이 왜 그 물건을 사야 하는가'라는 질문에 먼저 대답해야 한다. 그다음에는 '왜 굳이 당신에게서 사야 하는지'에 답해야 한다.

우리는 매일 수천 개의 짧고도 효과적인 메시지를 접하는 신세대와

제1막 사전 단계

살고 있다. 따라서 내가 보내는 메시지를 고객들이 즉시 이해하고 영향을 줄 수 있는 방식으로 만드는 것이 그 어느 때보다 중요해졌다.

짧은 문장으로 당신이 제공하는 제품의 독특한 장점을 설명할 수 있는가?

여기서 명심해야 할 중요한 개념이 있다. 혼란은 자칫 판매 손실로 이어진다는 것이다. 당신이 복잡한 제품을 판매한다면 특히 더 그렇다. 그런데 많은 사업주가 고객이 혼란스러워하면 해명을 요구하거나 더 많은 정보를 얻기 위해 자주 연락할 것이라고 잘못 생각하고 있다. 이는 전혀 사실이 아니다. 고객을 혼란스럽게 하면, 그들을 잃을 뿐이다.

오늘날 잠재고객들에게는 선택권이 너무 많거나 끊임없이 정보가 제공된다. 그래서 혼란스러운 메시지를 차분히 끝까지 읽을 여유도 이유도 없다.

상품을 판매할 때 주목받는 방법

어떻게 하면 당신의 제품과 서비스에 높은 가격을 매기고도 고객들을 만족시킬 수 있을까? 바로 사람들로부터 주목을 받는 것이다.

내가 이런 말을 하면, 많은 사업주가 대개 보이는 첫 반응이 있다.

대개 작은 목소리로 이렇게 중얼거린다. "말은 쉽지요."

아마도 '주목받는다'고 하면 아주 독특하거나 창의적인 것을 떠올리며 불가능하다고 생각하거나 아주 재능 있는 사람들이나 할 수 있는 일로 여기기 때문인 것 같다.

카페 주인들은 대개 이렇게 말한다. "이봐요, 난 그저 커피를 팔 뿐이에요. 내가 어떻게 주목받을 수 있다는 말이에요?" 즉 그들은 다음과 같은 공통 질문을 제기한다. "상품을 팔 때 어떻게 주목받을 수 있는가?"

몇 가지 예를 살펴보자.

주목받아야 한다는 내 말은 반드시 당신이 판매하는 제품이나 서비스가 독특해야 한다는 것이 아니다. 절대 그런 의미가 아니다. 사실, 독특해지는 것은 위험하기도 하고 어렵기도 하며 때로는 비용도 많이 드는 일이다. 내 말은 독특해야 한다는 뜻이 아니라 다른 사람들과는 분명 달라야 한다는 것이다. 위에 언급한 카페 주인은 어떻게 다른 카페들과 달라질 수 있을까? 아래 그림을 보라.

카페에서 한껏 모양을 낸 커피를 제공하는 데 얼마의 추가 비용이 들까? 거의 들지 않는다. 바리스타에게 몇 가지를 더 가르치고 커피 한 잔당 몇 초의 시간을 더 들이면 가능하다.

하지만 이 커피를 마신 고객 한 사람이 얼마나 많은 사람에게 이 아름다운 모양의 커피에 대해 소문을 내거나, 얼마나 많은 사람을 데리고 올지 생각해보라. 이 카페 주인은 길 건너에 있는 다른 카페보다 한 잔에 50센트를 더 받을 수 있을까? 물론이다. '50센트 × 연간 판매 커피잔 수'만큼의 금액이 순이익에 바로 더해진다.

하지만 그 커피가 독특한가? 전혀 아니다. 그냥 약간 다를 뿐이지만, 고객이 주목할 만큼은 충분히 다르다.

또 다른 예를 들어보자. 대부분 전자상거래 사이트들은 고객이 물건을 주문하면 한결같이 뻔한 확인 이메일을 보낸다. 항상 이런 문구가 들어 있다. "고객님의 주문이 발송되었습니다. 도착하지 않으면 알려주세요. 이용해주셔서 감사합니다."

하지만 온라인 음반 판매 회사인 CD Baby가 뻔하고 지루한 확인 이메일 대신 어떻게 고객에게 특별한 경험을 선사했는지, 어떻게 바이럴 마케팅 기회로 활용했는지 보라.

귀하의 CD는 위생 처리된 무오염 장갑을 끼고 회사 선반에서 조심스럽게 꺼낸 다음 새틴 베개satin pillow에 넣어 운반되었습니다.

발송하기 전에 50명의 직원으로 구성된 팀이 CD가 최상의 상태인지 확인하고, 깨끗이 닦았습니다.

게다가 일본에서 온 포장 전문가가 등불을 밝히고 모두가 침묵한 가운데 최고급 금박 상자에 귀하의 CD를 조심스럽게 넣었습니다.

그 작업이 끝나고 직원 모두 참여하는 멋진 축하 행사를 했지요. 직원 모두가 길을 따라 우체국까지 행진했고, 포틀랜드 마을 사람들이 모두 나와 손을 흔들며, 6월 6일 금요일, 우리의 전용 제트기에 실리는 당신의 포장 상자를 향해 "잘 가!Bon Voyage!"라고 외쳤답니다.

우리는 귀하가 CD Baby 사이트에서 쇼핑하면서 멋진 시간을 보냈기를 바랍니다. 물론 그러셨을 거라고 확신합니다. 귀하는 '올해의 고객'으로 선정되어서 귀하의 사진이 우리 회사 벽에 걸려 있습니다.

우리 모두 열심을 다하느라 매우 지쳐 있지만 CDBABY.COM에서 귀하를 곧 다시 볼 수 있기를 간절히 바랍니다!

이 이메일은 수천 번 발송되었지만 수없이 많은 블로그와 웹사이트에 게시되어 소개되었다. CD Baby의 설립자인 데릭 시버스Derek Sivers는 이 특별한 메시지 덕분에 수천 명의 신규 고객을 창출했다고 믿는다.

다시 말하지만 제품 자체는 특별한 것이 없어도 평범하고 지루했던 무언가의 변신이 고객에게는 미소를 주고, 회사에게는 무료 바이럴 마케팅을 만들어낸다.

경쟁이 치열하기로 유명한 또 다른 상품 산업인 가전제품을 예로
들어보자.

애플이 이제는 전설이 된 음악 플레이어 아이팟을 처음 출시했을
때, 그들은 아이팟이 가지고 있는 5기가바이트(GB)의 대용량 저장
이나 그 외 기술적인 특징에 대해 말할 수도 있었다. 하지만 그렇게
하지 않았다. 그들은 어떻게 아이팟을 홍보했을까?

'당신 주머니 속에 1,000곡의 노래를!'

천재적이지 않은가! 5기가바이트라는 대용량은 대부분 소비자에
게 아무런 의미가 없다. 다른 기술적인 전문용어도 마찬가지다. 그러
나 '당신 주머니 속에 1,000곡의 노래를!'이라는 표현은 누구나 즉시
이해할 수 있고, 아이팟의 장점이 무엇인지 금방 알 수 있다.

아이팟은 시장에 나온 최초의 휴대용 음악 플레이어도 아니었고
사실 최고의 제품도 아니었지만, 그들은 당신이 그 물건을 사야 하는
이유를 빠르고 쉽게 전달하는 능력을 보여주면서 단연코 가장 성공
적인 길을 걸었다.

지금까지 든 3가지 예시에서 실제 판매되는 제품은 같아도 그것을
주목하게 만든 것은 부수적인 부분임을 알 수 있다.

그 과정에서 판매자는 시선을 끄는 특별한 경험을 제공하는 대가
로 프리미엄 가격을 책정할 수 있다. 고객은 프리미엄을 지불하는 것

을 좋아할 뿐만 아니라 그 제품이나 서비스에 대한 메시지를 퍼뜨림으로써 판매자에게 추가적인 보상을 한다. 왜 그런 메시지를 퍼뜨리냐고? 우리는 모두 특별한 물건과 경험을 공유하고 싶어 하기 때문이다.

당신의 비즈니스에서 주목을 끌 만한 어떤 행위를 할 수 있는가? 이를 얼마나 명확히 하느냐에 따라 당신의 성공이 달려 있다.

최저가 정책은 설득력이 없다

종종 "최저가 정책도 USP가 될 수 있나요?"라는 질문을 받는다. 물론 가능하다. 하지만 당신이 판매하는 물건들이 코스트코나 월마트 같은 거대 마트들을 포함한 모든 경쟁자보다 더 저렴하다고 확실히 보장할 수 있을까? 그럴 것 같지 않다.

당신보다 가격을 더 내려 먼저 망하고 싶은 사람은 항상 있게 마련이다. 나는 당신이 그런 게임에 말려들지 않기를 바란다.

어떤 물건에 대해 가장 낮은 가격을 약속하는 USP는 그다지 설득력이 없다.

실제로 중소기업이라면 더욱이 최저가 게임에서 대형 할인점들을 이길 가능성이 작다. 솔직히 말하자면, 당신도 그것을 원하지는 않을 것이다. 더 높은 가격을 책정하고도, 더 나은 고객을 끌어들일 방법이 있다. 직관에 어긋나 보이지만, 저가 제품을 찾는 고객보다 고급품을 사는 고객의 불만 사항이 훨씬 더 적다. 나는 여러 산업에 걸쳐 다양한 회사를 통해 이를 직접 목도하고 경험했다.

가격을 깎아주는 것보다 더 좋은 방법은 당신이 제안하는 물건 혹은 서비스의 가치를 높이는 것이다. 묶음 판매, 추가 서비스, 맞춤형 솔루션 등은 모두 크게 비용을 들이지 않고 고객에게 진정한 가치를 제공할 수 있는 방법들이다.

이 방법들은 또 당신이 동일한 상품 경쟁 게임에서 벗어나, 앞서 언급한 바와 같이 사과 대 오렌지 비교 게임을 창출할 수 있도록 돕는다.

요컨대, 선수를 싫어하지 말고 게임을 싫어하라는 것이다. 실제 상황에서는 피하기 어려울 수 있지만, 결코 상품/가격 게임을 해서는 안 된다. 당신만의 USP를 개발하고 그것을 실행하라. 당신이 거래하는 사람들이 그 조건에 따라 게임을 하도록 만들어라.

30초짜리 짧은 '엘리베이터 피치' 만들기

사업주로서 당신의 제품이 어떤 문제를 해결해주는지 간결하게 전달하는 능력도 진정한 예술이다. 특히 비즈니스 환경이 복잡하다면 더욱 그렇다.

당신의 USP를 제대로 보여주는 좋은 방법은 '엘리베이터 피치_{elevator} _{pitch}'를 만드는 것이다.

엘리베이터 피치는 당신의 회사와 가치 제안을 간결하게 잘 정리한 요약본을 말한다. 엘리베이터를 타는 30~90초 정도 되는 짧은 시간 안에 전달할 수 있도록 만든다는 의미에서 생긴 용어다.

가식적으로 보일 수 있어 자주 사용하지 않을 수도 있다. 그러나 당신의 메시지와 USP를 명확히 하는 데는 큰 도움이 된다. 또 다음 단원에서 설명할 제안서를 작성할 때도 요긴하게 사용할 수 있다.

"무슨 일을 하세요?"라는 질문 다음의 30초가 가장 흔히 낭비되는 마케팅 기회 중 하나라는 사실을 아는가? 대부분이 그 질문에 대해 거의 항상 자기중심적이고, 불분명하며, 무의미하게 대답하기 때문이다.

이런 질문을 받으면 대개는 자신의 대답에 따라 상대가 자신의 가치를 판단하리라 생각해 최대한 거창하고 과장되게 직함을 내세운다. 예를 들어 건물 청소원이라면 "폐기물 관리 기술자입니다"라고 대답하는 식이다.

한 여성에게 무슨 일을 하느냐고 물었다. 그녀는 "선임 이벤트 개발자예요"라고 답했다. 하지만 나는 그게 무슨 일인지 몰라서 계속 질문한 다음에야 비로소 그녀가 콘서트와 경기장에서 하는 큰 행사를 위해 좌석 배치하는 일을 한다는 사실을 알게 되었다.

일부 천박한 사람들이 직함이나 업종으로 그 사람의 가치를 판단하곤 한다. 하지만 이 질문에 대답하는 훨씬 나은 방법은 얼마든지 있다. 당신이 실제로 하는 일을 부풀리거나 애매하게 들리도록 굳이 어려운 단어를 동원하지 않아도 되는 방법 말이다.

다음번에 누군가 당신에게 무슨 일을 하느냐고 묻는다면, 엘리베이터 피치를 전달할 절호의 기회로 삼아라. 여러 다양한 환경에서 당신의 마케팅 메시지를 꼬박꼬박 전달해볼 완벽한 기회다.

물론 당신은 강압적이고 불쾌한 영업사원으로 인식되기를 원치 않을 것이다. 그래서 엘리베이터 피치를 적절하게 구성하는 것이 중요하다. 대부분의 엘리베이터 피치는 직함을 과장되게 말하는 것과 같은 문제를 일으킨다. 때로는 듣는 사람을 혼란스럽게 하거나 그들을 감동시키기는커녕 '정말 허풍쟁이 같다'는 인상을 주기도 한다.

나쁜 마케팅은 지나치게 제품 중심적이고 자기중심적이다. 반면 **좋은 마케팅, 특히 직접 반응 마케팅은 항상 고객 또는 고객의 문제 해결에 초점을 맞춘다.** 엘리베이터 피치도 바로 그래야 한다. 그저 강한 인상을 주려고 허황된 직함이나 업종을 내세우기보다는 우리가 어떻게 문제를 해결해주는지를 각인시켜야 한다.

좋은 마케팅은 문제, 솔루션 그리고 당신이 그 문제를 해결할 수 있다는 증거를 포괄적으로 잠재고객에게 보여준다. 엘리베이터 피치도 그래야 한다.

어떻게 이 세 요소(문제, 솔루션, 증거)를 30초 안에 효과적으로 전달할 수 있을까? 내가 경험한 최고의 공식은 이렇다.

- **문제**: ~를 알고 있는가?
- **솔루션**: 우리가 하는 일이 ~이다.
- **증거**: 실제로 우리는 ~했다.

몇 가지 예를 살펴보자.

보험 판매원: "대부분 사람은 상황이 바뀌어도 보험을 거의 재검토하지 않는 거 아시나요? 제가 하는 일은 보험을 항상 현재 상황에 맞춰 조정해줌으로써 안심할 수 있게 돕는 것입니다. 실제로 바로 지난주에 고객 한 분이 강도를 당했는데, 제가 그의 보험을 모두 업데이트해놓았기 때문에 잃어버린 물건의 비용을 전액 보상받을 수 있었습니다."

전기 엔지니어링: "대기업에서 정전이 발생하면 중요한 시스템이 망가진다는 것을 알고 계시나요? 제가 하는 일은 지속적인 전원 공급이 필요한 회사를 위해 시스템 운영이 중단되지 않도록 예비 전원 시스템을 설치하는 것입니다. 실제로 XYZ 은행에 예비 시스템을 설치해주었는데, 시스템 설치 이후 100% 가동 시간을 유지하고 있답니다."

웹사이트 개발: "대부분의 회사 웹사이트가 얼마나 구식인지 아시나요? 제가 하는 일은 기업들이 웹 디자이너에게 매번 돈을 지불할 필요 없이 그들의 웹사이트를 쉽게 업데이트해주는 소프트웨어를 설치하는 일입니다. 실제로 최근에 한 고객에게 소프트웨어를 설치했는데, 덕분에 그들은 연간 2,000달러의 웹 개발 비용을 절감했습니다."

이런 접근 방법이 바로 당신 회사나 제품이 아니라, 고객과 문제에 초점을 맞추면서 엘리베이터 피치를 만드는 신뢰할 수 있는 공식이다.

제안서 작성할 때 중요한 질문

제안서 작성은 절대적으로 중요하다. 많은 사람이 그저 지루한 제안서를 만들거나, 가격을 할인하거나, 가장 가까운 경쟁자가 하는 일을 모방하면서 이 일을 소홀히 한다.

표적고객에게 당신의 제안이 왜 남들과 다른지 설득력 있는 이유를 제시하지 못하면, 고객은 단지 가격을 기준으로만 의사 결정을 하게 된다. 예를 들어, A라는 상점에서 사과를 1달러에 팔고 있는데 B라는 상점이 겉보기에는 비슷한 사과를 1.5달러에 판다면, 당신이 가진 정보를 바탕으로 어떤 것을 사겠는가?

경쟁자와 근본적으로 다른, 흥미로운 제안을 만드는 것이 당신이 해야 할 일이다.

제안서를 만들 때 고려해야 할 중요한 질문 2가지다.

- **질문 1.** 당신이 제공하는 모든 제품과 서비스 중에서 가장 자신 있는 것은 무엇인가? 예를 들어, 고객이 원하는 결과를 얻었을 때만 제품이나 서비스에 대한 값을 받는다면 어떤 제품 혹은 서비스를 제공하겠는가? 달리 표현하자면, 표적 시장 고객을 위해 해결할 수 있다고 자신하는 문제는 무엇인가?
- **질문 2.** 당신이 제공하는 모든 제품과 서비스 중에서 가장 기쁘게 제공할 수 있는 것은 무엇인가?

제안서를 만드는 데 도움이 되는 몇 가지 보충 질문을 소개한다.

- 나의 표적고객이 실제로 사는 것은 무엇인가? 예를 들어, 사람들이 실제로 사는 것은 보험 가입이 아니라 마음의 평화다.
- 당신이 내세울 수 있는 가장 큰 이점은 무엇인가?
- 이 시장의 관심을 사로잡을 최고의 감정적인 단어와 문구는 무엇인가?
- 잠재고객들은 어떤 문제를 제기하고 있으며 이를 어떻게 해결할 것인가?
- 어떤 특별한 제안(예를 들면 보증 같은)을 할 수 있는가?
- 잠재고객의 호기심을 자극할 만한 흥미로운 이야기가 있는가?

- 내 제품이나 서비스와 유사한 제품을 판매하는 사람이 나 말고 누가 있으며, 그들은 어떻게 판매하고 있는가?
- 누군가가 이 표적 시장에 나와 유사한 제품이나 서비스를 판매하려고 시도한 적이 있는가? 그들은 왜 실패했는가?

마케팅이 실패하는 주요 이유 중 하나는, 성의가 부족하고 충분히 생각하지 않았기 때문이다. 그저 가격을 10%나 20% 정도 할인해주는 뻔하고 재미없는 주장이었을 것이다.

고객 제안은 당신의 마케팅 캠페인에서 가장 중요한 부분이며, 이를 올바르게 구성하려면 충분한 시간과 노력을 들여야 한다.

내 표적고객이 원하는 것은?

사업주들이 흔히 저지르는 마케팅 실수가 있다. 꼭 필요한 물건을 엉뚱한 사람에게 소개하거나 꼭 필요한 사람에게 엉뚱한 물건을 소개하는 것이다.

마케팅 노력을 기울여야 할 구체적 표적고객을 파악하는 것이 '1페이지 마케팅 플랜' 양식에서 첫 번째 칸(가장 중요한 것)인 이유도 바로 이 때문이다.

지금까지 표적고객 파악에 대한 기본 설명은 충분히 했으므로 이제 두 번째 사각형, 즉 그 표적고객을 자극할 수 있는 제안서를 만들고자 한다. 표적고객이 기꺼이 지갑을 열 수 있도록 지루하고 게으른 경쟁자들의 제안과는 차별화해야 한다.

잠재고객이 무엇을 원하는지 알아내는 가장 쉬운 방법은 직접 물어보는 것이다. 이를 위해 설문조사나 공식적인 시장조사를 이용한다.

단, 명심해야 할 것이 있다. 대부분 사람은 실제로 질문받기 전까지는 자신이 무엇을 원하는지 모른다는 사실이다. 그래서 설문조사나 시장조사에서는 이성적이고 논리적으로 답하지만 실제 물건을 구입할 때는 감정에 따라 구매를 결정하고, 나중에 이성으로 구매 행위를 정당화한다. 따라서 조사와 더불어 그들의 행동을 직접 관찰하는 방식으로 보완해야 한다.

예를 들어, 비싼 고급 승용차를 사려는 잠재고객들에게 원하는 것이 무엇이냐고 물어봤자 대개는 품질, 신뢰성, 편안함이라고 말할 것이다. 하지만 그들이 정말 원하는 것은 '지위'다.

헨리 포드는 소비자들의 그런 성향을 다음과 같이 표현했다. "내가 사람들에게 무엇을 원하는지 물어봤다면, 그저 더 빠른 차를 원할 뿐이라고 말했을 것이다."

내가 추천하는 시장조사 방법은 표적고객이 실제로 사려 하거나 찾고 있는 것을 분석하는 것이다.

아마존이나 이베이 같은 시장에서 유행하는 제품과 카테고리가 무엇인지 살펴보라.

구글의 '애드워즈 키워드 플래너AdWords Keyword Planner' 같은 도구를 사용해 검색 엔진 검색어를 분석하는 것도 좋은 방법이다.

또 소셜 미디어나 업계 뉴스 사이트에서 어떤 주제가 유행하는지 확인해보라. 요즘 사람들은 무엇에 관심이 있고, 댓글을 달며, 반응하는가?

이러한 도구를 사용하면 세계인들의 생각과 관심사를 탐색할 수 있기 때문에, 요즘 사람들이 무엇을 요구하고, 무슨 이야기나 생각을 하며 사는지에 대한 좋은 아이디어를 얻을 수 있다.

거부할 수 없는 제안서를 만들어라

표적고객이 원하는 바를 알았다면, 이제 그것을 잘 포장해서 거부할 수 없는 제안서를 만들 차례다. 제안서의 필수 요소는 다음과 같다.

• **가치:** 먼저 고객을 위해 할 수 있는 가장 가치 있는 일이 무엇인지 생각해보아야 한다. 괜찮은 수익을 올리면서 그들을 A지점에서

B지점으로 데려가기 위해 필요한 것은 무엇일까? 이것이 바로 당신 제안서에서 가장 중요한 핵심이다.

- **언어:** 당신이 표적고객에 속하지 않는다면, 표적고객들이 사용하는 언어와 전문용어를 배워야 한다. 당신이 BMX 자전거를 판매한다면 그 자전거의 특징, 장점, 사양은 물론, 엔도스endos, 식 월리스sick wheelies, 버니홉스bunny hops 같은 용어를 이해해야 한다. 골프채를 판다면 훅hooks, 슬라이스slices, 핸디캡 같은 용어를 구사할 수 있어야 한다.

- **이유:** 좋은 제안이 떠올랐으면 그 제안을 하는 정당한 이유를 설명할 수 있어야 한다. 현대인들은 속는 일이 잦아 누군가가 강력하고 가치 있는 제안을 하면 일단 회의적으로 생각하고 함정이 있는건 아닌지 의심하는 경향이 있다.

회사를 운영하면서 나도 훨씬 더 나은 서비스를 경쟁사의 절반 가격에 제공할 때 실제로 이런 경험을 한 적이 있다. 사람들은 우리가 웹사이트에 소개한 제안을 보고 무슨 함정이 있는지 확인하기 위해 회사 영업팀에 계속 전화를 걸어왔다.

그러니 제안을 하는 합당한 이유, 즉 오래된 재고나 손상 또는 과잉 재고를 정리하는 차원이라든가, 사무실 또는 창고 이전으로 정리하는 차원이라든가 하는, 당신의 제안에 대한 확실한 이유를 제시할 수 있어야 한다.

- **본 제품보다 좋은 보너스:** 여러 가지 보너스를 함께 제시하면 당신

의 제안을 쉽게 받아들이게 할 수 있다. 이는 매우 현명한 방법이며 고객을 획기적으로 증가시킬 수 있다. 사실, 나는 할 수만 있다면 본 제안보다 더 가치 있는 것을 보너스로 주는 방법을 전폭적으로 지지한다. 특히 홈쇼핑에서 이 방식을 아주 잘 사용한다. "평소보다 2배는 더 드리는 겁니다.", "그게 다가 아닙니다…" 등등.

• **업셀**(upsell): 잠재고객의 기분이 고조되어 구매 태세에 돌입했을 때가 본 제품의 보완 제품이나 서비스를 추가로 제안할 완벽한 타이밍이다. 특히 당신이 판매한 본 제품이 이윤이 낮은 제품이라면 수익률이 좋은 제품을 함께 소개할 수 있는 기회다. 예를 들어 햄버거와 함께 감자튀김을 제공하거나, 소액 추가 부담으로 보증기간을 연장한다거나, 자동차 녹 방지제 등을 추가로 판매한다든가 등을 들 수 있다. 이를 통해 고객에게는 부가가치를 제공하고 당신은 거래당 더 많은 이익을 확보할 수 있다.

• **결제 방식:** 값비싼 제품을 판매할 때 결제 방식은 매우 중요하다. 그 방식에 따라 고객은 망설이기도 하고, 구매를 포기하기도 하며, 마침내 구매를 결정하기도 한다.

상품 가격이 5,000달러라면, 497달러씩 12회 할부를 제시하면 고객은 훨씬 쉽게 구매를 결정한다. 사람들은 일반적으로 월 단위로 지출을 생각하는데, 월 497달러라고 하면 일시불 5,000달러보다 훨씬 수월하게 생각한다. 또한 12회×497달러는 5,000달러가 넘는다. 거의 6,000달러에 가깝다. 이렇게 하는 첫 번째 이유는 영업 자금을 조달해야 하는 경우 금융 비용을 충당하기 위해서다. 둘째 이유는, 일시불로 낼 수 있는 고객들에게 선불에 대한 '할인 혜택'을 줄 수 있기 때문이다.

• **보증:** 이 장 앞부분에서 언급한 바와 같이, 특별한 보증 같은 것이 필요하다. 그렇게 함으로써 당신과의 거래 위험성을 완전히 반전시킬 수 있다. 현대인들은 거래에서 실망을 너무 많이 경험했기 때문에 웬만해서는 당신의 주장을 믿지 않는다. 딱히 당신을 나쁘게 생각해서가 아니다. 그게 현실이다. 당신과 거래해도 안전하다는 것을 고객에게 알려줘야 한다. 즉, 당신이 약속을 이행하지 않으면 책임이 당신에게 돌아가게 해야 한다. "만족을 보장합니다" 정도로는 약하고 효과도 크지 않다.

• **희소성:** 당신의 제안에 희소성이 있어야 한다. 그래야 사람들이 즉각 반응하게 마련이다. 사람들은 이익을 볼 가능성보다는 기회를 놓칠지 모른다는 손실에 대한 두려움이 훨씬 크고, 더 민감하게 반응한다. 따라서 당신의 희소성 주장에 대한 정당성을 인정받고 싶다면, 이런 제안이 아무 때나 있는 기회가 아니라는 합당한 이유를 고객에게 설명해야 한다.

당신은 한정된 공급, 한정된 시간, 한정된 자원을 갖고 있다. 이것을 마케팅에 유용하게 사용하라. 당신이 가지고 있는 시간이나 가용재고에 대해 실시간 감소 상황을 보여줄 수 있다면, 기회 상실에 대한 고객의 두려움을 더욱 고조시킬 수 있다.

지금까지 살펴본 바와 같이, 설득력 있는 제안을 하는 데는 여러 요소가 있다. 그저 '10% 할인'과 같은 게으르고 사려 깊지 못한 제안을 하는 것은 마케팅 비용을 쓰레기통에 버리는 것과 같다.

충분한 시간을 들여 설득력 있고 사려 깊은 제안을 만들어보라. 고객 전환율도 급격히 높아지고 수익도 크게 좋아질 것이다.

고객의 고통을 공략하라

머리가 깨질 듯이 아프다. 약장을 열고 뒤져봐도 먹다 남은 알약, 연고, 비타민만 보이고 진통제는 하나도 없다. 지금 당장 이 통증에서 벗어나게 해줄 진통제를 사러 동네 약국으로 달려간다.

그런 상황에서 가격 따위가 신경 쓰이겠는가. 지금 가고 있는 동네 약국이 아니라 다른 약국에 가면 혹시 더 싸게 살 수 있을지 모르니 그곳으로 가봐야겠다는 생각이 들겠는가. 물론 그럴 리 없을 것이다! 지금 당신은 고통스럽고, 즉각적인 통증 완화가 시급하다. 동네 약국의 진통제 가격이 다른 약국보다 두세 배 더 비싸다 해도 동네 약국에서 살 것이다.

당장 고통을 당하면 우리는 평소에 하던 이른바 알뜰 쇼핑 같은 생각은 할 겨를이 없다. 당신의 고객과 잠재고객도 마찬가지다. 그런데도 기업들은 고객이 현재 겪고 있는 고통에 대해 이야기하기보다, 자기 제품의 기능과 장점만 늘어놓을 때가 많다. 지금 당장 심한 두통을 호소하는 사람에게 진통제를 팔기 위해 약사가 군이 많은 판매 노력을 기울일까? 거의 어떤 노력도 필요 없을 것이다.

TV를 팔든, 차를 팔든, 컨설팅을 하든 마찬가지다. 당신에게도 고통스러워하는 잠재고객이 있다. 그들은 당신 제품의 특징이나 장점보다는 지금 당장의 통증 완화를 원한다. 예를 들어 당신이 내게 TV를 팔려고 한다면, HDMI 포트가 4개 달렸고 4K 해상도를 자랑한다며 그 TV의 기능과 장점을 내세우려 할지 모른다. 하지만 그런 기능들은 대부분의 사람들에게 거의 의미가 없다. 대신 당신이 내 고통을 타깃으로 삼는다고 생각해보라. TV에 대해 내가 가진 고통은, 그 무겁고 복잡한 기기를 우리 집까지 끙끙거리며 직접 가져와서 포장을 풀고 집에 있는 다른 기기와 연결해 설치하느라 짜증날 만큼 많은 시간을 소비해야 한다는 것이다.

그러니 가격을 조금 할인해주면서 당신을 단순한 상품 판매자로 포지셔닝하는 대신 TV를 우리 집까지 직접 배달해주고, 깔끔하게 벽에 설치해주면서 화질이 훌륭한지 확인하고, 주변 기기들과 완벽하게 작동하도록 연결까지 해준다면 어떨까? 그것이 바로 내 고통을 덜어주는 일이다. 당신이 그렇게 해준다면 나는 단지 제품의 특징과 장점을 장황하게 나열하는 곳과 가격을 일일이 비교하는 일에 별로 신경 쓰지 않을 것이다.

위에서 TV를 예로 들었지만, 어떤 상품이든지 고객의 고통을 덜어주는 방식으로 접근한다면 당신은 나와 거래를 틀 수 있다. 게다가 내가 당신 회사의 열성 팬이 되어 다른 고객들에게 소개할 가능성도 커진다. 당신은 이제 단순한 상품 판매자가 아니라 문제를 해결하는 사람이 되었기 때문이다. 이제 당신은 같은 사과끼리의 비교가 아니라, 사과와 오렌지를 비교하는 게임을 하는 것이다. 이런 엄청난 상황을 어떻게 "이 TV는 HDMI 포트 4개와 4K 해상도를 자랑합니다"라고 말하는 것과 비교할 수 있겠는가.

기능이나 장점을 내세우며 판매하는 행위는 잠재고객이 당신을 단순한 상품 판매자로 보고 오직 가격만으로 제품을 구매하게 만들 때 좋은 방법일 뿐이다. **당신은 고객을 위한 문제 해결사, 즉 진통제가 되고, 당신을 동종의 경쟁사와 비교할 필요가 없게 만드는 것이 필요하다.** 사람들은 예방보다는 당장의 통증을 치료하는 데 더 많은 돈을 지불한다는 점을 명심하라. 미래의 즐거움을 약속하기보다는 현재의 고통을 목표로 삼는 것이 훨씬 더 높은 고객 전환율, 훨씬 더 높은 고객 만족, 훨씬 더 낮은 가격 저항으로 이어질 것이다. 당신의 업계에서 고객이 느끼는 통점痛點. pain point을 찾고, 고객의 고통을 덜어주는 해결사가 되도록 노력하라.

광고 문안 작성하기: 사람들을 지루하게 하지 마라

설득력 있는 단어를 구사하는 것만큼 풍부한 보상을 주는 기술은 없다. 감정에 호소하며 행동에 옮기도록 동기부여하는 방식으로, 잠재고객이 왜 당신의 경쟁자가 아니라 당신에게서 구매해야 하는지를 명확하게 설명하는 것은 마케팅 전문가의 특별한 기술이다.

이 책의 앞부분에서 직접 반응 마케팅은 기존 마케팅과는 매우 다른 광고 문안 작성 기법을 사용한다고 했다. 직접 반응 마케팅에서는 표적고객의 감정을 자극하는 문구를 구사한다.

기존의 뻔하고 지루하고 '전문적'으로 들리는 문구를 사용하는 대신, 교통사고처럼 비록 원하지는 않지만 쳐다보지 않을 수 없는 강력한 문구를 사용한다.

감정적 직접 반응 유도 카피라이팅은 헤드라인, 강력한 광고 문구, 설득력 있는 행동 요구 등으로 고객의 시선을 끈다. 그래서 그것을 '인쇄된 판매술'(42쪽 참조)이라고 부르기도 한다.

많은 기업, 특히 전문직 종사자나 기업 고객에게 제품과 서비스를 판매하는 기업들은 이런 유형의 문구가 자신의 시장에는 적합하지 않다고 생각할 수도 있다. 물론 그런 경우 표적고객에 대한 접근 방식을 조정해야 할 수도 있지만(표적고객이 누구든 마찬가지다), 그렇다 하더라도 감정적인 직접 반응 유도 카피라이팅을 무시하면 큰 실수로 이어질 수 있다.

당신이 《포춘》 500대 기업의 CEO이든 건물 청소원이든, 우리는 모두 감정의 소유자들이며 따라서 감정에 따라 먼저 구매 결정을 한 뒤에 나중에 이성으로 구매를 정당화한다. "여보, 나는 그저 안전을 위해 포르쉐 911을 샀을 뿐이에요. 독일 자동차는 안전에 관한 한 믿을 만하니까요." 뭐, 이런 식이다(실제로는 사회적 지위 때문에 샀지만 말이다. 85쪽 참조).

기업주들을 직접 만나보면, 그들의 실제 모습은 마케팅에 나타나는 모습과 전혀 다를 때가 많다. 사실 대부분의 사람들은 '전문가'로 보이고 싶어 광고에서 자신의 진짜 모습을 드러내지 않는다. 그래서 그들의 광고는 종종 무미건조하고 뻔해 보인다. 광고에서 로고와 이름만 바꾸면, 그 회사는 그 산업에 종사하는 전혀 다른 회사가 될 수 있다. 광고에서도 사람들을 실제 만나서 행동하는 방식처럼 의사 소통을 한다면 훨씬 더 큰 성공을 거둘 텐데 안타깝기 그지없다.

그들을 직접 만나보면, 대개는 매우 지능적이고 다른 사람의 말에 귀를 기울이며 자신이 하는 일에 열정적이지만, 광고와 영업 문구를 작성할 때는 갑자기 얼어붙는 것 같은 느낌이다. 광고를 작성할 때 그들은 갑자기 '전문가'처럼 보이기 위해 애쓰고, 보통의 대화에서는 결코 사용하지 않을 법한 애매한 단어와 구절을 사용하기 시작한다. 그러니까 '최고의 제품', '시너지', '전략적 연계' 같은 용어를 남발한다. 친구나 동료 간의 실제 대화에서는 절대 사용하지 않는 단어들이다.

사실, 사람들은 기업에게 물건을 구매하는 것이 아니라 사람에게서 물건을 구매한다. 사람들은 일대일 대면하는 판매의 세계에서는 관계와 신뢰의 구축을 잘 이해하면서도, 어떤 이유에서인지 마케터로서 일 대 다중의 입장이 되면 많은 사업주가 자신의 본래 모습을 제쳐두고 얼굴 없는 기업처럼 행동해야 한다고 생각한다. 앞서 말했듯이 광고 문안을 작성하는 것은 '인쇄된 판매술'이다. **광고 문구도 한 사람과 직접 대화하는 것처럼 만들어야 한다.**

단조롭고 지루한 '전문가' 같은 판매 문구를 구사하는 것이야말로 잠재고객의 흥미를 잃게 하는 지름길이다. 진부한 표현과 '업계 최고의 공급업체'라는 주장은 당신 회사를 흔한 '미투' 기업으로 보이게 만들 뿐이다. '미투' 기업들은 자신을 차별화할 만한 특별한 것이 없기 때문에 불가피하게 오직 가격만을 좇아 필요에 따라 쇼핑하는 최저 수준의 공통분모 고객을 끌어들인다.

사람들은 신뢰감, 진짜 모습, 소신을 좋아한다. 그들이 설령 당신에게 동의하지 않는다 하더라도, 진실하고 개방적인 당신의 본모습을 존중할 것이다. 본연의 모습을 솔직하게 드러내는 것이 고만고만하고 단조로운 시장에서 당신을 돋보이게 해줄 것이다. 항상 상습적으로 꽤 긴 시간을 차지하는 TV 포맷 중 하나인 뉴스 진행자의 경우를 보자. 방송국들은 왜 뉴스 진행자의 얼굴을 보여주는 데 그렇게 많은 방송 시간을 낭비할까? 그냥 진행자의 목소리만 내보내고 그 시간에 더 많은 콘텐츠와 뉴스 화면을 보여줄 수도 있을 텐데 말이다.

그러나 방송국이 뉴스 진행자에게 많은 시간을 할애하는 이유는, 그래야만 별 재미없는 주제도 뭔가 있는 것처럼 보이기 때문이다. 또 해당 뉴스 프로그램을 권위 있고 신뢰할 만한 일대일 대화처럼 느껴지게 하기 때문이다. 사람들은 그냥 목소리만 듣는 것보다는 다른 사람들의 사진과 동영상에 더 잘 반응한다. 유튜브와 페이스북이 세계에서 가장 큰 온라인 사이트로 성장한 것은 우연이 아니다. 우리는 다른 사람들이 무슨 행동을 하고 무엇을 말하는지에 큰 관심을 보인다.

이런 현상을 당신의 사업에도 쉽게 이용할 수 있다. 바로 회사의 웹사이트에 동영상을 추가하는 것이다. 뉴스 진행자가 당신 회사의 제품과 서비스를 설명하는 것처럼 간단한 동영상이라도 좋다. 휴대용 카메라나 스마트폰으로 5분짜리 동영상을 만들어 업로드할 수 있다. 또 소셜 미디어를 잠재고객과 관계를 맺기 위한 양방향 커뮤니케이션 매체로 사용하는 방법도 있다. 이 2가지 작업만 수행해도 회사의 개성을 살려 잠재고객과 더 깊은 관계를 형성할 수 있다.

광고를 당신이 그 뒤에 숨을 수 있는 스크린으로 여기지 마라. 오히려 당신의 소신, 통찰력, 조언, 코멘트를 제공하는 기회로 삼으라. 무엇보다도 자기 자신을 솔직하고 진실되게 밝히는 도구로 이용하라. 그러면 즉시 고객의 신뢰를 얻고, 주변의 지루하고 재미없는 다른 광고들과 차별화할 수 있다.

컴퓨터 이메일의 '받은 메일함'은 '휴지통' 바로 위에 있다. 받은 메일함을 열고 메일을 읽은 다음, 마우스 커서는 삭제 버튼 위를 맴돈다. 우리는 받은 메일을 두 종류로 분류한다. 즉 어떤 메일들은 메일함을 열고 읽은 다음 그대로 리스트에 보관하지만, 또 어떤 메일들은 읽지도 않은 채 휴지통으로 보낸다. 사람들은 늘 뭔가 새롭고, 재미있고, 색다른 것을 갈망한다. 그런 갈망을 충족시켜주면 그들의 관심을 끌 수 있다. 당신의 광고 문구가 그저 '전문적'이기만 하다면, 사람들은 지루해하고 무시해버린다. 사실 대부분의 기업은 잠재고객의 관심을 끄는 색다른 광고 문안 작성을 두려워한다. 그들은 친구, 친척, 업계 동료 들이 그런 문구에 대해 뭐라고 생각할지 두려워한다.

그래서 그저 소심하게 '미투' 메시지와 광고를 내보낸다. 회사 이름과 로고만 바꾸면 다른 어느 경쟁업체라 해도 모를 정도다. 당신이 광고 문안을 작성할 때 참작해야 할 의견이 있다면 바로 잠재고객의 의견뿐이다. 솔직히 당신의 의견을 포함해서 다른 누구의 의견도 광고 문구 작성에 참작되어서는 안 된다. 광고 문구의 효과를 판단하는 유일한 방법은 고객의 반응을 측정하고 테스트하는 것뿐이다.

대중은 침묵하지만 절망에 빠져 있다. 잠깐이라도 그들을 사로잡거나 즐겁게 해줄 무언가를 절대적으로 갈망한다. 당신의 일은 그들에게 그것을 주는 것이다.

좋은 광고 문안의 필수 요소

단어 하나, 문구 하나가 광고 효과를 얼마나 극적으로 바꾸는지 정말이지 놀랍다. 매우 강력하고 감정을 자극하는 단어는 따로 있다. 예를 들어 다음 세 단어를 생각해보라.

1. 동물
2. 물고기
3. 상어

이 세 단어 중 어느 것이 당신에게 가장 감정을 유발하는가? 셋 다

생물을 묘사하는 데 쓰일 수 있지만, 아마도 마지막 단어가 가장 감정을 유발했을 것이다. 광고 문구를 작성할 때 사용하는 단어도 마찬가지다. 확실히 다른 단어들보다 더 큰 감정적 반응을 유발하는 단어가 있다. 다음은 일반적으로 가장 설득력 있게 와닿는 단어들이다.

- 무료 / 당신 / 절약 / 결과 / 건강 / 사랑 / 입증된 / 돈 / 새로운 / 쉬운 / 안전 / 보장된 / 발견

헤드라인의 단어 하나만 바꿔도 당신이 달성하고자 하는 결과를 극적으로 바꿀 수 있다. 사람들은 먼저 감정에 따라 구매하고 나중에 이성으로 정당화한다는 사실을 항상 기억하라. 그러니 팩트와 수치로 고객들의 두뇌에 호소해 물건을 팔려는 노력은 전적으로 시간 낭비일 뿐이다.

인간의 행동, 특히 구매행동의 5가지 주요 동기는 다음과 같다.

1. 두려움
2. 사랑
3. 탐욕
4. 죄책감
5. 자부심

만약 광고 문구가 이런 감정의 핫버튼을 하나라도 누르지 못하면 그 문구는 너무 평범하고 비효율적이라 할 수 있다.

헤드라인은 광고 문안에서 가장 중요한 요소다. 헤드라인의 역할은 표적고객의 관심을 끌어서 광고 본문을 읽게 하는 것이다. 헤드라인은 광고에 대한 광고이다. 광고를 보는 사람이 헤드라인에서 광고의 주 메시지를 포착할 수 있어야 한다. 헤드라인은 광고에서뿐 아니라 이메일의 제목, 전단지의 제목, 웹페이지 제목 등을 작성할 때도 광범위하게 사용된다. 다음은 역사상 가장 성공적인 광고 캠페인 헤드라인의 사례다.

- 내가 피아노에 앉자 사람들은 웃었다. 하지만 막상 연주를 시작하니!(They Laughed When I Sat Down at the Piano—But When I Started to Play!)
- 유명 영화배우 피규어 갖고 싶은 분?(Who Else Wants a Screen Star Figure?)
- 자격이 박탈된 변호사의 고백(Confessions of a Disbarred Lawyer)
- 다 큰 남자가 우는 것을 본 적이 있나요?(Have You Ever Seen a Grown Man Cry?)
- 포틀랜드의 모든 과체중 사람들에게 보내는 공개 편지(An Open Letter to Every Overweight Person in Portland)
- 한 아이의 생명이 당신에게 1달러 가치밖에 안 되나요?(Is the Life of a Child Worth $1 to You?)
- 나를 대머리에서 구해준 이상한 사건(How a Strange Accident Saved Me from

Baldness)

- 정부가 은행 계좌를 동결하면 무슨 일이 생길까?(When the Government Freezes Your Bank Account—What Then?)

- 그 바보는 어떻게 스타 세일즈맨이 되었을까?(How a "Fool Stunt" Made a Star Salesman)

- 의사들이 총보다 더 위험하다는 것이 밝혀졌다!(Proof: Doctors Are More Dangerous than Guns!)

성공적이라고 입증된 헤드라인들이 어떻게 인간 행동의 5가지 주요 동기부여 요인들을 하나 이상 언급하고 있는지 살펴보라. 1pmp.com에 들어가면 광고 역사상 가장 성공적인 헤드라인 수백 개의 목록을 볼 수 있다.

두려움, 특히 손실에 대한 두려움은 광고 문구에서 유발할 수 있는 가장 강력한 감정적 핫버튼 중 하나다. 특정 단어가 특정 감정과 어떻게 연결되는지 이해하면 강력한 힘을 발휘한다.

이것이 너무 조작적이라고 우려하는 사람도 많지만, 이 방법은 다른 강력한 도구들처럼 선의의 목적으로도 악의의 목적으로도 사용될 수 있다. 실제로 많은 사람이 2가지 목적으로 이 방법을 사용한다.

예를 들어 날카로운 칼은 외과 의사가 사용하면 생명을 구할 수 있지만, 범죄자가 사용하면 생명을 빼앗아갈 수 있다. 어느 쪽이든 우리

제1막 사전 단계

는 이 강력한 도구가 어떻게 작동하는지 이해해야 한다. 이를 사용하지 않는 삶은 생각할 수 없으니까 말이다.

감정적 직접 반응 유도 광고 문안 작성도 마찬가지다. 그것은 강력한 판매 수단이다. 절대 비윤리적으로 사용되어서는 안 된다.

고객의 관심을 받는 상품을 판매하고 있다면 이 강력한 판매 도구를 사용하라. 그러면 당신은 고객에게 큰 서비스를 제공하는 것이다. 그 자체로 고객들이 다른 경쟁자에게 더 열악한 제품이나 서비스를 사지 않도록 해주는 셈이니까.

잠재고객의 마음속 대화에 참여하라

우리는 모두 항상 마음속에서 대화가 진행되고 있다. 이것을 '내면의 이야기'라고 부르기도 한다.

하지만 임산부의 '내면의 대화'와 은퇴자의 '내면의 대화'는 전혀 다르다. 물론 광적인 운동 중독자와 매일 TV만 보는 사람의 '내면의 생각'도 다를 것이다. 표적고객을 올바로 이해하는 것이 중요한 이유도 바로 이 때문이다.

특정 유형의 표적고객에게는 감정을 유발하지만 다른 고객에게는 전혀 상관없을 수 있다. 당신의 표적고객이 누구인지, 그리고 그들의 감정적 동기가 무엇인지 정확히 이해하지 못하고서는 감정을 유발하는 광고 문안을 작성할 수 없다.

표적고객이 무슨 생각을 하고, 무엇을 말하는지, 그들이 사용하고 반응하는 언어의 종류는 무엇인지, 그들이 어떻게 하루를 보내는지, 그리고 그들의 마음속에서 진행되는 대화가 무엇인지 먼저 깊이 이해하지 않고서는 단 한마디의 광고 문구도 쓸 수 없다. 그들의 두려움과 좌절은 무엇인가? 무엇이 그들을 흥분시키고 동기를 부여하는가?

그런데 광고 문안을 작성할 때 이런 조사를 종종 무시한다. 이는 강력한 문구를 내세운 광고가 실패하는 주된 이유이기도 하다. 감정을 유발하는 광고 문안 작성은 마케팅 무기고의 강력한 도구인 건 맞지만, 전체 과정의 일부라는 점도 잊어서는 안 된다. 조사, 문안 작성, 테스트 및 측정에 이르는 전 과정을 제대로 수행해야만 비로소 경쟁업체보다 99.9% 앞설 수 있다.

잠재고객의 마음속에서 진행되는 대화에 들어가는 또 다른 방법은 고객의 고민을 다루는 것이다. 마케팅을 할 때 당신의 회사를 호의적으로 보이고 싶어 하는 것은 당연하다. 그러나 이런 접근 방식이 때로는 가장 일반적인 마케팅 실수로 이어지기도 한다. 그러니까 당신회사와 거래하는 것의 긍정적인 측면만 주장하면서 정작 고객의 고민, 즉 당신 회사의 물건을 구매함으로써 발생할 수 있는 위험을 언급하지 않는 초보적인 실수를 범한다.

편도체(뇌의 측두엽 안쪽에 있는 신경핵의 집합체로 동기, 기억, 학습, 감정과 관련된 정보를 처리한다–옮긴이)는 우리 뇌에서 두려움을 일으키는 부분이다. 살아가면서 겪는 중요 사건에 대한 우리의 반응을 관찰하고, 눈앞에 닥친 위험을 경고하기 위해 두려움을 자극한다. 밤중에 의심스러워 보이는 사람이 미행하는 것을 알고 심장이 두근거린다면, 편도체가 제대로 작동하고 있는 것이다. 그건 분명히 좋은 역할이다. 하지만 잠재고객의 뇌에 있는 편도체가 당신이 물건을 사지 못하게 방해한다면 그리 좋은 역할은 아니다.

당신이 커피숍을 운영하든 병원을 운영하든, 잠재고객이 당신에게서 뭔가를 구매하려고 할 때 그들의 편도체는 구매와 관련된 잠재적인 위험에 대해 판단을 내린다. 편도체가 평가하는 위험이란 게 그저 '당신 커피숍의 라테는 맛이 없다'라는 사소한 것일 수도 있고, '당신 병원에서 수술하다가 죽을 수도 있다'처럼 심각한 것일 수도 있다. 어느 쪽이든 편도체가 내리는 위험 평가는 항상 이면에서 진행된다. 당신은 기업주이자 마케터로서, 이 개념을 확실하게 이해해야 한다. 당신이 마케팅에서 이 문제를 회피한다면, 잠재고객의 두뇌에 있는 편도체가 통제되지 않고 제멋대로 판단해 거래를 중단시킬 수도 있다. 좋든 싫든 고객의 두뇌에서 이런 위험 평가가 이루어지고 있다는 점을 고려하면, 이 평가에 과감하게 참여해서 편도체가 당신과의 거래를 위험하다고 평가하기 전에 해결할 방법을 찾는 것이 좋지 않겠는가?

영업 교육에서는 고객의 반대를 극복해야 한다고 배우지만, 실제로 반대 목소리는 그렇게 자주 나오지 않는다. 우리 사회는 예의를 중시하므로 고객들은 겉으로는 "생각해볼게요"라고 마음에도 없는 대답을 한다. 하지만 편도체 내부에서는 "어서 여기서 나가"라고 외친다. 좋은 광고 문구의 역할은 망설이는 부정적 잠재고객에게 당신 회사의 제품이나 서비스가 그들을 위한 것이 아님을 미리 알려주는 것이다. 그렇게 해야 하는 3가지 이유가 있다.

첫째, 표적고객에 속하지 않는 사람이나 당신이 제공하는 제품이나 서비스에 적합하지 사람을 걸러내주기 때문이다. 그렇게 함으로써 적합하지 않거나 고객이 될 확률이 낮은 사람들에게 시간을 낭비하지 않을 수 있다. 또 잘못 알고 물건을 샀다고 주장하는 고객에 대한 환불과 불만 처리도 줄일 수 있다.

둘째, 이 제품이 정말로 누구를 위한 제품인지 알려주면 회사의 신뢰도가 즉시 높아진다. 즉 당신이 제공하는 제품과 서비스가 누구를 위한 것인지, 그리고 누구를 위한 것이 아닌지를 미리 알려줌으로써 그런 구분이 공평하게 느껴지게 한다.

셋째, 당신의 제품이나 서비스가 자신들을 위한 것으로 예상하는 사람들은, 당신이 그 제품이나 서비스가 모두를 위한 것이라고 말할 때보다 자신들의 요구에 훨씬 더 잘 맞춰져 있다고 강력하게 느낀다.

자신들이 표적이 되어 특별하게 대우받는다고 느끼는 것이다.

잠재고객의 마음에 들어가는 또 다른 훌륭한 방법은, 그들이 무엇을 불평하는지 미리 간파해서 소위 '공공의 적'이라고 불릴 만한 단어를 찾아 광고 문구에 사용하는 것이다. 대부분의 사람들에게 자신의 일이 잘 풀리지 않은 이유를 물어보면 다음과 같은 단어들이 가장 많이 오르내린다.

- 경제 / 정부 / 너무 높은 세금 / 열악한 양육 환경 / 가족이나 친구의 응원 부족 / 시간 부족 / 자금 부족 / 기회 부족 / 기술이나 교육의 부족 / 불공정한 상사

그런데 이 목록에서 빠진 게 하나 있다! 바로 자기 자신이다!

한 주요 신문이 '생활비 압박'(지출에 비해 버는 게 너무 적다)의 원인과 관련해 전국 설문조사를 했는데, 그런 상황에 대해 자신에게 책임이 있다고 말한 사람은 극히 적었다.

《안전연구저널Journal of Safety Research》(2003)에 따르면, 미국인의 74%가 자신을 중산층으로 생각했다. 평균 이하라고 생각하는 사람은 단 1%에 불과했다.

이것은 생활비 압박의 책임이 누구에게 있느냐는 질문과 다를 바없다. 아이들이 문제가 생겼을 때 "내 잘못이 아니에요"라고 말하는

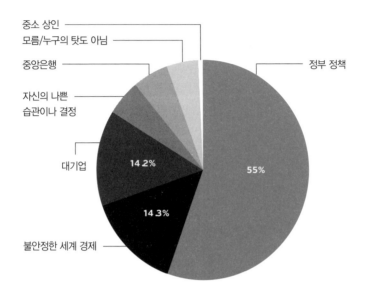

생활비 압박의 책임이 누구에게 있다고 생각하는가?

('비참한 삶' 또는 '근근이 사는 삶'을 사는 사람들의 첫 번째 선택)

중소 상인
모름/누구의 탓도 아님
중앙은행
자신의 나쁜
습관이나 결정
대기업 14.2%
정부 정책 55%
14.3%
불안정한 세계 경제

것을 얼마나 많이 들었던가? 어른들도 마찬가지다. 우리 대부분은 자신이 잘못했다고 생각하지 않는다. 그런 사실을 알았다면 이제 어떻게 해야 할까? 첫째, 광고 문구에서 고객이 처한 상황에 대해 절대 고객 탓을 해서는 안 된다. 그들의 마음속에서 진행 중인 대화에 참여하려면, 우리의 마케팅 메시지는 그 같은 기존의 사고 과정을 고려해야 한다. 그들의 생각이 우리와 한참 다르더라도 말이다.

앞서 언급한 '공공의 적'을 사용하는 것은, 잠재고객이 가지고 있는

"내 잘못이 아니에요"라는 사고방식을 활용하는 좋은 방법이다. 잠재고객의 관점에서 생각하고, 그들이 언급한 책임 목록에서 그들에게 가장 관련 있는 것을 골라 당신이 제시할 해결책과 연결하라. 예를 들면, 회계사는 다음과 같은 광고 헤드라인을 사용할 수 있다.

"욕심 많은 세금 관리들에게서 당신이 힘들게 번 돈을 되찾는 방법을 무료로 알려드립니다."

이는 잠재고객에게 솔루션을 제공하는 동시에, 잠재고객과 관계를 맺는 훌륭한 방법이다. '공공의 적'을 사용함으로써 잠재고객과 당신을 연결하고, 당신을 '공공의 적'(이 경우에는 세금)과 싸우는 구원자로 보이게 만드는 것이다.

'공공의 적'을 직접 건드려 그들의 고민을 함께 다루고, 그들의 마음속에서 이미 벌어지고 있는 대화에 들어가 수면 아래에 존재하는 감정을 어루만지는 것이다.

이것이야말로 불필요한 잡동사니를 뚫고 잠재고객의 관심을 사로잡는 가장 좋은 방법이다.

제품, 서비스, 회사 이름 짓는 법

다른 기업가들과 이른바 '작명'에 대해 여러 차례 이야기를 나눈 적이 있다. 그들과의 대화는 대개 다음과 같이 이어진다. 먼저 그들은 새로운 제품, 서비스 또는 새로운 프로젝트에 붙일 새 이름에 대한 내 의견을 묻는다. 그다음에 그 이름에 대해 설명하는 식이다. 하지만 이름 짓기에 대한 내 생각은 이렇다. 당신이 어떤 이름에 대해 '굳이 설명해야 한다면' 그것은 이미 실패한 이름이다. 사실 **모든 제목**title**은 그 내용을 대변한다.** 다시 말해 이름만 대면 그 제품, 서비스 또는 프로젝트가 무엇인지 자동으로 알 수 있어야 한다. 그렇지 못하다면 당신은 한발 늦게 시작하는 셈이다.

내가 사람들에게 이렇게 조언하면, 어떤 사람들은 믿을 수 없다는 듯 고개를 젓는다. 나이키, 애플, 스카이프, 아마존 등 특이한 이름을 가진 멋진 브랜드를 보라. 어떻게 브랜드 이름만으로 제품을 알 수 있단 말인가? 그렇다면 내 조언이 틀렸을까? 그런 유명 브랜드들은 자신들이 누구인지 그리고 무슨 일을 하는지를 사람들에게 알리기 위해 수억 달러를 광고에 지출한다. 당신도 자신을 알리기 위해 그렇게 많은 돈을 쓸 의향이 있는가?

지금 나는 물건을 팔거나 관심고객을 창출하기 위한 광고를 말하는 게 아니다. 그들은 단지 자신들이 무슨 일을 하는지를 사람들에게 알리기 위한 광고에 거액을 쓰는 것이다. 하지만 우리 대부분은 그들처럼 돈을 펑펑 쓸 수 없다. 당신이 그들을 흉내 내서 잘 모르는 애매한 단어를 이름으로 사용한다면, 당신은 뒤처질 뿐 아니라 엄청난 돈이 들어가는 광고로 그것을 보완해야 한다.

그처럼 엄청난 돈을 쓰는 것을 피하기 위해 중소기업들은 회사 이름을 특이해 보이는 '아쿠아 솔루션Aqua Solutions' 대신 '신속한 배관 수리 회사'라고 짓는 것이다. 회사가 하는 일을 이름 그 자체로 훨씬 더 잘 설명하고 있지 않은가? '아쿠아 솔루션'이라는 이름을 쓴다면, '아쿠아'는 라틴어로 '물'을 의미하며 회사는 '완전한 배관 솔루션'을 제공하기 때문에 그렇게 이름을 붙였다고 장황하게 설명해야 한다.

나는 뜻이 불분명한 회사 이름이나 제품 이름을 너무 많이 봐왔다. 진부한 말장난인 것도 있고, 문학작품에서 따온 것도 있었다. 심지어는 그 이름을 붙인 사람만 그 뜻을 알 수 있는, 지어낸 단어도 있었다. 하지만 현실은 그 이름이 아무리 기발해 보여도 그 이름의 의미나 기원을 해독하려고 애쓰는 사람은 거의 없다는 것이다. 당신의 회사가 당신에게는 자식과 같아서 특별한 이름이 의미가 있을지 모르지만, 고객들은 그 이름의 의미에 대해 단 1초도 생각하지 않는다.

게다가 이름이 너무 기발하면 때로는 혼란을 일으킬 뿐 아니라 당신에게 불리하게 작용하기도 한다. 이 장의 앞부분에서도 말했듯이 혼란은 판매 손실로 이어진다. 고객을 혼란스럽게 하면 그들을 잃는다. 그건 아주 단순한 논리다. 그러니 **'기발함'보다는 '명확성'을 택하라.** 잠재고객이 메시지를 읽고, 이해하고, 최적의 시기에 행동하게 만드는 것은 매우 어려운 일이다. 그런 데다가 마케팅 예산이 많지 않은 소규모 기업이 의도적으로 혼란을 가중시키는 것은 미친 짓이나 다름없다.

　마지막으로, 회사 이름을 기발하게 짓고 나서 친구나 가족에게 의견을 묻지 마라. 그들은 당연히 당신의 아이디어를 칭찬할 것이다. 기분이 좋기는 하겠지만, 진정으로 도움이 되지는 않는다. 모든 수단을 동원해 테스트를 하고 의견을 구하는 것은 좋지만, 아는 사람이 아니라 표적고객의 일부인 객관적인 사람들로부터 의견을 구하라. 이름을 새로 짓거나 바꾸는 것은 당신에게 유리할 수도 있고 불리할 수도 있다. 이름을 바꾸는 것은 원래 비용이 많이 들고 어려운 일이므로 신중하게 생각하고 노력을 기울여야 한다. 무엇보다 명확성에 초점을 맞춰라.

Do it!

2장 실행 과제

표적 시장에 보내는 당신의 메시지는 무엇인가?
1페이지 마케팅 플랜의 두 번째 칸을 채워보자.

3 장

잠재고객에게
다가가라

광고 매체는 표적 시장에 당신의 메시지를 전달하기 위해 사용하는 수단이다. 일반적으로 마케팅에서 가장 비용이 많이 드는 요소이므로 충분한 광고 효과(ROI: 투자수익률)를 낼 수 있도록 신중하게 선택하고 관리해야 한다.

이 장에서 다루는 주요 내용

- 회사 이름을 널리 알리는 것이 실패 전략이 되는 이유
- 광고 효과(ROI)를 높이는 법
- 고객생애가치를 프런트엔드front-end와 백엔트back-end로 나누는 방법
- 소셜 미디어의 역할
- 이메일과 우편 메일을 효과적으로 사용하는 법
- '단일 장애점single point of failure'(어느 한 곳에 문제가 생기면 시스템 전체가 중단되는 지점-옮긴이)으로부터 회사를 지키는 방법

투자수익률 게임

마케팅의 거장 존 워너메이커John Wanamaker는 다음과 같은 유명한 말을 남겼다.

"내가 쓰는 광고비의 절반은 버려지는 돈이다. 문제는 어느 쪽 절반인지를 모른다는 것이다."

이 말은 처음 나온 한 세기 전만 해도 충분히 이해할 만했지만, 오늘날 그렇게 말하는 것은 설득력이 전혀 없다. 각종 기술 발달로 광고 효과를 추적할 수 있기 때문이다. 하지만 대부분 소규모 회사들은 거의 광고 효과를 추적하지 않는다. 관심고객과 매출이 어디서 나오는지를 측정하지 않거나, 광고 지출에 대한 투자수익률(ROI)을 추적하지 않는 것은 아마추어 티를 그대로 내는 것이다. 오늘날 우리는 빠르고, 쉽고, 저렴하게 광고 효과를 추적할 수 있는 기술을 가지고 있다.

수신자 부담 전화번호, 웹사이트 분석 및 쿠폰 같은 수단으로 쉽게 광고 효과를 추적할 수 있다. 측정되는 것은 관리될 수 있다. 광고비 지출에서 효과가 없는 매체는 과감히 버리고, 효과 있는 매체만 살려 나가야 한다.

광고 매체는 마케팅에서 가장 비용이 많이 드는 구성 요소다. 매체는 당신의 제안을 표적고객에게 연결시켜주는 다리와 같다. 라디오, TV, 인쇄물 같은 기존 매체를 사용하거나 소셜 미디어, 검색 엔진 최적화(SEO), 이메일 마케팅 같은 새로운 디지털 미디어를 사용하는 경우, 각 매체의 특성을 잘 이해해야 한다.

모든 매체의 세부 카테고리까지 구분해서 다루는 것은 이 책의 범위를 벗어난다. 다만 한 가지 보편적인 조언을 하자면, 당신이 광고를 내기에 적합하다고 판단한 매체를 전문적으로 다루는 전문가를 고용하라는 것이다. 그들은 그럴 만한 가치가 있다. 다시 말해 광고는 마케팅에서 가장 비용이 많이 드는 부분이므로 결코 혼자서 모든 것을 결정하려고 해서는 안 된다. 당신이 모르는 것을 직접 하려고 하면 그만큼 피해를 볼 가능성이 크다. 소셜 미디어, 이메일, 웹 같은 온라인 매체를 사용하든, 광고용 우편물, 인쇄물, 라디오 같은 오프라인 매체를 사용하든 간에, 모든 매체에는 각각의 특징과 기술이 있으므로 경험이 없으면 실패하기 쉽다. 기껏 표적 시장을 확보하고 적절한 제안을 만들었는데, 해당 미디어에 대한 기술적인 세부 사항을 몰라 광고 캠페인에서 실패한다면 비극이 아닐 수 없다.

나는 종종 이런 질문을 받는다. "디렉트 메일(DM)에 대한 응답률은 얼마나 되어야 하나요?", "이메일 마케팅을 할 때 사람들이 광고 메일을 열어보는 비율은 어느 정도인가요?" 물론 그들은 내 대답에서 특정 수치를 원할 것이다. 그들은 내게 이런 대답을 듣고 싶어 한다. "디렉트 메일에서는 2%의 응답률이 나와야 합니다." "이메일 마케팅에서 20%는 열어볼 것으로 예상합니다."

대개 마케팅 인프라를 아직 구축하지 못한 사업주들이 자주 이런 질문을 하지만 내 대답은 항상 똑같다. "그건 상황에 따라 다릅니다." 응답률이 50%가 나와도 광고 효과가 전혀 없을 수가 있고, 응답률이 0.01%가 나와도 대성공일 때가 있다.

응답률은 메시지가 표적고객과 얼마나 관련이 있는지, 당신 회사의 제안이 얼마나 설득력 있는지, 발송 목록을 어떻게 만들었는지 등과 같은 요인에 따라 크게 달라진다. 그러니 응답률이 얼마가 되어야 하느냐고 묻는 대신, "내 광고 활동이 성공했는지를 어떻게 측정할 수 있나요?"라고 물어야 한다.

그렇다면 광고 활동의 성공을 어떻게 측정할 수 있을까?

결론부터 말하면 이렇다. 광고 활동에 들어간 비용보다 더 많은 돈을 벌었는가? 다르게 말하면, "당신의 광고 활동 ROI는 얼마인가?"
이다. 당연히 광고 활동으로 벌어들인 돈이 들어간 비용보다 더 적다
면 실패한 것이고, 얻은 수익이 비용보다 크다면 성공한 것이다.

물론 그 광고 활동에 비용이 더 많이 들어갔더라도 '회사 이름이나
제품의 브랜드를 널리 알렸기 때문'에 나름대로 가치가 있다고 주장
하고 싶을 것이다. 하지만 당신이 나이키, 애플, 코카콜라 같은 거대
브랜드가 아니라면, 단지 회사 이름이나 브랜드를 널리 알리기 위한
모호한 마케팅에 수천만 달러를 쓸 여유는 없을 것이다.

따라서 **당신의 이름을 널리 알리는 것보다는 잠재고객의 정보를 얻는
데 집중하는 편이 훨씬 더 낫다.**

나는 마케팅 비용을 화력에 비유하곤 한다. 제한된 화력을 현명하
게 사용해야 사냥에도 성공하고, 포획물을 들고 의기양양하게 집으
로 돌아와 가족을 먹여 살릴 수 있다. 당신이 사방으로 총을 난사한
다면 목표물들은 놀라서 다 달아날 것이다. 승리를 원한다면 원하는
것을 표적으로 삼고 현명하게 행동해야 한다.

더구나 중소기업은 마케팅 비용 대비 확실한 수익을 내는 것이 매
우 중요하다. 상대적으로 적은 마케팅 예산을 뚜렷한 목표 없이 쏟아
붓는 것은 어린아이가 바다에 오줌을 갈기는 행위와 다를 바 없다.

매스 마케팅(당신 회사의 이름이나 브랜드를 널리 알리는 것) 게임은 원자
폭탄 규모의 화력이 있어야만 승리를 장담할 수 있다. 중소기업이 할

수 있는 게임이 아니다. 그렇기에 우리는 신중하게 지출 비용과 그에 따른 이득을 꼼꼼히 따져봐야 한다.

이를 잘 보여주는 예를 살펴보자. 이해를 돕기 위해 10단위 이하는 모두 0으로 절삭한 작은 숫자로 한다.

당신이 디렉트 메일 광고를 하기 위해 100통의 편지를 보낸다고 가정해보자.

100통의 편지를 인쇄하고 발송하는 비용은 300달러다.

100통 중 10명(응답률 10%)이 응답한다.

응답자 10명 중 2명이 최종적으로 구매했다(최종 고객 확보율closure rate 20%).

이제 이를 바탕으로 마케팅에서 가장 중요한 수치 중 하나인 고객 획득비용customer acquisition cost을 산출할 수 있다. 이 사례에서는 2명의 고객을 확보했고, 광고 활동에 총 300달러를 썼으므로 고객획득비용은 150달러다.

2명의 고객에게 판매한 제품이나 서비스가 회사에 1건의 판매당 100달러의 이익을 가져다주었다면, 이는 손실이 난(실패한) 광고다. 이 광고 활동에서 획득한 모든 고객에 대해 회사는 50달러의 손실을 입었다(마이너스 ROI).

만일 2명의 고객에게 판매한 제품이나 서비스가 1건의 판매당 600 달러의 이익을 가져다주었다면, 이것은 이익이 발생한(승리한) 광고다.

이 광고 활동에서 획득한 모든 고객에 대해 회사는 450달러를 벌어들였다(플러스ROI).

이것은 단순한 예에 불과하지만, 위에서 언급한 응답률이나 고객 전환율 같은 통계 수치가 얼마나 의미가 없는지를 보여준다. 우리의 주된 관심사는 고객획득비용과 마케팅의 결과로 나타나는 실제 수익에 따라 달라지는 투자수익률이 되어야 한다.

틈새시장을 공략하는 가장 큰 장점은 마케팅 비용이 훨씬 저렴해진다는 것이다. 표적 광고가 낭비될 가능성이 적기 때문에 매스 마케팅보다 더 저렴하다.

예를 들어 당신이 신생아 사진을 찍는 일을 하고 있다면, 일반 잡지에 광고를 내기보다는《뉴 마더New Mother Magazine》같은 잡지에 광고를 내는 쪽이 훨씬 낫다. 일반 잡지 광고에 일반적인 메시지를 보내는 것보다 당신 사업에 맞는 잡지를 골라 특별한 메시지를 보내는 것이 더 효과적이고 고객 전환율도 높아져 고객획득비용이 훨씬 더 낮기 때문이다.

표적 시장의 크기가 작을수록 광고 비용이 더 낮아지는 것은 당연하다.

광고를 하는 궁극적 목표는 당신의 잠재고객이 이렇게 외치게 하는 데 있다. "어머, 저건 사야 해."

모든 사람을 상대한다면 이런 반응은 얻을 수 없다.

고객생애가치를 고려하라

위 예에서 광고로 확보한 고객에게 100달러의 수익만 내는 경우, 그 것은 손해를 보는 광고 활동이었다. 그러나 이 예에서 우리는 마케팅의 성공을 측정하는 데 사용되는 또 다른 매우 중요한 수치인 **고객생애가치**는 고려하지 않았다.

예를 들어, 광고 활동의 결과 그 시점에서는 100달러밖에 벌지 못했지만 그 고객이 계속해서 장기적으로 구매한다면, 광고 활동의 효과는 완전히 뒤바뀔 수 있다. 즉 고객생애가치를 고려하면, 손실을 본 광고처럼 보였던 광고 활동이 사실은 이익을 내는 광고가 될 수 있는 것이다.

이제 광고로 확보한 고객에게서 평생 동안 얼마나 많은 매출이 이루어질지를 고려해보자. 예를 들어, 당신 회사가 리필이 필요한 프린터나 지속적인 서비스가 필요한 자동차 또는 이발, 마사지, 보험, 인터넷 접속과 같이 반복적으로 구입해야 하는 제품이나 서비스를 제공하는 회사라고 하자.

우리가 광고 활동에서 미리 지출하는 돈을 '프런트엔드'라고 하고, 나중에 이어지는 후속 구매로 버는 돈을 '백엔드'라고 한다. 이 두 수치가 함께 고객생애가치를 구성한다.

생애가치와 고객획득비용은 마케팅 효과를 측정하기 위해 고려해야 할 2가지 핵심 수치다. 응답률과 전환율 같은 그 외의 통계 수치는 그 자체로는 거의 무용지물에 가깝다. 우리는 이 두 핵심 수치를 구하기 위해 그런 기타 통계 수치들을 사용했을 뿐이며, 우리의 마케팅이 어떻게 수행되고 있는지를 보여주는 것은 이 두 핵심 수치다.

회사를 운영하면서도 이 두 수치가 무엇인지 모른다면, 지금이야말로 마케팅을 측정하고 그 효과를 명확히 할 때다. 이 두 수치를 지속적으로 측정하고 개선하는 것이 고성장 회사를 구축하는 방법이다.

프런트엔드 제안은 잠재고객(아직 실제 고객이 아닌 고객)에게 당신을 보여주기 위한 것이다. 잠재고객은 아직 당신을 알지 못하기 때문에 당신을 좋아하거나 믿을 이유가 없는 사람들이다. 백엔드 제안의 목표는 고객을 창출하고, 그들과의 첫 거래에서 최소한 고객획득비용을 충당할 만큼의 이익을 얻는 것이다. 그래야만 광고를 계속할 수 있다. 회사의 실제 수익은 그 고객의 반복 구매를 통해 백엔드에서 이루어진다.

때로 초기에 투자수익률이 마이너스가 될 수도 있으나 기꺼이 감수하라. 왜냐하면 프런트엔드에서 발생한 손실이 백엔드에서 만회되거나 더 많은 이익으로 이어질 것이기 때문이다. 이런 사례는 구독 사업 모델 회사subscription businesses나 고객생애가치가 높은 회사에서 주로 나타난다. 하지만 당신 회사의 고객생애가치와 고객획득비용의 정확한 수치를 아직 잘 모른다면 위험한 전략일 수 있으므로 평생 가치 수치를 잘 파악할 때까지는 프런트엔드의 지출로 얻는 수익으로 고객획득비용을 충당하는 것을 목표로 삼아야 한다. 백엔드 수익과 고객생애가치를 높이는 방법에 관해서는 8장에서 더 자세히 다루겠다. 이것은 당신 회사에 혁명을 일으키고, 지금까지 실패를 반복하던 당신의 광고를 승리로 이끌 것이다.

소셜 미디어가 만병통치약은 아니다!

인터넷과 소셜 미디어가 현대 광고 매체의 돌파구인 것만은 의심할 여지가 없다. 인터넷과 소셜 미디어를 통해 정보는 민주화되었고, 전례 없는 수준의 연결이 가능해졌다. 소위 '뉴미디어new media'로 일컬어지는 매체를 통한 광고가 크게 유행하면서 이를 마치 만병통치 마케팅으로 생각하는 사람들이 있다. 이와 함께 '자칭' 소셜 미디어 권위자라는 사람들이 등장해, 소셜 미디어가 모든 마케팅의 미래이며 마케팅 자원의 대부분을 소셜 미디어로 돌리지 않는다면 회사가 곧 망할 것처럼 떠든다.

물론 대부분의 과대광고가 그렇듯이, 당신은 사실과 허구를 냉정하게 구분해야 한다. 오해하지 마시라. 나는 소셜 미디어 반대론자가 아니다. 나 역시 여러 회사를 운영하면서 소셜 미디어를 사용해왔고 앞으로도 계속 정기적으로 사용할 것이다.

다만 소셜 미디어를 둘러싼 과장이 너무 지나치기 때문에 전체적인 광고 전략에서 소셜 미디어 마케팅이 어떤 점에서 적합한지 이해하도록 도와주겠다.

성공적인 광고 활동은 다음 3가지 중요한 요소를 갖춰야 한다.

1. **시장**(1장 참고): 당신이 메시지를 보내는 표적 시장

2. **메시지**(2장 참고): 당신이 전달하고자 하는 마케팅 메시지 또는 제안

3. **매체**(이 장에서 다룸): 표적 시장에 당신의 메시지를 전달하기 위해 사용하는 수단, 즉 라디오, 광고성 메일, 텔레마케팅, 인터넷, TV 등

이 3가지 요소를 모두 갖춰야만이 성공적인 광고를 수행할 수 있다. 요약하면, 올바른 미디어 채널을 통해 올바른 메시지를 올바른 표적 시장에 전달해야 하는 것이다. 이 3가지 중 하나라도 실패하면 광고도 실패할 수밖에 없다. 그러므로 상황에 맞는 마케팅을 수행하려면 이 개념의 틀을 정확하게 이해해야 한다. 예를 들어 소셜 미디어는 하나의 광고 수단일 뿐 전략이 아니라는 것이다.

새로운 유형의 매체가 나온다고 해서 당신이 오랜 시간 동안 검증해온 마케팅의 기초가 갑자기 바뀌는 것은 아니다. 이를 확실히 이해

한 다음에, 그것이 당신 회사에 적합한 매체인지를 확인해야 한다. 매체는 성공적인 광고 활동을 위해 올바로 실행해야 할 3가지 요소 중 하나일 뿐이다(매체가 광고 활동의 성공을 좌우하는 것은 아니라는 의미다). 모든 유형의 매체는 나름의 특징이 있으며 소셜 미디어도 마찬가지다. 소셜 미디어와 관련하여 당신이 알아야 할 몇 가지가 있다.

우선 소셜 미디어가 이상적인 판매 환경은 아니라는 점이다. 나는 소셜 미디어를 사교 모임이나 파티에 비유하곤 한다. 당신은 어쩌면 다단계 마케팅에 빠진 사람(아마도 가족이나 친구일 수도 있는)의 권유에 못 이겨 그들의 모임에 가본 적이 있을 것이다. 그들은 최신 알약이나 약물이 건강에 이롭다는 점을 장황하게 설명한 다음 그 약을 팔거나 새로운 회원을 모집한다.

하지만 당신은 그 자리가 매우 불편했을 것이다. 그들의 행동에서 압박감을 느낄 수도 있고, 판매 설명이 때와 장소에 부적절하다고 여길 수도 있다. 소셜 미디어도 마찬가지다. 소셜 미디어에서 노골적인 판매와 반복적인 제안을 하는 것은 소셜 네트워크에서 일반적으로 부적절한 행동으로 여겨지기 때문에 결과적으로 사람들을 끌어들이기보다는 오히려 도망가게 만든다.

하지만 실생활의 사교 모임처럼 소셜 미디어도 잘만 맞는다면 나중에 상업적인 관계로 발전할 만큼 관계를 더 가까이하고 확장하기에 좋은 장소다. 당신 회사에 대한 고객의 감정을 알 수 있고, 공개적

인 장에서 칭찬이나 불만을 제기하는 목소리를 내는 고객들과 직접
마주할 수 있다는 점은 소셜 미디어의 가장 큰 가치다.

이것은 회사를 사회적으로 검증할 수 있다는 부수적 효과도 가져
다준다. 소셜 미디어에서 쉽게 상대방에게 접근하고 비판이나 칭찬
에 바로 대응할 수 있다. 고객과 관계를 맺는 과정을 통해 회사에 대
한 사회적 검증 시스템을 구축하고, 잠재고객과 직접 대면하는 느낌
을 가질 수 있다. 기억하라. 사람들은 회사로부터 물건을 사는 것이
아니라 사람에게서 물건을 산다.

그러나 소셜 미디어에는 잠재적인 함정이 2가지 있다.

첫째, 시간 낭비가 될 수 있다는 점이다. 무의미한 댓글에 일일이
답해야 한다는 생각에 지칠 수 있고, 투자한 시간과 돈에 비해 훨씬
더 나은 수익을 줄 수 있는 마케팅 작업을 하지 못할 수도 있다. 따라
서 소셜 미디어를 사용할 때는 규율을 지키는 것이 중요하다. 당신
회사에서 직원들이 하루 종일 빈둥거리며 잡담을 나누도록 내버려두
지 않는 것처럼, 직원들이 온라인에 지나치게 빠지지 않도록 해야 한
다. 소셜 미디어 마케팅은 '돈이 들지 않는다'고 인식하는 사람들이
있다. 그렇다면 당신이 소셜 미디어에 들인 귀중한 시간은 쓸모없는
것이었단 말인가?

둘째, 소유권에 대한 문제다. 소셜 미디어에 있는 당신의 회사 페이
지와 프로필은 사실 소셜 네트워크 회사의 자산이다. 따라서 그 네트

워크에 프로필과 고객을 구축하기 위해 막대한 시간과 돈을 소비하는 것은 어찌 보면 당신의 자산을 구축하는 것이 아니라 소셜 네트워크 회사의 자산을 구축하는 셈이다.

그래서 나는 웹사이트, 블로그, 이메일 명단과 같은 내 마케팅 자산을 별도로 직접 구축하기를 선호한다. 그렇게 한 다음 그런 마케팅 자산에 대한 트래픽을 유도하는 방편으로 소셜 미디어를 사용하는 것이다. 이는 내 시간과 노력을, 언제든 나를 쫓아낼 수 있는 땅 주인에게 들이기보다는 내 자신의 집을 개조하고 혁신하는 데 들여야 한다고 생각하기 때문이다.

당신이 왜 이렇게 해야 하는지를 잘 보여주는 대표적인 사례가 바로 페이스북 기업 페이지에 관한 정책 변화다. 이전에는 당신 회사의 페이스북 페이지에 '좋아요'를 누른 모든 사용자에게 무료로 접근할 수 있었다. 그래서 기업들은 사람들이 회사 페이스북 페이지에 '좋아요'를 누르게 하기 위해 많은 시간과 돈, 노력을 기울였다.

하지만 이제 페이스북은 당신 회사의 페이스북 페이지를 찾은 사람들에게 메시지를 보내고 싶을 때마다 돈을 지불하라고 요구한다. 그렇지 않으면 단지 일부에게만 보낼 수 있을 뿐이다. 페이스북의 이런 정책 변화는, 페이스북에서 관심고객을 모으는 데 막대한 자원을 쏟아부은 많은 회사에 엄청난 충격을 주었다.

바로 이런 이유로 나는 내 페이스북 페이지에서 '좋아요'를 누른 사람

1만 명보다 내 이메일 목록에 있는 1,000명을 더 소중하게 생각한다.

모든 마케팅 전략이 다 마찬가지지만, 잠재고객들이 어디에서 많은 시간을 보내는지 파악하고, 적절한 매체를 통해 그들에게 당신의 메시지를 전달하는 것은 매우 중요하다. 소셜 미디어는 당신의 잠재고객이 시간을 자주 보내는 장소일 수도 있지만, 아닐 수도 있다.

온라인 마케팅의 핵심은 이메일

이메일은 잠재고객과 기존 고객 모두와 접촉하는 직접적이고 사적인 방법이다. 스마트폰과 모바일 기기의 확산 덕분에 거의 모든 사람이 언제 어디서나 이메일을 이용할 수 있다.

이메일 가입자의 데이터베이스를 구축하는 것은 온라인 마케팅 전략에서 중추적인 역할을 한다. 사용자의 이메일 수신 동의서는 웹사이트 운영에서 가장 중요한 부분이 되었다. 이를 통해 웹사이트 방문자의 이메일 주소를 캡처할 수 있고, 비록 당장 구매할 준비가 되어 있지 않더라도 당신 회사에 관심이 있고 더 많은 정보를 원하는 방문자를 구매고객으로 육성할 수 있다.

다음 두 장에서 더 자세히 설명하겠지만, 관심고객의 포착과 육성은 마케팅 프로세스에서 중요한 두 단계다. 이 두 단계를 통해 아직 구매 결정에 이르지 못하고 관심만 표명하는 잠재고객을 지능적으로 다룰 능력을 키울 수 있기 때문이다. 일반적으로 이러한 유형의 관심 표명 고객들이 모든 잠재고객의 대부분을 차지하며, 향후 판매에 이르는 파이프라인을 채우는 데 매우 중요한 존재들이다. 만일 회사가 이처럼 관심을 표명한 비구매자를 제때 포착하지 못한다면 그들을 영영 잃어버릴 수 있다. 현재로서 당신의 유일한 희망은, 그들이 마침내 구매할 준비가 되었을 때, 자신들이 며칠 전, 몇 주 전, 몇 달 전에 방문했던 수백 개의 웹사이트 중에서 당신 회사의 웹사이트를 기억하게 하는 것이다.

또한 이메일을 통해 고객 전반에 걸쳐 긴밀한 관계를 유지할 뿐만 아니라, 새로운 제품과 서비스를 쉽게 테스트하고 선보일 수 있다. 이메일 가입자와 관계를 구축해놓으면 시간이 지남에 따라 데이터베이스가 쌓이고 점점 더 가치 있는 마케팅 자산이 된다.

응답률이 높은 이메일 구독자 목록을 작성해놓으면 실질적으로 언제든 유용하다. 매력적인 제안을 만들어 등록된 이메일 목록으로 일시에 뿌리면 그 제안이 성공인지 실패인지에 대한 즉각적인 피드백을 받을 수 있다. 이 방법은 인쇄물을 제작하거나 클릭당 광고료를 지불하는 것과 같이 돈이 많이 들어가는 광고 수단을 동원하기 전에 저렴하게 제품을 테스트해보는 좋은 방법이다.

최근 들어 소셜 미디어가 크게 성장하며 인기가 높아졌지만, 이메일 데이터베이스는 여전히 온라인 마케팅 전략에서 중요한 방법 중 하나다. 앞에서 언급한 것처럼 소셜 미디어에서는 소수의 팔로워만이 당신의 메시지를 볼 수 있다는 단점이 있다. 설령 당신의 메시지가 모든 사용자에게 전달되도록 허용된다 해도, 어쩌면 불필요한 소음에 빠져 허우적거릴지 모른다. 재미있는 고양이 동영상, 수많은 의미 없는 농담, 각종 밈meme(온라인상에 떠돌며 유행하는 그림, 사진, 동영상 등-옮긴이)이 당신의 마케팅 메시지를 밀어낼 것이다. '소셜 미디어'라고 불리는 이유가 여기에 있다.

더 중요한 점은 이메일 데이터베이스는 당신의 자산이라는 것이다. 그것은 잠시의 유행에 불과한 소셜 미디어 회사와는 다르다. 마이스페이스MySpace(2003년에 설립된 미국판 싸이월드. 2009년에 사용자 2억 명에 이르며 전성기를 구가하다가 2016년 이후 쇠퇴하였음-옮긴이)를 기억하는가? 나는 페이스북이나 트위터가 마이스페이스처럼 곧 사라질 거라고 생각하지는 않지만, 빠르게 변화하는 공간인 것은 마찬가지다. 당신이 다른 회사의 플랫폼을 기반으로 웹사이트를 구축했다가 그 회사의 인기가 떨어지면 당신의 온라인 마케팅 자산도 좌초되고 만다.

이메일이 강력한 매체이긴 하지만 여기에도 주의할 점이 있다. 이메일 마케팅에서 당신이 해야 할 일과 하지 말아야 할 일을 알아보자.

1. 스팸메일을 보내지 마라. 대부분의 나라에는 이메일 마케팅에 대

한 엄격한 규칙이 있다. 가장 주목할 점은 마케팅 이메일을 보내려면 이메일 수신자의 동의가 있어야 한다는 것이다. 그렇기 때문에 웹사이트에 수신자 동의 양식이 반드시 있어야 한다. 수신자가 명시적으로 이메일 수신을 요청하지 않은 이메일 주소 목록을 비정상적인 경로로 매입하거나 수집해서는 안 된다. 그것은 실제로 불법일 뿐만 아니라, 당신 회사를 형편없는 스팸메일 발송자로 포지셔닝하게 만든다. 포지셔닝에 대해서는 6장에서 더 자세히 설명하겠다.

2. **인간적으로 행동하라.** 마치 로봇이 보낸 것처럼 쓰거나 공식 문서처럼 쓰지 마라. 이메일은 매우 개인적인 매체 수단이다. 따라서 비록 수천 명의 구독자에게 동일한 이메일을 보낸다고 해도 한 사람에게 보내는 것처럼 진지하게 써야 한다. 격식을 차리지 말고 편하게 써라.

3. **상업용 이메일 마케팅 시스템을 사용하라.** 대량 이메일 마케팅에 아웃룩Outlook이나 지메일Gmail 등 일반 이메일 서비스를 사용해서는 절대 안 된다. 이런 일반 이메일 서비스는 일대다one-to-many가 아닌 일대일one-to-one 용도로 설계되었다. 이런 일반 이메일 서비스에서 대량 이메일 마케팅을 시작하면 계정이 닫히거나 블랙리스트에 오를 수 있다. 대신 싸고 사용하기도 쉬운 상업용 이메일 마케팅 시스템이 있다. 인기 있는 상업용 이메일

마케팅 시스템으로는 ConvertKit, MailChimp, Infusionsoft, Ontraport, ActiveCampaign 등이 있다. 이러한 서비스를 이용할 때의 장점은, 가입 취소 옵션이나 마케팅 이메일 하단에 연락처 세부 정보 등이 있어 많은 법적 준수 사항을 자동으로 처리해준다는 것이다. 또 수신자의 스팸 차단에 걸리지 않게 최선을 다하며, 고객에게 확실한 전달 기능을 자랑한다.

4. **이메일은 정기적으로 보내라.** 이메일 데이터베이스를 장기간 사용하지 않으면 데이터가 비활성화 상태로 바뀐다. 수신자가 당신 회사의 이메일에 수신 동의를 했어도 오랫동안 연락을 받지 못하면 발송자가 누구인지 잊어버려서 스팸 발송자로 간주할 수 있다. 그렇게 되면 당신의 중요한 온라인 마케팅 자산(데이터베이스)의 가치가 떨어지기 시작한다. 고객과의 관계를 따뜻하게 유지하려면 사용자와 최소한 한 달에 한 번씩 이메일 연락을 유지하라. 물론 매주 하는 게 최선이지만 이는 표적 시장에 따라 다를 수 있다. 매일, 심지어 하루에도 여러 번 이메일을 보내는 이메일 마케터들도 있다. 이메일을 보내는 빈도수는 정해진 바가 없다. 다만 이메일을 보낼 때 수신자가 관련성이 있는지, 가치 창출이 되는지는 반드시 확인해야 한다.

5. **가치를 제공하라.** 수신자에게 물건을 팔려고 할 때만 이메일을 보낸다면, 수신자는 바로 싫증을 내고 수신 동의를 취소하거나, 이

메일을 무시하거나, 당신 회사를 스팸 발송자로 걸러낼 수 있다. 모든 건강한 관계는 가치의 교환을 기반으로 한다. 당신 회사가 보내는 이메일이 단순히 판매 권유가 아니라 수신자에게 가치를 창출하게 하라. 가장 좋은 비율은 가치 있는 메일을 세 번 보낸 후 구매 권유 메일을 한 번 보내는 것이다.

6. **자동화하라.** 상업용 이메일 마케팅 플랫폼을 사용하는 또 다른 좋은 이유는 바로 자동화다. 이 플랫폼들을 이용하면, 새 가입자에게 자동으로 이메일을 보내는 순서를 설정할 수 있다. 예를 들어, 가입자의 가입과 동시에 환영 이메일을 보낸다. 하루 뒤에는 그 고객이 관심 있어 하는 제품 범주를 더 잘 이해하는 데 도움이 되는 보다 가치 있는 이메일을 보낸다. 3일 후에는 당신의 회사에 대해 더 자세히 설명하는 이메일을 보낸다. 그리고 1주일 후에는 구독자들이 상담 예약 전화를 하도록 유도하는 이메일을 보낸다. 이 모든 것을 플랫폼에서 순서대로 자동으로 설정할 수 있다. 그러므로 이메일 마케팅 플랫폼은 당신의 영업사원 역할을 톡톡히 하는 셈이다. 그 영업사원은 아파서 병가를 내는 일도 없고, 불평도 하지 않으며, 꼭 필요한 후속 조치도 결코 잊어버리는 법이 없다!

하지만 이메일 마케팅에도 3가지 유념할 부분이 있다.

1. **이메일이 확실히 전달되게 하라.** 앞서 설명한 대로 이메일의 확실한 전달을 보장하는 방법은 상업용 이메일 마케팅 플랫폼을 사용하는 것이다. 또 이메일 내용에 스팸으로 여겨질 문구가 포함되지 않도록 신경 쓰고, 너무 많은 이미지나 링크를 사용하지 마라.

2. **수신자가 당신의 이메일을 열게끔 하라.** 수신자가 이메일을 열어보게 하는 좋은 방법은 끌리는 제목을 사용하는 것이다. 2장의 광고 문안 작성(108쪽)에서 문구 작성 전략과 헤드라인에 대해 논의한 바 있다. 잠재고객의 받은 편지함에는 수백 통의 메일이 열리지 않은 채 잠자고 있다는 사실을 기억하라. 이메일 제목은 수신자의 호기심을 유발해 메일을 열고 싶게 만드는 제목이어야 한다.

3. **수신자가 당신의 이메일을 읽어보게 하라.** 어떤 마케터들은 가입자들에게 보내는 광고 이메일은 가급적 짧아야 한다고 주장한다. 하지만 실제로 이메일의 길이는 얼마나 관련성이 있느냐와 얼마나 좋은 내용이냐에 비하면 부차적인 문제다. 설득력 있는 내용을 쓴다면 당연히 읽어볼 것이다. 예를 들어, 일부 저명한 이메일 마케터들과 블로거들은 이메일을 매우 길게 쓴다. 게다가 그런 긴 이메일을 자주 보낸다. 표적 시장에서 많은 정보를 수집하고 분석해 표적고객이 원하는 것을 정확히 알고 있기 때문이다. 이메일의 내용이 표적고객에게 관련성이 높고 설득력이 있다면 그

길이는 문제가 되지 않는다. 물론 이메일 본문에 호기심을 자극하는 티저나 요약본만 넣어서 짧게 쓸 수도 있다. 그런 다음 웹사이트나 블로그의 링크를 클릭하면 더 많은 내용을 볼 수 있도록 잠재고객을 초대하는 방법도 있다.

이메일은 매우 강력하고 개인적인 미디어 수단이다. 자동화 기능을 강화해 설득력 있는 광고를 만들 수 있다. 이메일 마케팅을 제대로 활용하면, 온라인 및 오프라인 미디어 전략 둘 다에서 중요한 역할을 할 수 있다.

전통적 우편 마케팅은 여전히 유효하다

오늘날 인터넷, 이메일, 소셜 미디어가 개인과 회사 커뮤니케이션에서 막대한 역할을 하다 보니, 많은 사람이 전통적인 우편을 통한 마케팅은 거의 죽었다고 생각한다. 하지만 이는 사실과 다르다.

나 역시 기술에 대해 문외한이 아니다. 나는 초기 다이얼 전화 시대와 그 이전부터 인터넷과 함께 자란 세대다. 게다가 성공적인 기술 스타트업 두 곳을 공동 설립하기도 했다. 나는 이 기술 스타트업의 처음부터 급성장 과정, 그리고 엑시트_{exit}까지 직접 도왔다. 이러한 배경이 있는데도(어쩌면 그 때문인지도 모르지만), 나는 전통적 우편 방식을 매우 중요시 여기며 심지어 마케팅 채널로서 그 중요성이 저평가되었다고 생각하는 사람이다. 미디어 전략에서 당신이 이해해야 하는 것이 있다. **이메일은 전통적 우편을 대체하는 것이 아니라 보완할 뿐이라는 사실이다.**

우리는 가상에서 일어나는 모든 것의 속도와 효율성을 좋아한다. 하지만 사람의 마음을 감정적으로 움직이는 일에 관한 한, 물리적 사물의 위력을 과소평가하는 것은 잘못된 일이다. 그리고 마케팅이라는 게 사람의 마음을 원하는 방향으로 감정적으로 움직이게 하는 것이 아니던가. 예를 들어, 한 남자가 아내에게 기념일을 맞아 '사랑해'라는 글귀를 문자나 이메일로 보내는 것과, '사랑해'라는 글귀를 카드에 손글씨로 써서 꽃다발과 함께 보내는 것을 비교해보자. 동일한 메시지지만 온라인으로 보내는 것과 실제 물리적으로 보내는 것과는 엄청난 차이가 있다.

구글 애즈Google Ads(구글의 검색 광고 네트워크 서비스로 검색 광고 신청을 하면 제휴 검색엔진에 동시에 광고가 게재되는 방식 – 옮긴이) 쿠폰 엽서를 우편으로 받아본 적이 있는가? 디지털 시대의 총아라고 할 수 있는 구글이 중소기업 대상 마케팅 전략의 일환으로 전통 우편물을 사용한 것은 매우 인상적이다. 우편물은 수명이 훨씬 길고 일부러 없애려면 수고를 해야 한다. 사람들이 인생에서 중요한 사람들의 편지를 수십 년 동안 소중히 간직하고 보관하는 것은 드문 일이 아니다. 받은 편지함에서 삭제하면 다음 순간 바로 잊어버리는 짧은 수명의 이메일에서는 거의 볼 수 없는 현상이다.

전통 우편의 또 다른 중요한 점은, 지난 몇 년 동안 그 양이 상당히 줄어 매우 정리되었다는 것이다. 마케터의 관점에서 보면 그것은 꿈이 실현된 것이다. 사실 전통 우편물의 우후죽순 폭주는 메시지가 제대로 전달되지 못하게 하는 주범이었다. 이제 과거처럼 어수선하지 않은 미디어를 다시 이용하는 것은 꽤 매력적인 일이 되었다. 반대로 이제는 오히려 이메일 양이 훨씬 더 많아지고 더 어수선해졌다. 이메일 받은 편지함의 잡음은 터무니없이 늘어났고, 받은 메일을 분류하는 데 능숙한 사람조차 전통 우편물을 받는 것과는 전혀 다른 기분으로 이메일을 처리한다. 그저 삭제 버튼에 손가락을 대고 단 한 번의 클릭으로 이메일을 삭제해버린다. 즉시 대응할 수 없는 모든 메일은 삭제되거나 다른 사람에게 재전송하거나 받은 편지함에서 잊혀진다.

영화 〈스타트렉Star Trek〉에서처럼 물건을 한 장소에서 다른 장소로 순간 이동시키는 방법을 알아내기 전까지는, 우리는 여전히 운송 배달원과 우편 서비스를 통해 우편물과 물건을 운송할 수밖에 없다.

의심의 여지없이 전통적 우편은 강력한 미디어 수단이다. 다만 모든 매체가 그렇듯이, 어느 한 매체에 의존하거나 얽매이지 않는 것이 중요하다. 당신의 목표는 우편이든 그 밖의 어떤 매체든, 그 매체에 대한 투자 대비 좋은 수익을 올리는 방법을 찾는 것이니까.

마케팅 예산을 무제한으로 확보하는 방법

예산에 대한 협의 없이 마케팅이나 미디어 지출에 대한 어떤 논의도 진행될 수 없다. 마케팅에 돈을 쓰면, 그 결과는 다음 셋 중 하나다.

1. 마케팅이 실패한다(즉, 마케팅 비용으로 지출한 것보다 수익이 더 적은 경우).
2. 결과를 측정하지 않았기 때문에 마케팅이 성공했는지 실패했는지 알 수 없다.
3. 마케팅이 성공한다(즉, 마케팅 비용으로 지출한 것보다 수익이 더 많은 경우).

이 3가지 시나리오에 대한 각각의 행동 지침이다.

1. 마케팅이 계속 실패해 손실이 발생한다면, 일단 중단하고 현재 하고 있는 방식을 바꿔라.
2. 마케팅 결과를 측정하지 않았다면, 그건 분명 잘못된 일이다. 쉽

고 저렴하게 이용할 수 있는 기술을 통해 마케팅 결과와 투자수 익률을 추적하는 것이 그 어느 때보다 쉬워졌기 때문이다.

3. 마케팅 효과가 있고 지속적으로 플러스 투자수익률을 내고 있다 면, 마케팅을 더욱 활성화하고 가능한 한 많은 돈을 투자하라.

영세업체들이 가장 열심히 하는 일 중 하나가 '마케팅 예산'을 쥐어 짜는 일이다. 마케팅 예산을 쥐어짠다는 것은, 당신이 하는 마케팅이 제대로 효과를 내지 못하기 때문에 그 돈을 단지 비용(즉, 돈 낭비)으로 생각하고 있음을 의미한다. 아니면 회사가 마케팅 결과를 측정하지 않았기 때문에 마케팅이 효과가 있는지 없는지 전혀 모르는 상태에 서 막연히 긍정적인 결과를 바라면서 그저 돈을 쏟아붓고 있는 것이 거나. 전자라면, 당연히 예산을 세워 한계를 정해야 한다. 효과도 내 지 못하는 광고에 비용을 마구 쓸 수는 없다. 하지만 이 경우에도 왜 효과를 내지 못하는 마케팅에 돈을 계속 낭비해야 하는지에 대해서 는 자문해봐야 한다. 후자라면, 즉시 상황을 바꿀 필요가 있다. 마케 팅 효과를 측정하지 않아 그 효과를 알지도 못하는데, 도대체 왜 마 케팅 비용을 꾸준히 지출한단 말인가?

그리고 마케팅이 효과가 있다면(플러스 투자 수익을 가져옴) 굳이 왜 예 산 책정을 빌미로 지출을 제한한단 말인가? 효과적인 마케팅은 돈을 합법적으로 찍어내는 것과 같다. 이처럼 돈이 되는 (수익을 내는) 마케팅 시나리오를 '돈을 할인가로 버는 것money at a discount'이라고 말한다. 예를 들어 내가 100달러짜리 지폐를 80달러에 팔고 있다면, 당신은 할 수 있는 한 많이 사지 않겠는가? 아니면 "죄송합니다. 이번 달에 예산이 800달러밖에 안 되니 10장만 사겠습니다"라고 말하겠는가?

그래서 나는 항상, **효과가 있는 마케팅에는 예산을 무제한으로 쓰라**고 말한다. 다만 여기서 한 가지 우려되는 점은 늘어나는 수요를 감당할 수 있느냐 하는 것이다. 우선 감당하지 못한다면 그것 자체로 큰 문제다. 하지만 정말로 감당하지 못할 만큼 수요가 늘어난다면 제품의 가격을 올릴 절호의 기회다. 회사의 마진은 즉시 증가하고 고객의 질도 높아질 것이다.

마케팅 예산을 짜야 할 유일한 시점은 마케팅을 테스트하는 단계 때뿐이다. 테스트 단계에서는 최종적으로 만족할 만한 마케팅이 나올 때까지 자주 그리고 큰 비용을 들이지 않고 실패하는 것이 좋다. 헤드라인, 제안, 광고 포지셔닝 등 기타 변수를 가능한 한 많이 테스트한 다음, 실패한 것들은 걸러내고 최고의 투자 수익을 낼 수 있는 조합을 얻을 때까지 마케팅을 최적화하라.

우체국은 수백만 달러의 매출을 올려줄 광고성 우편물이나, 형편없는 광고성 우편물이나 똑같은 금액을 청구한다는 것을 기억하라. 일단 지출한 비용보다 더 많은 수익을 가져다주는 효과적인 마케팅을 찾으면 마케팅 지출을 늘려 합법적으로 돈을 찍어내는 속도를 높여라!

가장 위험한 숫자

1은 당신 회사가 사업을 운영할 때 가장 위험한 숫자다. 그것은 기업을 취약하게 만든다.

예를 들어, 관심고객을 추적할 수 있는 곳이 한 군데밖에 없는가? 주요 공급업체도 한 군데이고, 주요 고객도 한 곳뿐인가? 한 가지 유형의 매체에만 의존하는가? 한 가지 유형의 제품만 판매하는가? 컴퓨터 시스템 용어를 쓰자면, 당신 회사에는 '단일 장애점'이 있는가? 그렇다면 당신 회사는 취약하며, 통제할 수 없는 환경에서 작은 변화라도 생기는 날이면 심각한 타격을 입을 수 있다.

그렇게 되면 매우 힘든 상황에 빠질 수 있다. 예를 들어, 구글이 검색엔진 알고리즘을 바꾸자 많은 기업이 큰 타격을 입었다. 이들 기업은 마케팅 예산과 노력을 모두 구글 검색엔진에 최적화되도록 쏟아부었는데, 말 그대로 하룻밤 사이에 관심고객을 추적할 수 있는 유일한 수단이 사라져버린 것이다.

구글이 유료 광고의 유형에 변화를 주기 시작했을 때에도 이와 유사한 상황이 벌어졌다. 구글에 매달 엄청난 돈을 지불하고 있는 광고주들조차 구글의 갑작스러운 방침 변경으로 타격을 입었다. 구글은 이전보다 4배, 5배, 때로는 10배의 광고료를 청구하기 시작했다. 결국 광고주들은 구글에서의 광고 활동을 중단하거나, 관심고객을 추적할 수 있는 다른 곳을 찾을 수밖에 없었다. 그러는 사이 이들의 사업은 사실상 중단됐다. 미국에서 팩스 브로드캐스팅Fax Broadcasting(팩스 기기가 아닌 소프트웨어로 팩스 메시지를 보내는 통신 방법. 한 번에 50명 이상에게 동시에 팩스를 보낼 수 있다-옮긴이)이 사실상 금지되자, 그 시스템을 관심고객을 추적할 수 있는 유일한 수단으로 사용했던 많은 사업체가 파산했다.

'모래가 아닌 바위 위에 집을 지어야 한다'는 격언이 있다. 그래야 폭풍이 와도 집이 무너지지 않는다. 우선 첫 번째 단계는 앞서 언급한 숫자 1때문에 당신 회사가 피해를 입을 수 있는 모든 시나리오를 파악하는 것이다. 몇 가지 예를 들어보자.

- 가장 큰 고객이 당신을 떠나 경쟁업체로 가거나 그 고객이 문을 닫는다면?
- 정부가 법률을 변경해서 당신 회사의 제품이 불법화되거나 규제 대상이 된다면?
- 당신의 주요 광고 전략이 먹히지 않는다면?
- 당신의 광고비가 극적으로 많아진다면?
- 당신 회사가 현재 검색엔진에서 높은 순위를 차지하지만 그 순위가 사라지거나 클릭당 결제 요금이 급격히 상승한다면?
- 당신의 최대 공급업체가 가격을 인상하거나, 공급이 부족하거나, 문을 닫는다면?

• 이메일 마케팅에 주로 의존하고 있는데 정부가 이 전략을 더 엄격하게 단속한다면?

이 모든 시나리오는 언제든 일어날 수 있고 실제로 종종 일어난다. 이 중 어떤 것에 해당한다면, 당신도 언제든 위험에 노출되어 모래 위에 지은 집과 같은 상황에 처할 수 있다. 폭풍이 오고 홍수가 나면 그 집은 여지없이 무너질 것이다. 그러므로 회사의 단일 장애점을 찾아내 제거하라.

그러면 법이 바뀌어도, 광고료가 올라도, 특정 전략이 갑자기 예전처럼 제대로 작동하지 않아도, 당신 회사는 여전히 안전할 것이다. 당신이 어느 한 가지에 의존하지 않으면, 모든 통제권은 당신에게 있다. 기업가이자 동기부여 연설가로 유명한 짐 론은 이 문제에 대해 다음과 같은 훌륭한 철학을 보여주었다.

여름에 겨울을 대비해야 한다. 하늘이 푸르고 뭉게구름이 떠 있으면 이 여름이 계속되리라 속기 쉽지만 겨울은 반드시 오게 되어 있다. 그것은 절대 변하지 않는다. 겨울을 대비하라.

항상 겨울을 대비하고 있으면, 설령 위에 언급한 시나리오가 나타나지 않더라도 최소한 당신 회사를 더 탄력적이고 가치 있게 다져놓을 수 있다.

미디어 전략과 관련하여 흔히 보는 시나리오는 대부분의 영세기업들이 새 비즈니스 기회를 탐색하는 곳이 단 하나밖에 없다는 것이다. 나는 적어도 5곳은 확보하라고 권한다. 그리고 그 5곳이 대부분 유료 미디어여야 한다고 생각한다. 한마디로 마케팅은 돈을 들여서 해야 한다는 것이다. 유료 미디어가 중요한 이유는 2가지다.

첫째, 신뢰할 수 있다. 예를 들어 돈을 들여서 신문에 광고를 게재하면, 그 광고는 부지런히 제 할 일을 할 가능성이 크다. 입소문과 같은 무료 마케팅 방법에서 신문 광고처럼 신뢰할 수 있고 일관된 관심 고객의 흐름을 포착하기는 매우 어렵다.

둘째, 유료 마케팅을 함으로써 투자수익률에 집중할 수 있다. 유료 마케팅이 효과가 없으면 당신은 그 광고를 중단할 것이다. 그 광고에 더 이상의 시간이나 돈을 낭비할 필요가 없다. 하지만 입소문처럼 돈을 들이지 않는 마케팅을 하는 경우, 이런 단호함은 사라지고 광고 결과에 덜 민감해져 효과가 없어도 많은 시간을 계속 낭비한다. 이는 신중한 분석이 이루어진다면 놀라울 정도 큰돈을 벌 수 있는 기회비용을 날리고 있는 셈이다.

직접 반응 마케팅을 통해, 1달러 들인 광고를 1달러 이상의 수익으로 바꾸는 것은 예술이자 과학이다. 당신의 기업을 더 회복력 있고 빠르게 성장할 수 있도록 도와줄 것이다.

3장 실행 과제

표적 시장에 도달하기 위해 어떤 광고 매체를 사용할 것인가?

1페이지 마케팅 플랜의 세 번째 칸을 채워보자.

제 2 막

진행 단계

진행 단계의 핵심

'진행' 단계에서는 관심고객을 다룬다. 관심고객은 당신을 어느 정도 알고 있으며, 마케팅 메시지에 응답함으로써 당신의 제안에 긍정적인 관심을 표시한 사람들이다. 이 단계에서 당신은 그런 관심 표명 고객을 데이터베이스에 정리하고, 정기적으로 가치 있는 정보를 제공해 그들을 육성하며, 궁극적으로 당신에게 돈을 지불하는 진짜 고객으로 전환시킨다.

이 단계의 목표는 그런 관심고객이 당신과 당신의 제안을 좋아하게 만들어 최초의 구매로 이어지게 하는 것이다. 그들이 당신에게서 구매를 하면 마침내 진짜 고객이 되고, 당신은 이제 마케팅 과정의 세 번째이자 마지막 단계로 들어갈 수 있다.

4 장

관심고객을
포착하라

관심을 표한 고객이라도 즉시 구매로 이어지는 비율은 아주 낮다. 그래서 향후 후속 조치를 위해 관심고객을 데이터베이스 시스템에 저장해놓는 것은 마케팅을 성공시키는 데 매우 중요하다. 관심고객을 포착하는 것은 향후 매출 파이프라인을 구축하기 위해 필수적인 작업이다.

이 장에서 다루는 주요 내용

• 광고에서 직접 물건을 팔려고 해서는 안 되는 이유와 광고에서 당신이 해야 하는 일

• '수렵'에서 '농업'으로 전환해 새로운 사업의 파이프라인을 확보하는 방법

• 모든 잠재고객을 동등하게 대해서는 안 되는 이유

• 구매고객이 될 가능성이 큰 잠재고객을 발굴하기 위한 '윤리적 뇌물ethical bribe'(이메일 수신 동의를 얻어내기 위한 동기부여의 일종 – 옮긴이)을 사용하는 방법

• 광고 효과를 즉시 1,233% 높이는 방법

• 대부분 기업이 어려움을 겪고 있는 와중에도 지속적으로 관심고객을 확보해야 하는 이유

• 표적 시장에서 전문 해결사 또는 권위 있는 해결사로 보이는 방법

당신은 사냥꾼인가, 농부인가

당신이 수렵 사회의 사냥꾼이라고 생각해보자. 아침에 일어나 무기를 챙겨서 사냥하러 나간다. 사냥감을 잡아오는 날이면 가족이 배불리 먹지만, 빈손으로 돌아오는 날에는 가족도 함께 굶어야 한다. 매일 사냥에 성공해야 한다는 압박감에 시달린다. 그것은 끊임없는 싸움이다.

이제 시대가 바뀌어 당신은 농경 사회의 농부다. 당신은 씨앗을 심고 수확할 때까지 기다린다. 그동안 조심스럽게 물을 주고 돌보며 농작물을 키운다. 마침내 다 익으면 수확을 시작한다. 내 경험상, 대부분의 영세 사업주들은 농부라기보다는 사냥꾼에 더 가깝다.

• 그들은 새로운 사업을 창출하기 위해 잠재고객에게 무작위로 전화한다.

- 그들은 새 고객을 유치하기 위해 엄청난 시간과 에너지를 소비하며, 가능한 한 빨리 판매를 성사시키려고 어떤 일이든 마다하지 않는다.
- 단지 빨리 판매하기 위해 가격을 할인하고 가격 경쟁을 하기 때문에 그들이 하는 광고에서는 절망적인 냄새가 난다.
- 그들의 제품이나 서비스에 관심도 없는 사람들을 성가시게 하면서 엄청난 시간을 낭비한다.

대부분 사업주들은 자신들이 하는 마케팅의 진짜 목적을 제대로 알지 못한다. 그들은 그저 보기 좋은 로고와 자신들이 업계나 지역의 선두주자라고 주장하는 의미 없는 슬로건과 함께 회사 이름을 광고에 내보내는 데 여념이 없다. 광고하는 목적이 뭐냐고 물으면 대부분은 제품을 팔거나 '회사 이름을 널리 알리기 위해서'라고 말할 것이다. **이것은 잘못되었다!** 완전히 틀린 생각이다. 차라리 변기에 돈을 쏟아붓는 게 나을지도 모른다.

직접 반응 마케팅에서 광고의 목적은 광고로 직접 판매를 시도하기보다 당신의 기업에 관심 있는 사람들을 찾는 것이다. 관심고객이 응답하면 후속 조치를 위해 그들을 데이터베이스에 저장하고, 가치 있는 제안을 만들어 제공하며, 당신을 권위 있는 해결사로 포지셔닝하여 신뢰 관계를 구축한다.

이 모든 것을 다 실행하면(그것이 그들에게 맞아떨어지면) 판매는 자연스럽게 따라온다. 그러려면 사고방식의 변화가 필요하지만, 이는 절대적으로 이해하고 넘어가야 할 중요한 개념이다.

왜 광고에서 직접 물건을 팔려고 하면 안 되는가? 물론 광고를 보다가 즉시 구매할 준비가 된 사람이 있을 수도 있다. 하지만 대부분은 광고를 보고 관심이 생긴다 하더라도 그날 당장 구매 결정을 내리지는 않는다.

만약 그들을 데이터베이스에 저장해놓지 않으면 영영 잃어버리고 말 것이다. 그들의 구매 의사 결정은 한 달, 6개월 또는 1년 후에 나올지 모른다. 하지만 당신의 광고는 '단 한 번'으로 끝났기 때문에 그들을 잡을 기회를 완전히 잃어버릴지도 모른다. 그들이 6개월 전에 한 번 본 광고를 기억할 가능성은 극히 희박하다.

광고는 마치 농장에 씨를 뿌리는 것과 같다.

윤리적 뇌물을 사용하라

좁은 표적 시장에서도 모든 잠재고객을 동등하게 대우해서는 안 된다.

다른 조건들이 다르지 않다면, 가능성이 더 큰 잠재고객에게 더 많은 마케팅 비용을 쓰는 것이 그들을 진짜 고객으로 전환시킬 가능성이 커진다.

1장에서 언급한 안개 속의 궁수를 기억하는가? 그가 가진 화살이 한정되어 있듯이 당신이 마케팅에 쓸 자금도 제한되어 있으므로 투자를 현명하게 하는 것은 필수다.

예를 들어 1,000명에게 도달하는 광고 캠페인에 1,000달러를 쓰는 경우 기본적으로 잠재고객 1인당 1달러를 지출하는 셈이다.

이제, 광고가 도달하는 1,000명 중 100명이 당신 제품에 대한 잠재고객이라고 가정해보자. 매스 마케팅에서 하는 것처럼 그들을 모두 동등하게 대우한다면, 당신에게 관심이 있는 100명에게 도달하기 위해 관심도 없고 동기부여도 되지 않는 900명에게 900달러를 낭비하고 있는 셈이다.

반면 모든 사람을 동등하게 취급하는 대신, 그들을 분류하고 선별해 높은 확률의 잠재고객만 상대할 수 있다면, 그래서 관심 없고 동기부여도 되지 않는 사람들에게 귀중한 시간과 마케팅 비용을 낭비하지 않을 수 있다면?

그렇게 할 수만 있다면 1,000달러 전부를 높은 확률의 잠재고객 100명에게만 쓸 수 있을 것이다. 1,000명을 모두 동등하게 대우할 경우 잠재고객 1인당 1달러가 돌아가지만, 100명으로 범위를 좁혀 집중 호소한다면 1인당 10달러를 쓸 수 있다.

이처럼 올바른 표적을 목표로 10배의 화력을 집중한다면, 더 높은 고객 전환율을 가져올 수 있지 않겠는가? 이는 너무나 당연한 얘기다.

그렇다면 알곡과 쭉정이를 어떻게 구별할 수 있을까? 가장 간단한 답은 그들에게 뇌물을 줘서 스스로 답하게 만드는 것이다!

걱정하지 마시라. 몰래 뒷돈을 주자는 것이 아니다. 스스로 잠재고객이 맞는지 밝히도록 '윤리적 뇌물'을 제공하자는 것이다. 예를 들어 앞서 언급한 사진작가는 예비 신부들에게 그들이 결혼식 사진작가들에게 바라는 바를 정확히 보여주거나 자신의 작품이 담긴 무료 DVD를 제공할 수 있다.

관심고객을 발굴하기 위해 광고 제목을 이렇게 붙일 수도 있다. "결혼식 날 사진작가를 선택할 때 피해야 할 7가지 큰 실수를 알려주는 DVD를 무료로 드립니다."

이제 누군가가 이 '윤리적 뇌물'을 요청한다면, 그는 잠재고객일 확률이 높다. 그러면 당신은 이제 적어도 마케팅 데이터베이스에 들어갈 잠재고객의 이름과 주소를 확보하게 되었다.

지금 우리의 목표는 매출이 아니라 단지 관심고객을 발굴하는 것이다. 광고에서 제품을 판매하려는 유혹을 이겨내라. 이 초기 단계에서 할 일은 관심 없고 동기부여가 되지 않는 사람을 가려내고, 확률이 높은 잠재고객 데이터베이스를 구축하는 것뿐이다.

광고에서 물건을 직접 판매하려는 시도를 피해야 하는 이유는 또 있다. 평균적으로 보면, 표적 시장에서 높은 동기를 부여받고 즉시 구매할 준비가 되어 있는 잠재고객은 약 3%에 불과하다. 이들 대부

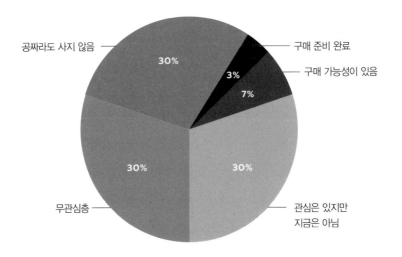

제품 또는 서비스에 대한 표적고객의 구성

공짜라도 사지 않음 — 30%

구매 준비 완료 — 3%

구매 가능성이 있음 — 7%

무관심층 — 30%

관심은 있지만 지금은 아님 — 30%

분이 매스 마케팅에서 구매고객으로 전환되기를 바라는 잠재고객들이다. 하지만 이들 외에, 구매 가능성이 있는 층(상황에 따라 구매할 수도 있는 층)이 7%고, 관심은 있지만 나중에 생각하고 싶은 층이 30%라는 사실을 기억하라. 그다음 30%는 관심이 없는 사람들이고, 나머지 30%는 무료로 준다 해도 사지 않을 사람들이다.

광고에서 직접 물건을 판매하려고 시도했다면, 당신은 즉시 구매할 준비가 되어 있는 3%만을 겨냥한 채 나머지 97%를 잃게 될 것이다.

하지만 관심고객을 발굴하는 광고를 만들면, 당신이 상대할 고객은 40%로 늘어난다. 그러니까 즉시 구매를 원하는 3%는 물론 앞으로 구매 가능성이 있는 7%와 관심은 있지만 나중에 생각하고 싶은 30%까지 포착하는 것이다.

상대할 고객이 3%에서 40%로 늘어나면, 광고 효과가 1,233%(40/3×100-100) 높아지는 셈이다.

이 전략은 즉시 구매할 준비가 된 사람들에게도 부수적인 효과를 가져다준다. 그들은 당신이 광고에서 제품이나 서비스를 팔거나 할인하는 데만 혈안이 되지 않았다고 느낀다. 광고를 통해 물건을 팔기보다는, 관계를 구축하는 데 관심이 있다고 생각한다. 이런 종류의 마케팅은 땅에 씨를 뿌리는 것과 같다. 한마디로 당신의 미래에 대한 투자다. 당신에게 관심이 있는 잠재고객의 데이터베이스가 많아지면 회사의 실적도 늘어나기 때문이다.

당신이 무언가를 가르쳐줄 때 고객은 당신을 전문가나 권위자로 여긴다. 거기에 대해 아무도 의심하지 않는다. 사람들은 당신에게 복종할 것이며, 다른 사람들에게 친밀하고 진실되며 도움을 주는 일에 관심 있는 사람으로 간주한다.

대표적으로 광고에서 잠재고객이 알아야 할 사항, 바가지 쓰지 않는 방법, 정보를 제공해주는 무료 보고서나 동영상 시리즈가 있다. 잠재고객이 그 정보를 받고 가치 있는 정보라고 생각할 수 있게 하라.

그러면 당신에 대한 신뢰도는 높아질 것이고, 당신은 전문가로서 경쟁사와 차별화될 것이다. 당신은 당장의 매출을 위해 어떤 조작(가격 할인 등)도 하지 않았다. 단지 잠재고객들이 스스로 손을 들게 하는 과정을 시작했을 뿐이다. 당신의 요청에 그들이 응답하면 그들은 스스로 구매 가능성이 높은 잠재고객임을 인정한 것이다.

당신의 금광을 관리하라

어렸을 때, 미래를 그린 TV 만화 영화 〈젯슨 가족Jetsons〉을 즐겨 보곤 했다. 내가 어른이 되면 그 만화에서처럼 우리 모두 하늘을 나는 자동차를 타고 다닐 거라고 생각했다. 글쎄, 아내는 여전히 내가 어른이 되려면 아직 멀었다고 말하지만, 어쨌든 지금도 나의 주요 교통수단은 땅 위를 달린다.

물론 오늘날 자동차는 예전보다 훨씬 더 멋진 부가 기능을 갖고 있지만, 기본 형태와 기능 면에서 100년 전과 크게 다르지 않다. 왜 우리는 아직도 하늘을 나는 자동차를 갖지 못하는 걸까?

개인용 비행기 기술은 최근 크게 발전했고, 값도 놀랄 만큼 낮아졌다. 대량생산에 들어간다면 조만간 자동차 가격에 상당히 근접할 것이 분명하다. 그렇다면 뭐가 문제일까? 답은 바로 개인 비행을 지원할 수 있는 기반시설이 없다는 것이다. 사회 기반시설의 대부분은 자동차를 중심으로 구축되어 있다. 오늘날의 주택, 건물, 도시는 모두 자동차를 수용하기 위해 지어졌다.

대부분 기업들이 잠재고객 확보에 어려움을 겪는 데 반해 왜 어떤 기업은 계속 관심고객과 잠재고객의 유입이 유지될까? 그 대답 또한 개인용 비행기의 딜레마가 인프라에 있는 이유와 다르지 않다.

그런 기업들은 끊임없이 새로운 관심고객을 발굴하고 추적하고 육성해서 그들을 열광적인 고객으로 전환하는 마케팅 인프라를 구축했기 때문이다. 반면 그러지 못한 기업들(대부분의 기업들)은 이른바 '무작위적인 마케팅'을 구사해왔다. 그들은 여기저기 무작위로 광고를 냈고, 웹사이트나 브로셔도 그렇게 만들었다. 그들은 인프라(관심 없던 잠재고객을 열렬 팬 고객으로 바꾸는 시스템)를 전혀 구축하지 않았다.

산발적이고 무작위적인 마케팅은 대개 벌어들이는 수익보다 더 많은 비용이 들게 마련인데, 그 결과 사업주는 사기가 떨어지고 "왜 마케팅이 업계에서 효과가 없을까?"라는 푸념만 늘어놓는다.

인프라를 구축하려면 처음부터 끝까지 체계적으로 생각해야 한다. 시스템이 어떻게 작동하는지, 시스템이 효과적으로 작동하기 위해 어떤 자원이 필요한지 이해해야 한다.

마케팅 인프라의 한가운데에는 잠재고객의 데이터베이스가 있지만, 데이터베이스를 효과적으로 관리하려면 고객관계관리(CRM) 시스템이 필요하다. CRM 시스템은 마케팅의 중심, 즉 금광을 관리하는 곳이다.

모든 잠재고객의 상호작용을 CRM으로 통합시켜야 한다. 여기서 부터 일이 본격적으로 흥미진진해진다.

4장 실행 과제

당신의 관심고객을 포착하는 시스템은 무엇인가?

1페이지 마케팅 플랜의 네 번째 칸을 채워보자.

5 장

관심고객을
육성하라

관심고객을 육성한다는 것은 당신의 비즈니스에 막연히 관심 있는 사람들을 당신이 제공하는 것을 원하고, 당신과 거래하고 싶게 만드는 과정이다. 관심고객 육성 시스템은 물건을 판매하기 전에 그들이 당신에게 관심을 보이고 동기부여를 받아 물건을 사고 싶게 만드는 것이다.

이 장에서 다루는 주요 내용

• 기네스북에 오른 '세계 최고 세일즈맨'의 비밀

• 후속 단계에 비용을 투자해야 하는 이유와 이를 활용하는 방법

• 경쟁자들을 완전히 물리치고 당신을 돋보이게 하는 방법

• 잠재고객을 구매 단계로 빠르게 이동시키는 간단한 전략

• '마케팅 인프라'가 사업 성공에 중요한 이유와 이를 구축하는 법

• 원활한 회사 업무를 위해 팀에 필요한 사람의 3가지 유형

• 국제적인 인재를 활용해 회사를 성공으로 이끄는 방법

세계 최고 세일즈맨의 비밀

조 지라드 Joe Girard는 '세계에서 가장 위대한 세일즈맨'으로 기네스북에 오른 인물이다. 그는 한 번에 한 개밖에 팔 수 없는 비싼 소매품인 자동차를 다른 어떤 세일즈맨보다 많이 판 인물로 기록되었다. 과연 그는 모든 사람이 탐낼 만큼 놀랍고 새로운 판매 기술이 있었던 걸까? 그렇지 않다. 그는 부자들만 상대했을까? 그것도 아니다. 그는 보통 사람들에게 평범한 자동차를 팔았다. 1963년과 1978년 사이 15년 동안, 그는 GM의 쉐보레 딜러로 일하면서 1만 3,000대가 넘는 자동차를 팔았다. 그가 거둔 판매 실적 통계는 정말 놀랍다.

- 그는 총 1만 3,001대의 자동차를 판매했다. 이는 하루 평균 2.4대꼴이다.
- 그의 하루 최고 판매 기록은 18대.

- 그의 월 최고 판매 기록은 174대.

- 그의 연 최고 판매 기록은 1,425대.

- 그의 판매 실적이 더욱 믿기 힘든 것은 그 많은 차를 소매 매장에서 한 번에 한 대씩 팔았다는 사실이다. 어떤 집단에 대량으로 판매한 기록은 없다.

그렇다면 조의 성공 비결은 무엇일까? 그는 열심히 일하는 것과 남에게 호감을 주는 것 외에 몇 가지를 더 나열한다. 사실 당시에 그 정도의 훌륭한 자질을 가진 세일즈맨은 분명 수천 명 더 있었을 것이다. 하지만 그들은 조가 이룬 성과의 극히 일부에도 미치지 못했다. 조가 남보다 달랐던 것 중 하나는 고객들과 끊임없이 연락을 했다는 점이다. 그는 자신의 고객 명부에 있는 모든 사람에게 매달 개별적인 안부 카드를 보냈다. 1월에는 신년 축하 카드에 '당신을 사랑합니다'라는 문구를 직접 쓰고 자필 서명한 다음 그가 일하는 대리점의 세부 정보가 담긴 도장을 찍어 보냈다. 2월에는 밸런타인데이 카드를 보냈고, 거기에도 '당신을 사랑합니다'라는 문구를 빠트리지 않았다.

그는 매달 봉투의 크기와 색깔을 바꾸었고, 주소를 직접 손으로 썼으며 우표도 직접 붙였다. 많은 사람들이 광고, 사기, 신용카드 홍보 등과 같은 온갖 종류의 광고 우편물을 펴보지도 않고 쓰레기통에 버리기 때문에 이러한 노력은 그런 스팸 우편물 필터를 통과하는 데 매우 중요한 역할을 했다. 그는 고객들이 카드 봉투를 열고, 그 안에서 긍정적인 메시지와 그의 이름을 보고 기분이 좋아지기를 원했다. 그는 그들이 언젠가는 새 차가 필요할 거라고 생각하고 매달, 매년 이 일을 반복했다. 그들이 정말로 새 차가 필요해졌을 때, 그들 마음속에 누가 가장 먼저 떠올랐을까? 그가 은퇴할 쯤에는 매달 1만 3,000장의 카드를 고객에게 보내고 있었다. 이 일을 도와줄 도우미를 고용해야 할 정도였다.

그가 자동차 영업을 시작한 지 10년이 되었을 때 그에게 차를 사는 사람들 거의 3분의 2가 재구매하는 고객이었다. 심지어 고객이 미리 약속해야 그에게서 차를 살 수 있는 상황이 되었다. 자동차를 팔기 위해 하염없이 고객을 기다려야 하는 다른 자동차 영업사원들과 비교하면 정말 대조적이었다.

농부처럼 마케팅하라

영업사원이 관심고객에게 보통 몇 번 연락한다고 생각하는가? 대부분 한두 번 정도라고 생각할 것이다.

전체 영업사원 중 50%는 한 번 접촉한 다음 바로 포기하고, 65%는 두 번, 79.8%는 세 번 접촉한 후에 포기한다고 한다.* 농부가 씨앗을 심은 다음 한두 번 물을 주고 그만두었다고 생각해보라. 그가 과연 수확에 성공할 수 있을까? 그럴 가능성은 거의 없다. 마케팅 수익은 후속 조치에 달려 있다. 이를 바탕으로 확실한 관심고객 육성 시스템을 만들어보자.

관심고객이 포착되면 즉시 당신의 고객 관리 시스템 안으로 끌어들여야 한다. 그들을 시스템 안으로 들여놓은 후 시간을 들여 반복적으로 접촉한다. 여기서 접촉이란 그들을 노골적으로 귀찮게 해서 어떻게든 구매하게 하려는 것이 아니다. 관심고객이 당신 회사로부터 무언가를 구매하게 하기 전에 미리 가치를 제공하고, 신뢰를 구축하며, 그 분야의 전문인으로 당신이 권위자임을 보여줘 관계를 형성하는 것이다.

대부분의 관심고객이 아직 구매할 준비가 되지 않은 상태라는 사실을 받아들여라. 그들을 데이터베이스에 저장해놓으면, 이 데이터베이스를 통해 그들에게 이메일을 보내거나 실물 우편물을 보낼 수 있다. 메일을 정기적으로 보내 계속 연락을 취하고 당신을 해당 분야의 전문가로 자리매김하라(이에 대한 자세한 내용은 다음 장에서 설명한다).

---

* 영업 및 마케팅 분야에서 널리 인용되고 있는 통계 수치다. 이 수치들의 원 출처를 추적하려고 시도했지만, 몇 시간 동안 조사한 끝에 알아낸 것은 이 수치가 '주요 조사 회사들의 발견에 기초하고 있다'는 것이었다. 대부분의 통계 수치와 마찬가지로 이런 수치들은 조심스럽게 받아들여야 한다. 다만 내 경험에 따르면, 이 수치들의 출처나 도출 방식과 관계없이 이 수치가 대개 맞는다는 것이다. 어쨌든 요점은 대부분의 영업사원들이 관심고객에 대한 후속 처리를 몇 번 하고는 포기한다는 의미다.

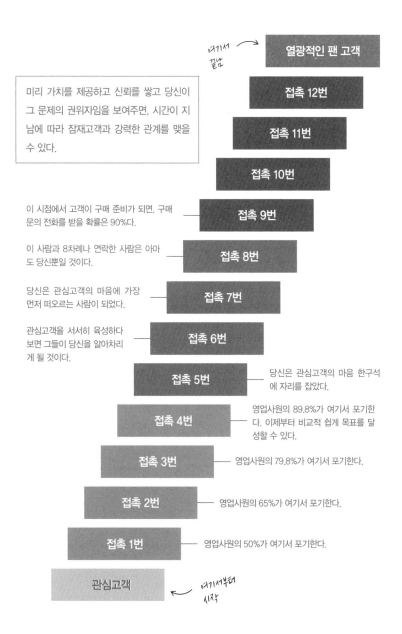

여기서
끝남

열광적인 팬 고객

미리 가치를 제공하고 신뢰를 쌓고 당신이
그 문제의 권위자임을 보여주면, 시간이 지
남에 따라 잠재고객과 강력한 관계를 맺을
수 있다.

접촉 12번

접촉 11번

접촉 10번

이 시점에서 고객이 구매 준비가 되면, 구매
문의 전화를 받을 확률은 90%다.

접촉 9번

이 사람과 8차례나 연락한 사람은 아마
도 당신뿐일 것이다.

접촉 8번

당신은 관심고객의 마음에 가장
먼저 떠오르는 사람이 되었다.

접촉 7번

관심고객을 서서히 육성하다
보면 그들이 당신을 알아차리
게 될 것이다.

접촉 6번

접촉 5번

당신은 관심고객의 마음 한구석
에 자리를 잡았다.

접촉 4번

영업사원의 89.8%가 여기서 포기한
다. 이제부터 비교적 쉽게 목표를 달
성할 수 있다.

접촉 3번

영업사원의 79.8%가 여기서 포기한다.

접촉 2번

영업사원의 65%가 여기서 포기한다.

접촉 1번

영업사원의 50%가 여기서 포기한다.

관심고객

여기서부터
시작

농부처럼 당신은 잠재고객을 수확할 준비를 한다. 조 지라드가 그랬듯이 시간이 지나 잠재고객이 구매할 준비가 되면, 당신을 가장 먼저 떠올리는 거대한 고객 파이프라인을 구축하게 될 것이다. 더욱 신나는 것은 당신이 미리 창출해놓은 가치 때문에 그들은 벌써 당신과 거래하려는 마음을 갖고 있다는 사실이다. 따라서 이 단계에서 굳이 그들을 설득하거나 판매를 강요할 필요가 전혀 없다. 다음 단계에 매출로 이어지는 것은 당연한 귀결이다.

잠재고객 목록이 늘어나고 그들과의 관계가 깊어지면, 그 목록이 당신 회사의 가장 귀중한 자산이 될 것이다. 그것이야말로 황금알을 낳는 거위다. 잠재고객이 마침내 구매할 준비가 되면, 당신은 그들에게 귀찮은 존재가 아니라 환영받는 초대 손님이 될 것이다. 여기서 명심해야 할 점은 마케팅 농부가 되어야 한다는 것이다. 마케팅 농부가 되는 것은 간단하다. 다음 세 단계 과정만 따르면 된다.

1. 당신의 비즈니스에 관심 있는 사람들을 찾을 목적으로 광고를 하라. 무료 보고서, 동영상을 제공하고 오디오 인터뷰 등을 계속하라. 고객이 안고 있는 문제에 대한 해결책을 제시하는 무료 정보를 제공하는 것도 효과가 있다. 이를 통해 당신은 영업사원보다는 전문가나 교육가로 자리매김할 수 있다. 당신이 고객이라면 어디서 물건을 사겠는가?

2. 그들을 데이터베이스에 추가하라.

3. 관심고객을 계속 육성하고 그들에게 가치 있는 정보를 제공하라. 예를 들어 업계에 대한 뉴스레터나 당신이 하는 일이나 당신이 제공하는 것을 최대한 활용하는 방법에 대한 정보를 제공하라. 여기서 주의할 점은 판매 권유를 해서는 안 된다는 것이다. 판매 행위는 금방 싫증 나게 한다. 특별한 설명이나 제안과 함께 귀중한 정보를 제공해야 한다는 것을 명심하라. 무엇보다 중요한 점은 정기적으로 연락하는 것이다. 그렇게 하지 않으면 잠재고객은 당신을 금방 잊어버리고, 관계도 빠르게 식어버려서 당신은 그들에게 다시 귀찮은 존재로 전락할 것이다.

일단 '마케팅 농부'가 되면, 데이터베이스의 양과 질이 크게 늘어나면서 풍요롭고 지속적으로 수확할 수 있을 것이다.

마케팅 인프라를 구축하라

앞 장에서 우리는 관심고객을 포착하기 위한 광고의 개념에 대해 살펴보았다. 관심고객을 포착하는 것이 중요하긴 하지만, 사실 이 일은 남자 중에서 소년을 골라내는 것과 같다. 제품이나 서비스에 대해 문의했는데 후속 조치를 전혀 받지 못한 경험이 있는가? 아니면 견적을 받고 난 후 무성의한 전화 한 번 외에 아무런 후속 조치가 없었던 경험이 있는가? 이것은 마케팅 인프라가 고장 났다는 신호다.

후속 조치는 대개 CRM 시스템을 이용한 자동화 작업으로 이루어지고 있다. 대부분 우수한 CRM 시스템은 고객에게 이메일이나 문자 메시지를 자동으로 전송하거나 영업사원에게 전화를 걸어 확인하도록 자동 설정되어 있다. 그런 자동화 기능은 잠재고객이 특정 행동을 하거나, 문의나 구매를 추적하거나, 미리 시간을 설정했을 때 작동한다. 자동화 시스템을 사용하면 로봇이 잠재고객을 자동으로 분류하고, 걸러내고, 선별해주기 때문에 당신은 시간을 보다 효과적으로 활용할 수 있다.

구매 가능성이 있는 잠재고객의 데이터베이스가 있으므로, 이제 당신이 해야 할 일은 **고객이 당신에게서 물건을 사거나 죽을 때까지 그들을 대상으로 마케팅을 하는 것이다.** 이렇게 말하면 그들이 항복할 때까지 물건을 사라고 성가시게 조르라는 소리처럼 들릴지도 모르겠지만 내 말은 그런 뜻이 전혀 아니다.

전통적인 판매 교육은 "판매는 항상 마무리를 잘 지어야 한다Always Be Closing, ABC"는 판매 압박 전술과, 그런 압박에 기반한 어리석고 시시한 거래 성사 기술에 초점이 맞춰져 있다. 하지만 그런 기술이야말로 잠재고객이 영업사원을 피해야 할 귀찮은 존재로 여기게 만든다.

당신은 귀찮은 잡상인이 아니라 환영받는 초대 손님이 되어야 한다. 구매 가능성이 높은 잠재고객이 준비가 될 때까지 지속적으로 가치 있는 정보를 제공하라. 제품 설명서, 관련 기사, 사례 연구, 그들의 관심사와 관련이 있는 월간 소식지 같은 간단한 형태 등 무엇이든 좋다. 중요한 것은 그런 가치 있는 정보를 제공함으로써 신뢰와 호의를 쌓고, 당신을 단순한 영업사원이 아니라 전문가나 교육가로 인지시키는 것이다.

다양한 기술 도구를 이용해 후속 조치 메커니즘을 쉽게 자동화할 수 있으므로, 비용 대비 효율적이고 확장 가능한 방식으로 후속 조치를 지속적으로 할 수 있게 되었다. 그리하여 당신은 구매에 관심과 동기가 있는 잠재고객을 기반으로 거대한 파이프라인을 구축할 수 있다.

이렇게 구축된 잠재고객 중에는 즉시 구매고객으로 전환되는 사람이 있는가 하면 몇 주, 몇 달 또는 몇 년 후에 전환되는 사람도 있다. 어쨌든 중요한 점은 잠재고객이 구매할 준비가 되었을 때쯤이면 당신은 이미 고객과 가치와 신뢰를 구축한 관계라는 것이다. 따라서 고객이 구매 결정을 내릴 때가 되면 당신은 합리적 선택의 대상이 되어 있을 것이다.

이것이 바로 가장 힘들이지 않고도 할 수 있는 윤리적인 판매 방법이다. 전적으로 신뢰와 가치의 교환에 근거하여 판매하기 때문이다. 경쟁업체들이 직접 구매자인 3%를 공략하기 위해 맹목적으로 활을 쏘는 동안, 당신은 이 기술을 통해 분명하고 가시적인 목표물에 모든 화력을 집중할 수 있다.

당신의 마케팅 인프라를 구성하는 것은 그 자체로 회사의 '자산'이다. 다음은 내가 직접 구축했거나 관리를 도운 마케팅 인프라 중 효과적이었던 자산 목록이다.

- 관심고객을 포착하는 웹사이트
- 기록으로 남긴 무료 메시지 정보
- 뉴스레터
- 블로그
- 보도자료
- 광고성 메일 순서 목록
- 이메일 발송 순서 목록
- 소셜 미디어
- 온라인 동영상 및 DVD
- 팟캐스트 및 오디오 CD
- 인쇄물 광고
- 손으로 쓴 기록물
- 이메일 자동 응답기
- SMS 자동 응답기

- 충격과 감탄 요법(다음 단원에서 설명할 것임)

이 목록은 나의 마케팅 인프라의 일부일 뿐이지만 인프라의 핵심을 차지한다. 나는 이 자산들을 계속해서 키우고 정교하게 만들고 있다. 이 모든 것은 각각의 때와 장소, 목적이 있다. 내가 만드는 모든 광고는, 냉담한 잠재고객들을 이 시스템에 넣어 열광적인 팬 고객으로 바꾸도록 설계되어 있다.

물론 이런 마케팅 인프라를 구축하는 데에는 시간과 비용이 들지만, 도로나 철도 네트워크 같은 물리적 인프라의 구축과 마찬가지로, 시간과 비용은 대부분 초기에 들어갈 뿐이다. 그 이후에는 유지 보수와 지속적인 개선으로 충분하다.

그리고 여기 흥미로운 사실이 하나 더 있다. 기술 발전으로 나의 마케팅 시스템이 상당수 자동화되었고, 이것이 엄청난 변화를 몰고왔다. 일단 제대로 작동되는 조합을 찾기만 하면, 몇 번이고 다시 배치해 안정적으로 동일한 결과를 창출할 수 있게 된 것이다.

마케팅 인프라를 지속적으로 구축함에 따라 결과도 계속 개선되고 있다. 당신은 어떤가? 마케팅 인프라를 구축하고 있는가? 구축한 마케팅 시스템을 지속적으로 개선하고 있는가?

내 조언을 따른다면 여전히 무작위 마케팅으로 시간만 낭비하는 경쟁자들을 훨씬 앞서게 될 것이다.

두툼한 우편물 그리고 충격과 감탄 요법

3장에서 미디어 채널로서 전통 우편물의 힘에 관해 설명한 바 있다. '두툼한 우편물'은 이 강력한 미디어 채널을 더욱 강력하게 활용하는 방법이다. 사람들이 우편물을 분류하는 습관을 생각해보라. 온갖 봉투가 쌓여 있는 중에 무언가가 들어 있는 두툼한 우편물을 발견한다. 그 안에는 분명 입체적인 물체가 들어 있다. 아마도 책, DVD 또는 장신구 같은 물건인 것 같다. 자, 당신은 어떤 봉투에 신경이 쓰이고 가장 먼저 개봉하고 싶은가? 당신이 대부분의 사람들과 다르지 않다면, 당연히 두툼한 우편물일 것이다.

'두툼한 우편물'은 수신자의 관심을 끌기 때문에 디렉트 메일 광고 캠페인을 창의적으로 진행할 수 있다. 디렉트 메일 업계에서는 주의를 끌기 위해 일부러 동봉한 장신구를 '미끼grabber'라고 부른다. 미끼로 사용되는 장신구들은 대개 당신이 보내는 세일즈 레터의 주제와 관련이 있다. 예를 들어 '돈 낭비는 이제 그만'이라는 내용의 세일즈 레터를 보낼 때 작은 플라스틱 쓰레기통을 동봉하는 식이다. 또는 '더 많은 고객을 유치하라'라는 내용이라면 자석을 동봉한다. 진부하게 보일 수도 있지만, 어쨌든 수신자의 관심을 끌고 그들을 즐겁게 한다. 더 중요한 것은 제대로만 한다면 멋진 결과로 이어질 수도 있다.

책자, CD, DVD 등도 봉투를 두툼하게 하는 훌륭한 물건들이다. 개봉하기 전에 주의를 끄는 목적도 있지만, 이런 물건들은 대개 함부로 버려지지 않는다. 잠재고객들은 이 물건들을 꽤 오랜 기간 보관할 가능성이 높으며, 그 물건을 볼 때마다 당신을 기억할 것이다.

두툼한 우편물의 다음 단계 전략은 '충격과 감탄 요법shock and awe package'이다(이 기법의 이름과 개념은 '디렉트 메일'의 전설적 인물인 댄 케네디가 처음 생각해낸 것으로 알려져 있다). 충격과 감탄 요법은 직접 반응 마케팅에서 가장 강력한 후속 조치 도구 중 하나다. 이를 잘 수행하면 구매고객으로의 전환이 급증하고 경쟁업체보다 훨씬 높은 위치에 오를 수 있다.

이 기법은 매우 강력해서 경쟁자들을 근본적으로 압도하고 당신을 우세한 존재로 만들 수 있다. 충격과 감탄 요법의 놀라운 점은, 설령 경쟁자들이 당신이 무엇을 하려는지 알고 있다 해도 감히 따라 하지 못한다는 것이다. 사실 그 누구도 당신을 흉내 낼 수 없다.

앞 장에서 우리는 관심을 표명한 잠재고객의 상세 정보를 수집하는 것이 얼마나 중요한지를 살펴보았다. 거듭 강조하건대 그 목적은 고객이 구매할 준비가 될 때까지 그들과 계속 연락하며 육성하는 것이다.

마지막으로 어느 회사에 제품이나 서비스에 대해 문의했던 때를 기억해보라. 전화를 걸었거나, 이메일을 보냈거나, 웹사이트에 질문을 남겼을 수도 있다. 그것은 '더 많은 정보를 보내달라'는 잠재고객의 전형적인 행동이다. 그런데 그 회사로부터 어떤 응답을 받았는가?

그 회사에서는 다음 중 한 가지 방식으로 당신에게 응답을 보냈을 것이다.

- 웹페이지 링크 주소

- 이메일(아마도 첨부 파일과 함께)

- 전화 상담을 통한 답변

그들은 위 3가지를 다 했을 수도 있고 이 중 한두 가지만 했을 수도 있다. 하지만 당신은 어떤 느낌을 받았는가? 그들은 가장 저렴하고 효율적인 방법으로 당신의 문의에 응답했다. 물론 그들이 사용한 저렴하고 효율적인 방법에는 아무런 문제가 없지만, 안타깝게도 그 답변에 즐거워하거나, 기뻐하거나, 영감을 받지는 못했다. 그러니까 그런 식의 답변을 받고 "와, 모든 사양에 대해 설명한 PDF 파일을 보내주셨군요, 정말 대단합니다!"라고 감탄하는 사람은 생기지 않는다는 것이다.

몇 차례 소통하면서 잠재고객은 다음 중 하나의 인상을 받는다.

1. 남들과 똑같다.

2. 시시하다.

3. 놀라울 정도로 감동적이다.

대부분 사업주들은 첫 번째 옵션을 선택한다. 놀랍게도 많은 수가 두 번째 옵션을 선택하고, 세 번째를 선택하는 사람은 거의 없다. 당신이 해야 할 일은 세 번째 선택이 되게 하는 방법을 찾는 것이다. 하지만 다행히 바퀴를 재발명할 필요는 없다. 바로 '충격과 감탄 요법'이 잠재고객들에게 놀라울 정도로 감동을 주는 최고의 방법이기 때문이다.

'충격과 감탄 요법'은 당신 회사나 업계와 관련된 특별하고 유익한 자산으로 가득 찬 진짜 실물 상자를 잠재고객에게 우편으로 보내거나 전달하는 것을 말한다. 한마디로 '깜짝 소포'다. 깜짝 소포에 넣을 수 있는 내용물은 다음과 같다.

- 책. 사람들은 웬만하면 책을 거의 버리지 않는다. 당신이 직접 쓴 책이라면 더더욱 그렇다. 책은 놀라운 포지셔닝 도구다. 당신은 즉시 영업사원에서 교육가나 전문가, 권위자로 업그레이드된다. 내가 지금 이 책으로 그렇게 하는 것처럼 말이다! :-)
- 회사, 제품, 서비스 또는 잠재고객의 문제 해결책을 소개하는 DVD나 CD.
- 고객이 당신 회사, 제품을 추천하는 과거의 동영상, 오디오 또는 문서.

- 회사, 제품, 업계의 특징에 대한 매체 소개 스크랩.
- 브로셔, 세일즈 레터, 기타 마케팅 자료.
- 당신의 주장이나, 제품 또는 서비스의 가치를 입증하는 제3자의 보고서 또는 백서.
- 제품 또는 서비스의 샘플. 액면가가 찍힌 쿠폰이나 기프트 카드는 버리면 '돈 낭비'처럼 느껴지기 때문에 강력한 도구가 될 수 있다. 이 도구들은 또 잠재고객이 당신 제품을 테스트할 동기를 부여해준다.
- 잠재고객을 즐겁게 하고, 정보를 제공하고, 감탄하게 하는 특별한 장신구와 선물들. 맞춤형 커피 머그컵부터 아이패드까지 무궁무진하다.
- 잠재고객의 문의나 전화 통화에 대해 감사를 표하는 친필 메모.

뭐라고? 필요하면 언제라도 즉시 접촉하는 '정보화 시대'에 전통적 우편물이 효과가 있겠느냐고? 무조건 효과가 있다. 나를 믿으라. 나만큼 기술을 좋아하는 사람도 거의 없다. 나는 'i'로 시작하는 최신 물건(iphone, iPad 등)에 열광하며 화면 여러 개에 매달려 하루를 보내는 사람이다. 하지만 대부분의 사람들과 마찬가지로 실물의 깜짝 소포 받기를 좋아한다. 뜻밖의 소포라면 더욱 좋다.

전통적 우편물은 여전히 그 양이 적지 않지만 그 많은 스팸 우편물 중에서 특별한 소포를 선별하는 것은 어느 때보다 더 쉬워졌다. 어느 날 무언가가 들어 있는 페덱스 박스가 당신 책상에 놓여 있다면, 그

걸 열어보는 데 얼마나 걸릴까? 대부분의 사람들은 즉시 열어본다.

물론 앞서 말한 저렴한 방법인 전화, 이메일, 웹페이지 링크 등을 통한 즉각적인 응답을 하지 말라는 얘기가 아니다. 잠재고객과 처음 몇 차례 접촉은 신성하리만큼 중요해 신중하게 다뤄야 한다고 강조하는 것뿐이다. 어떤 것도 운에 맡겨서는 안 된다. '충격과 감탄' 요법은 잠재고객에게 '와우, 대단해'라는 감정을 전달하는 놀라운 도구다.

충격과 감탄 요법은 3가지 역할을 해야 한다.

- 잠재고객에게 예상치 못한 놀라운 가치를 제공하라.
- 당신을 해당 분야의 전문가이자 신뢰할 수 있는 권위자로 인식시켜라.
- 잠재고객을 구매 사이클로 좀 더 가까이 이동시켜라.

"네, 더 많은 정보를 이메일로 보내드리겠습니다"라는 뻔한 방법보다 충격과 감탄 요법은 얼마나 강력한가.

물론 부정적 의견도 있다. 비용이 너무 많이 든다는 것이다. 앞 장에서 다른 모든 조건이 같으면 가능성이 높은 잠재고객에게 더 많은 마케팅 비용을 사용할수록 구매고객으로 전환될 확률이 높아진다고 설명했다. 충격과 감탄 요법이 바로 그렇다. 경쟁자보다 더 많은 비용을 쓰고 잠재고객을 감동시킨다면, 당신은 경쟁자들을 훨씬 더 능가할 것이다. **물론 당신은 고객생애가치 같은 수치를 알고 있어야 한다. 그**

렇지 않으면 효과가 없다. 그런 수치를 알지 못하면 좋은 마케팅이 될 수 없다.

이 수치들은 분명히 의미가 있다. 당신이 이윤이 극히 낮은, 단지 상품만 거래하는 사업에 종사하지 않는 한(나는 절대 그런 사업을 권장하지 않는다) 그 수치가 효과를 발휘하기 때문에 '깜짝 소포'를 보내는 것은 오히려 경제적인 방법이 될 것이다.

잠재고객을 감동시키는 일에 저렴하고 효율적인 방법만 사용하는 실수를 저지르지 마라. 충격과 감탄 요법은 강력한 경쟁 우위를 확보하는 수단이다. 대부분 경쟁자들은 그 방법을 이해하지 못할뿐더러 설령 이해한다 해도 실행할 용기가 없다. 그들은 자기 회사의 수치를 제대로 알지 못하기 때문이다. 그들은 그저 이 방법이 돈이 너무 많이 든다고만 생각하고 고객을 확보하는 더 저렴하고 효율적인 방법만 찾는다. 경쟁사가 그렇게 저렴하고 효율적인 마케팅을 하는 동안, 당신은 잠재고객들에게 재미, 영감, 감동을 줘라. 이는 당신을 경쟁자들과 전혀 다른 세상으로 이끌 것이다.

가능한 한 마케팅을 많이 하라

빠르게 성장하는 기업의 공통점은 마케팅에 집중하면서 많은 제안을 한다는 점이다. 물론 그 제안 중에는 실패로 끝난 것도 있고 성공한 것도 있다. 흥미로운 점은, 마케팅 목록을 작은 단위로 떼어 적은 비용으로 테스트하면 적은 수의 성공으로도 여러 차례 실패를 만회할 수 있다는 것이다.

제안을 많이 해보면 무엇이 효과가 있고 무엇이 효과가 없는지를 잘 알게 된다. 제안을 많이 하는 마케터가 되면 트렌드를 파악하거나 분리 테스트를 통해 잠재고객의 반응을 과학적으로 측정하는 것이 훨씬 쉬워진다.

빠르게 성장하는 기업의 또 다른 특징은 제안을 주저하지 않는다는 것이다. 그들은 기꺼이 위험을 감수하고, 설득력 있는 광고 문구를 사용하며 제안에 대해 과감한 보증을 한다.

하지만 그게 그렇게 간단한 일일까? 더욱 설득력 있고 더 많은 제안을 하라고? 당연히 그래야 한다. 기본은 절대 변하지 않는다. 오늘날 제안할 수 있는 미디어 채널이 많아졌고, 투자수익률을 추적하고 분리 테스트를 하는 데 도움이 되는 새로운 마케팅 기술이 쏟아지고 있지만, 기본은 결코 변하지 않는다.

더 설득력 있고 더 많은 제안이 곧 급속한 사업 성장을 가져온다는 점은 변하지 않는다.

보다 많이 마케팅을 하면 당신은 사람들의 입에 오르내리게 되고, 잠재고객은 당신 회사에 대해 더 잘 알게 되며, 마침내 비슷비슷한

무리에서 눈에 띄어 회사의 판매 파이프라인은 가득 차게 될 것이다.

긍정적이든 부정적이든 어떤 변화가 일상이 되면, 시간이 지나면서 당신에게 중대한 영향을 미치게 된다. 모든 잠재고객에게 제안서를 작성해서 발송하는 일이 일상화되면, 머지않아 당신은 완전히 다른 회사를 갖게 될 것이다.

잠재고객에게 정기적으로 제안하다 보면 당신은 더 나은 마케터가 되어 있을 것이다. 마케팅 과학에 능숙해지는 것은 빠른 사업 성장에 매우 중요하다. 당신이 더 나은 마케터가 될수록 사업 전체가 잘될 것이다.

구상하고, 실행하고, 반복하라

우리는 학교에서 자립해야 한다고 배웠다. 다음 학년으로 올라가려면 수학, 과학, 영어 시험에 합격해야 했다. 만일 당신의 재능을 다른 친구 몇 명과 합칠 수 있다면 어떨까. 수학을 잘하는 한 친구가 모든 사람의 수학 시험을 대신 치러주고, 과학을 잘하는 또 다른 친구가 모든 사람의 과학 시험을 대신 치른다. 그리고 영어를 잘하는 당신이 모든 사람의 영어 시험을 대신 치른다. 학교에서는 그런 종류의 협력적인 작업 구조를 부정행위로 판단하므로 세 사람 모두 징계를 받게

나 심지어 퇴학을 당할지 모른다. 그러나 기업의 세계에서 하나의 목표를 추구하기 위해 서로 다른 재능을 모으는 것은 성공적인 결과를 위한 길이다. 기업의 세계는 팀 스포츠 경기와 같아서 혼자서는 절대 이길 수 없다.

기업이 제대로 작동하려면 이와 같이 다른 유형의 재능이 모두 필요하다. 바로 다음 3가지 유형이다.

1. **기업가 유형:** 아이디어맨 또는 비전가를 말한다. 이들은 시장에서 문제나 틈을 발견하고, 이익을 추구하기 위해 그 문제를 해결하며 기꺼이 위험을 감수한다. 예를 들어 시장에 특정 제품이 없는 것을 확인하고, 필요한 적정 인력을 고용하는 등 기업의 방향성을 구상한다.

2. **전문가 유형:** 기업가의 비전을 실행하는 역할을 한다. 그들은 엔지니어, 벤처투자가, 그래픽 디자이너일 수 있다. 그들은 기업가가 제시한 비전이 현실로 이루어지도록 돕는다. 예를 들어 그들은 제품 생산을 위한 공장을 짓고, 적절한 도구를 만들고, 제품을 멋지게 포장하는 등 행동에 옮기는 일(현실화)을 주도한다.

3. **관리자 유형:** 매일 현장에 와서 일이 잘 마무리되는지, 제대로 진행되고 있는지, 비전이 정상적인 길을 가고 있는지를 확인한다. 예를 들어 그들은 공장이 제대로 가동되고 있는지, 선적이 제때

이루어졌는지, 품질에 문제가 없는지 등을 확인하며 일상이 무리 없이 반복되도록 감시한다.

비즈니스에서 성공하려면 세 유형 모두 필요하지만 한 사람이 이 모든 재능을 가진 경우는 극히 드물다. 대부분의 영세기업 사업주들은 기업가이거나 전문가, 또는 둘 다에 해당하지만 관리자인 경우는 거의 없다.

현재 당신이 1인 기업을 운영하더라도 이 3가지 기반은 충족되어야 한다. 아웃소싱이나 고용을 통해 이를 해결할 수 있다. 중소기업 사업주들은 대개 너무 많은 일을 혼자 떠맡으려 하기 때문에 불가피하게 놓치는 일이 생긴다. 특히 관리자 역할이 부족해 마케팅 인프라가 제대로 작동하지 못한다. 그래서 대부분의 중소기업은 월간 뉴스레터를 발행하지 않을 뿐 아니라 이른바 '깜짝 소포'도 잘 보내지 않는다. 사업주들은 잠재고객을 육성하는 데 이런 아이디어가 효과적임을 알지만 마케팅 인프라를 관리하는 관리자가 없으면 그런 아이디어를 실행하지 못한다.

충격과 감탄 같은 정교한 마케팅 도구와 자산을 보유하고 있더라도 활용하지 못하면 무슨 의미가 있겠는가?

당신은 기업 운영의 많은 부분에서 이미 3가지 역할을 해왔을 것이다. 예를 들어 당신은 아이디어와 비전을 가지고 사업을 시작했을 것이다. 즉, 당신은 사업 구상이 있었다. 그런 다음 기업의 법적 구조를 세우기 위해 변호사를 고용했을 것이다. 그 변호사를 통해 당신의 구상을 실현했다. 그런 다음에는 외부 회계사에게 세금 신고 및 규정 준수를 처리하도록 요청했을 것이다. 그리고 회계사는 이를 반복적으로 수행했다.

마케팅 인프라에 대해서도 이와 같은 작업을 하는 것이 중요하다. 먼저 시스템을 필요한 곳에 배치하라(시스템에 대해서는 7장에서 자세히 설명하겠다). 마케팅 아이디어를 생각해내고(뻔뻔하게 이 책에 있는 아이디어를 훔쳐도 좋다), 그래픽 디자이너, 웹 개발자, 카피라이터를 고용해서 그것을 실현하고, 그런 다음 관리자나 주문처리 부서로 하여금 그것을 반복하게 하라. 앞에서 설명한 바와 같이 이 중 상당 부분은 자동화될 수 있으며, 자동화할 수 없는 것은 위임시키면 된다. 이 과정은 너무 중요하므로 절대 소홀해서는 안 된다. 이를 수행하지 않거나 마케팅 인프라를 가동하지 않으면 당신 사업에 해가 될뿐더러 때로는 치명적일 수 있다.

당신이 세금 납부를 게을리하지 않는 이유는 정부가 법적 의무로 정했기 때문이다. 정부의 달력에는 언제 세금 신고서를 제출해야 하는지, 각종 세금을 언제 내야 하는지 그 일정이 모두 기록되어 있다.

'마케팅 일정'에도 같은 방법을 적용할 수 있다. 마케팅 달력은 매일, 매주, 매월, 분기별 및 연간 기준으로 어떤 마케팅 활동을 해야 하는지를 명시한다. 즉 다른 중요한 비즈니스 행사처럼 마케팅 활동을 일정에 포함시켜야 한다.

예를 들면 다음과 같이 마케팅 일정을 정리해보자.

- **매일:** 소셜 미디어에서의 언급과 반응을 확인한다.
- **매주:** 블로그 게시물을 작성하고, 이메일 목록 가입자에게 링크 주소를 보낸다.
- **월간:** 기존 고객 및 잠재고객에게 인쇄된 뉴스레터나 엽서를 우편으로 보낸다.
- **분기별:** 최근 구매 기록이 없는 고객에게 재구매를 격려하는 편지를 보낸다.
- **매년:** 모든 고객에게 감사의 선물 바구니를 보낸다.

어떤 일을 언제 해야 할지 결정한 다음 이제 남은 유일한 질문은 누가 수행하느냐이다. 다시 강조하지만, 영세기업의 단독 운영자라 하더라도 모든 일을 혼자 하려고 하지 마라. 가능하면 이런 반복적인 운영 활동은 책임지고 할 수 있는 다른 사람에게 맡기는 것이 좋다.

정기적으로 계획된 마케팅 활동 외에 이벤트성 마케팅 활동도 고려해보아야 한다. 예를 들어 다음과 같은 이벤트와 그에 따른 활동을 생각해보자.

- **비즈니스 이벤트에서 잠재고객을 만났다:** 이벤트에서 만난 고객의 명함을 CRM 시스템에 추가하고, 매월 보내는 뉴스레터와 우편 엽서 메일 목록에 포함시킨다.
- **전화 주문 판매 문의를 받았다:** 직접 쓴 메모와 '충격과 감탄' 소포를 보낸다.
- **블로그에서 새 이메일 목록 가입자가 생겼다:** 새 가입자를 CRM 시스템에 추가해, 다음 30일 동안 5부로 구성된 교육용 비디오 시리즈를 이메일로 자동 전송한다.
- **고객 불만 사항을 접수했다:** 문제를 해결한 후, 손으로 쓴 사과 메모와 함께 다음 구매 시 사용할 수 있는 100달러 할인 쿠폰을 보낸다.

다시 한 번 강조하거니와 이런 이벤트성 활동은 다른 사람의 책임 하에 이루어지게 하라. 이런 활동을 통해 당신은 새로운 마케팅 캠페인을 설계 또는 테스트하거나 제안의 가치를 개선하는 등 보다 상위 단계의 마케팅 업무를 하게 될 것이다. 사업에서 마케팅을 하는 것만큼 수익에 보탬이 되는 건 없다.

현재 소규모 사업자라 할지라도 당신 대신 공장을 운영할 관리자 유형의 인력을 고용해서 계획에 따른 마케팅이나 이벤트성 마케팅 활동을 반복하게 하라.

사업가들은 대개 '할 수 있다_can do_'는 사고방식을 가지고 있다. 이 때문에 어떤 일을 해야겠다 싶으면 소매를 걷어붙이고 바로 뛰어드는 경향이 있다. 하지만 전문 분야가 아니거나 시간을 유용하게 활용할 수 없는 일에 시간을 쏟는다면, 시간만 낭비하고 큰 대가를 치를 수 있다. 돈은 재생 가능한 자원이어서 얼마든지 다시 벌 수 있지만, 시간은 원한다고 해서 더 생기지 않는다.

많은 사업자가 아웃소싱이나 업무를 위임하려고 해도 일의 품질 때문에 주저한다. 과연 당신이 직접 하는 것만큼 그들이 일을 잘 해낼 수 있을까? 아마 아닐 것이다. 그럼에도 내 경험칙에 따르면, 당신이 직접 하는 것보다 다른 사람이 80% 정도 할 수 있다면 위임해야 한다.

대부분 사업가들처럼 당신이 모든 것을 뜻대로 하는 성향의 사람이거나 완벽주의자라면 누군가에게 일을 맡기는 것이 어려울 수 있다. 그러나 사업 확장과 성장을 도모한다면 아웃소싱이나 위임은 반드시 필요하다. 그렇지 않으면 회사를 완전히 새로운 수준으로 끌어올릴 수 있는 마케팅 인프라 구축과 같은 고부가가치 일은 뒷전으로 밀리고 결과적으로 일상적인 업무를 하면서 최저임금을 받는 꼴이 될 것이다.

여기 시대를 초월한 짐 론의 지혜를 들어보자.

중요한 일과 사소한 일을 구분하는 방법을 배워라. 많은 사람이 성공하지 못하는 이유는 사소한 일에 많은 노력을 기울이기 때문이다.

아무 일이나 다 했다고 해서 그것을 성취라고 착각하지 마라. 특히 분주함에 속지 마라. 문제는 무슨 일을 하느라 바쁘냐 하는 것이다.

모든 하루는 값비싼 비용이다. 하루를 보내면 앞으로 쓸 수 있는 날이 하루 줄어드는 것이다. 그러니 하루하루를 현명하게 보내라.

사소한 일에 많은 시간을 써서는 안 되는 것처럼, 중요한 일에 너무 적은 시간을 써서도 안 된다.

시간은 돈보다 소중하다. 돈은 얼마든지 더 벌 수 있지만, 시간은 당신이 원한다고 해서 더 생기지 않는다.

시간이야말로 부자들이 간직해온 최고의 비밀이다.

아웃소싱이나 업무 위임에 대한 마지막 우려는, 비용이 너무 많이 든다는 것이다. 이는 몇 년 전만 해도 사실이었을지 모른다. 하지만 이른바 지리적 차익geoarbitrage이라는 놀라운 효과 덕분에 더는 그렇지 않다. 동남아시아, 인도, 동유럽에는 당신 국가의 현지 직원이나 계약자보다 몇 분의 1밖에 안 되는 비용으로 당신을 위해 일할 인력이 넘쳐난다.

대기업들이 일상 반복 업무의 상당 부분을 이런 나라로 이전하는 데에는 그만한 이유가 있다. 그들은 재능이 있을 뿐 아니라, 열심히 일하고, 고등 교육을 받아 영어도 유창하다.

그들에게 일거리를 주면, 당신이 자는 동안 일이 마법처럼 수행된다. 비용 절감뿐만 아니라 사업 확장에도 도움이 된다. 당신 국가에서 현지 직원이나 계약자를 고용하거나 해고하려면, 모든 종류의 요식 행위를 따라야 한다. 하지만 업워크Upwork, 프리랜서Freelancer, 99디자인99Designs 같은 온라인 구인업체를 이용하면 개인 비서, 그래픽 디자이너, 웹 개발자 등 거의 모든 기술자를 고용할 수 있다. 그들을 프로젝트별로 고용할 수도 있고, 상근직으로 고용하는 것도 가능하다.

이 책의 제작도 이런 방식의 완벽한 예라고 할 수 있다. 이 책은 내가 호주에서 쓰고 2명이 교열 작업을 했는데 한 사람은 미국에서, 또 한 사람은 캐나다에서 일했다. 표지 디자인은 인도의 그래픽 디자이너가 맡았고, 내 연구 조수는 필리핀에 있다. 인터넷은 지리적 장벽을 허물고 누구나 글로벌 인력을 이용할 수 있게 해주었다. 이렇게 많은 인재를 쉽게 구할 수 있고 비용 효율이 좋았던 적은 지금껏 없었다.

Do it!

5장 실행 과제

당신 회사의 관심고객을 육성하는 시스템은 무엇인가?
1페이지 마케팅 플랜의 다섯 번째 칸을 채워보자.

구매고객으로
전환시켜라

구매고객으로의 전환은 관심고객과 충분한 신뢰를 쌓고 가치를 제공함으로써 그들이

구매고객이 되도록 동기를 부여하는 것이다. 시장에 올바르게 포지셔닝했다면 구매고

객으로의 전환 과정을 쉽고 자연스럽게 진행할 수 있다.

이 장에서 다루는 주요 내용

- 제품과 서비스의 가격을 높일 때 포지셔닝이 중요한 이유

- 당신을 귀찮은 존재가 아니라 환영받는 손님으로 포지셔닝하는 방법

- 중소기업의 승산이 적은 이유, 그리고 공평한 경쟁의 장을 만드는 방법

- 고객이 당신에게서 물건을 살 때 그들이 인지하는 위험을 크게 줄이는 방법

- 물건을 팔 때 믿음과 신용을 즉시 주는 방법

- 제품 및 서비스의 가격을 올바르게 매기는 방법

- 구매를 방해하는 장애물을 제거하는 방법

신뢰가
관건이다

고전 영화 〈핑크 팬더 4-핑크 팬더의 역습 The Pink Panther Strikes Again〉을 보면 진부한 농담이 나온다. 불운한 클루소 형사로 분한 피터 셀러스 Peter Sellers가 귀여운 개를 보고 우스꽝스러운 프랑스 억양으로 옆에 서 있는 남자에게 묻는다. "당신 개가 사람을 무나요?" 그 남자는 고개를 가로저으며 답한다. "아니요." 그러자 클루소는 손을 뻗어 개를 쓰다듬었는데 개가 갑자기 달려들어 그의 손을 물어버렸다. 클루소가 그 남자를 향해 화를 내며 말한다. "물지 않는다면서요?" 그 남자는 아무렇지도 않다는 듯이 대답한다. "그건 내 개가 아니오."

당신의 잠재고객들은 이미 물건 파는 사람들에게 많이 물려봐서, 물지 않는 개는 없다고 생각하는 사람들이다. 그러니까 당신이 업계에서 잘 알려진 기존 업체가 아니라면, 당신은 중립지대(0)에서가 아니라 마이너스 상황에서 판매를 시작해야 한다는 얘기다. 당신이 윤리를 표방하는 경영자라 해도 잠재고객들은 당신에 대해 냉소적이며 신뢰하지 않는다. 안타깝게도 시장은 당신의 무죄가 입증되기 전까지는 유죄로 간주하는 세계이기 때문에, 당신은 마이너스에서 플러스 상황으로 나아가기 위해 열심히 노력해서 신뢰를 얻어야만 비로소 판매에 이를 수 있다.

결국 신뢰가 중요한 관건이다. 잠재고객을 구매고객으로 전환시키려면 몇 가지 확실한 전략을 세워야 한다. 영업 교육 프로그램에 관해 이야기하는 것은 이 책의 주제와 맞지 않다. 이 장에서는 이 전환 과정을 쉽게 수행할 수 있도록 해주는 몇 가지 전략과 전술에 대해서만 살펴보겠다[현대 세일즈 전략의 포괄적인 연구에 대해서는 닐 래컴Neil Rackham의 『당신의 세일즈에 SPIN을 걸어라』(김앤김북스, 2001)를 적극 추천한다]. 특히 포지셔닝의 중심 역할과, 신뢰를 기반으로 하는 전환 프로세스를 포지셔닝하는 방법에 대해 설명할 것이다.

이전 두 장에서 우리는 신뢰, 가치 그리고 권위를 구축하기 위해 가능성 있는 관심고객을 어떻게 포착하고 육성해야 하는지를 다루었다. 사실 이 모든 것이 이들을 자연스럽고 쉽게 구매고객으로 전환하기 위한 과정이었다. 잠재고객이 구매고객으로 전환되기까지 당신은 미리부터 그들의 방향을 설정해야 했고, 동기를 부여해야 했으며, 꾸준히 관심을 갖고 당신에게서 물건을 사달라고 해야 했다. 여전히 그들을 억지로 설득하거나 판매를 강요한다면, 당신은 관심고객 육성 과정을 개선해야 한다.

대부분 영업사원들은 판매를 애걸하는 사람 또는 '항상 마무리를 잘 지어야 한다'(ABC)거나 고객을 압박해 계약을 성사시키려는 시도 같은 낡고 어리석은 방식으로 판매를 강요하는 불쾌하고 성급한 영업사원으로 스스로를 잘못 포지셔닝한다. 이런 낡은 영업 기술은 이미 판매 업계에서는 우스갯소리가 되었다. 당신이 진공청소기 같은 저가 제품을 방문 판매하는 영업사원이 아닌 한, 이런 영업 기술은 잠재고객에게 더 큰 불신을 불러일으킬 뿐이다.

많은 신규 업체가 취하는 또 다른 나쁜 접근 방식이 있다. 단지 회사가 존재하기만 하면 매출이 저절로 일어난다고 예상하는 것이다. 그래서 매장을 열거나 웹사이트만 구축해놓으면 매출이 막 상승할 것으로 기대한다. 그들이 가진 마케팅 전략이라고는 희망뿐이다. 물론 잠재고객들이 어쩌다 그 앞을 지나가다가 매장을 발견하고 물건을 사면 약간의 매출이 일어날 수도 있다. 하지만 그것은 좌절로 가는 가장 확실한 길이다. 많은 영세기업이 그런 식으로 겨우 매출을 올리며 스스로를 고문하다가 소멸해간다. 그러고는 시장과 산업의 경쟁이 너무 치열했기 때문이라고 결론 내린다.

솔직히 말해 나는 경쟁이 없는 시장이나 산업은 본 적이 없다. 하지만 확실한 것은 아무리 시장이나 산업의 경쟁이 치열하다 해도,

그 상황에서 잘 해내는 사람도 있고 힘들어하는 사람도 있다는 사실이다.

우리가 스스로에게 정직하다면, 자신의 실패를 정말로 시장이나 산업의 경쟁 탓으로 돌릴 수는 없을 것이다. 그럼 무엇이 문제일까? 문제는 자신을 그저 물건 파는 사람, 즉 '미투' 유형의 회사로 포지셔닝했다는 것이다.

자신을 그런 식으로 포지셔닝하는 한, 쓸 수 있는 마케팅 무기라고는 가능한 한 광고를 많이 하거나(이 방식은 비용이 많이 든다), 가격을 할인하는 것뿐이다(이 방식은 위험하다). 당신이 코스트코, 월마트 같은 거대 기업이 아니라면 가격 경쟁력이 차별화 요소는 될 수 없다. 그것은 당신이 이길 수 없는 싸움이다.

그런데 이 상황까지 오면 많은 기업이 자신의 어리석음을 깨닫고, '최고 제품' 또는 '최고 품질' 같은 의심스럽고 정량화할 수 없는 주장을 하기 시작한다.

제품이나 서비스의 질에서
수익이 나오는 것은 아니다

당신이 갓 구운 빵을 팔든 회계 서비스를 제공하든 IT 기술 지원을 하든, 당신이 수행하는 마케팅 방식은 어떤 고객을 유치할 것인지, 그리고 서비스에 어느 정도의 가격을 매길 것인지에 큰 영향을 미치게 되어 있다. 그런데 사업자들은 대체로 제품이 모든 것을 좌우하기 때문에 더 나은 품질의 제품이나 서비스만 있다면 사람들이 자동으로 더 많은 돈을 내고 살 것이라고 생각한다.

물론 어느 정도는 사실이지만, 당신의 제품이나 서비스가 '적정 수준'에 도달하면 수익 감소의 법칙이 적용되기 시작한다. 당신의 빵, 회계 서비스, IT 지원이 경쟁자보다 얼마나 더 좋아질 수 있을까? 당신 회사가 어느 정도 경쟁력을 갖추면 그때부터 **진정한 수익은 당신을 어떻게 마케팅하느냐에서 나온다.**

세계 수준급의 바이올리니스트는 얼마나 돈을 벌까? 그것은 그(그녀)가 자신을 어떻게 마케팅하느냐에 달려 있다. 조슈아 벨Joshua Bell의 연주를 들어본 적이 있는가? 그는 분당 1,000달러를 받지만 전 세계 어디를 가도 관객이 넘쳐난다. 그는 1713년에 만들어진 스트라디바리우스 바이올린으로 연주하는데, 이 바이올린의 가격은 350만 달러(44억 원)나 나간다. 300년 가까이 된 이 특별한 스트라디바리우스 바이올린은 지금까지 만들어진 바이올린 중 가장 아름다운 소리를 내는 것으로 유명하다.

그러니까 지금 세계에서 가장 훌륭한 바이올리니스트가 지금까지 만들어진 바이올린 중에서 가장 아름다운 소리를 내는 바이올린으로 연주하는 것이다. 이 정도면 벨은 음악가로서, 그리고 그가 하는 일에 있어서 세계 최고라고 말해도 무방하다. 그가 절정의 인기를 구가하고 있을 때, 미국 일간지 《워싱턴포스트》(WP)가 그를 내세운 사회적 실험을 시도했다. WP는 2007년 1월 12일 아침, 벨을 거리의 악사처럼 분장시켜 시내 지하철 역 앞에서 한 시간 동안 연주하게 했다. 그 한 시간 동안 수천 명의 사람들이 지나가며 그의 연주를 들었다. 벨은 그 유명한 바이올린 케이스를 열어놓고 클래식 명곡을 연주했다. 세계에서 가장 훌륭한 바이올리니스트가 가장 아름다운 소리를 내는 350만 달러짜리 바이올린으로 한 시간 동안 연주하며 얼마나 벌었는지 아는가? 겨우 32달러였다.[*]

세계 최고의 바이올리니스트가 가장 아름다운 악기로 연주하고도 그의 '고객'으로부터 번 돈이 고작 32달러였다니! 바로 며칠 전 그가 보스턴의 공연장에서 연주회를 가졌을 때 그 연주회 티켓값이 한 장에 100달러가 넘었다. 그 연주회에서 그는 시간당 6만 달러 이상을 벌었다.

같은 바이올린으로 같은 곡을 연주했는데 한 곳에서는 시간당 32달러를, 다른 곳에서는 시간당 6만 달러를 벌었다. 무엇이 그런 극적인 차이를 만들었을까? 한마디로 하면 그것이 바로 '포지셔닝'이다.

---

[*] 1pmp.com에 들어가면 조슈아 벨의 사회 실험 비디오를 볼 수 있음.

만약 당신이 프로 음악가라 하더라도 자신을 지하철 거리의 악사로 포지셔닝한다면, '고객'은 당신을 거리의 악사로 보고 그에 걸맞은 돈을 지불할 것이다. 반대로 당신이 콘서트 공연자로 포지셔닝한다면 당신은 전혀 다른 고객을 끌어모으면서 역시 그에 걸맞은 돈을 받을 것이다. 그러니까 달리 입증되지 않는 한, 사람들은 당신이 스스로를 어떻게 평가하느냐에 따라 당신을 인정한다는 것이다.

물론 높은 수준의 공연을 할 수 없으면서 자신을 프로 음악가로 포지셔닝하며 고객을 속일 수는 없다. 어떤 회사를 운영하든 마찬가지다. 하지만 높은 품질의 제품이나 서비스를 보유하고 있으면서도 프리미엄 가격을 적용하거나 수준 높은 고객을 유치하는 등 당신을 높은 수준으로 포지셔닝하지 못하는 이유는 무엇일까?

바로 당신 자신을 상품으로 포지셔닝하고 가격만으로 경쟁하려 들기 때문이다. 이를 중단하면 사업 수익은 놀랄 만큼 달라질 것이다.

귀찮은 존재에서 환영받는 손님으로

반가운 친구가 현관 앞에 갑자기 나타나면 기분이 어떤가? 낯선 방문 판매원이 가족 모임이나 저녁 식사 시간을 방해했을 때의 기분은? 두 경우의 차이는 무엇일까? 반가운 친구는 당신이 친밀한 관계를 맺고 있는 환영하는 손님이지만, 방문 판매원은 그저 귀찮은 존재일 뿐이다. 그가 누구이고 어디서 왔는지도 모른다. 게다가 당신은 그가 팔려고 하는 것을 필요로 하지도 않는다.

환영받는 손님은 당신의 삶에 가치를 가져다주지만, 귀찮은 존재는 단지 당신을 방해하고 시간을 빼앗을 뿐이다. 당신이 잠재고객에게 다가갈 때, 귀찮은 존재가 아니라 환영받는 손님으로 대접받을 수 있다면 얼마나 좋겠는가? 잠재고객이 두 팔을 벌려 환영하고 당신이 제공하려는 것에 깊은 관심을 보인다면, 판매는 갑자기 훨씬 더 쉽고 즐거운 일이 될 것이다. 이것이 바로 내가 원하는 것이다. 나는 당신이 회사와 마케팅에서 이런 변화를 만들어내기를 바란다. 귀찮은 존재에서 환영받는 손님으로 변신하라.

대부분의 기업은 잠재고객과 신뢰를 쌓기도 전에 판매를 시도한다. 그들은 무턱대고 전화하거나 더 이상 통하지 않는 낡은 방식으로 광고를 한다.

이 경우 문제는 잠재고객은 당신이 누구인지, 무슨 일을 하는 회사인지 전혀 모르는 상태에서 다짜고짜 물건을 사라고 요청받는 것과 다를 바 없다는 것이다. 누구인지 알지도 못하고, 당신을 좋아하지도 않으며, 아직 신뢰하지도 않는데 말이다.

그것은 마치 첫 데이트에서 청혼하는 것과 같다. 물론 이 방법이 어쩌다 한 번은 효과가 있을지 모르지만, 가능성이 희박한 그런 전략에 당신 회사의 운명을 걸겠는가. 결국 거래를 성사시킬 확률은 10명 중 1명 또는 20명 중 1명꼴로 낮아지고, 가망이 없는 잠재고객을 상대하며 시간과 에너지, 비용의 대부분을 낭비할 것이다. 게다가 효과도 없는 광고에 많은 돈을 허비하게 될 것이다.

당신이 그저 막연하게 일반적인 광고를 한다면, 비록 잠재고객들이 "그럼요, 언제 시간 되면 만납시다"라든가 "그럼요, 도와드릴게요"라고 말한다 해도 그들은 여전히 당신을 거의 기억하지 못하며 그저 가격만 비교해보고 결정할 것이기 때문에 진정한 구매고객으로의 전환율은 생각보다 크지 않다.

안타깝게도 이 단계에서 많은 사업주가 '희망'이라는 허황된 마약에 취한다. 이 마약은 실제로 잠재고객은 당신에게서 물건을 살 의사가 전혀 없는데도, 단지 눈앞에 관심고객이 있다며 당신을 안심시키는 긍정적인 신호를 보낸다. 이 마약의 효과는 특히 잠재고객이 "제품에 대해 좀 더 설명해 주시겠어요?"라고 말하거나 "견적을 내주세요" 또는 "더 많은 정보를 보내주세요"라고 말할 때 활성화된다. 안 그런가? 누군가가 전화를 걸어 당신이 제공하는 상품에 관심을 보이면, 즉시 그것이 판매로 이어질 것이라는 흥분에 휩싸인다는 말이다.

그러다 며칠, 몇 주가 지난 후에도 그들을 계속 설득하지만 마침내 묵살당하고는 충격을 받는다. 당신은 그들과 대화를 잘 나눴다고 생각했고, 그들도 당신의 제안에 관심을 보였지만 갑자기 모든 게 식어버린다. 당신은 그들에게 한두 번 다시 전화해본다. 후속 이메일까지 보내보지만 아무런 응답이 없다. 그렇게 그냥 사라져버리고 마는 것이다. 당신은 판매할 기회를 놓쳤음을 알지만 무엇을 잘못했고, 제품에 무슨 문제가 있어서 그랬는지 알지 못한다. 그제야 비로소 잠재고객을 육성하는 과정이 매우 고통스럽고 힘들다는 것을 깨닫는다.

'희망'이라는 마약은 매우 위험하다. 처음부터 잠재고객이 실제로 생각하고 있는 진실에 기초하지 않았기 때문이다. 그런 허황된 희망에서 빨리 깨어날수록, 당신이 제시한 솔루션에 만족하지 않는 잠재고객을 좇느라 시간을 허비하는 것을 더 빨리 막을 수 있다.

시간이 지나면서 잠재고객은 점점 더 회의적으로 바뀌었다. 그들은 너무 많이 속아왔기 때문에 당신을 쉽사리 믿지 않는다. 여기서 문제는, 앞서 말했듯이 0에서부터 시작하는 것이 아니라 마이너스 상황에서 시작한다는 현실이다. '어떻게든 거래를 성사시켜 물건을 팔아야 한다'는 낡은 접근 방식은 더 이상 먹히지 않는다. 그렇게 접근해서는 당신을 아직 믿지 못하는 잠재고객의 짜증만 불러일으킬 뿐 결국 아무것도 얻지 못한다.

그보다는 '계속 교육하고 정보를 제공한다'는 접근 방식을 취해야 한다. 그들에게 정보를 제공하고 교육시킴으로써 그들과 신뢰를 쌓고, 그 과정에서 당신 자신을 전문가로서 포지셔닝하며 관계를 형성할 수 있다. 교육을 통해서만이 판매자와 구매자 모두에게 판매 과정이 한결 수월해진다.

앞 장에서도 설명했지만, 당신이 가장 먼저 해야 할 일은 잠재고객에게 성급하게 물건을 팔려고 하지 말고 그들이 자신의 문제를 좀 더 잘 알 수 있도록 가치 있는 제안을 하는 것이다. 무료 보고서, 무료 인터뷰, 무료 동영상, 온라인 세미나 등은 당신이 사용할 수 있는 훌륭한 교육 도구다.

물건 파는 것을 자제함으로써 당신은 2가지를 성취할 수 있다. 첫째는 그렇게 함으로써 잠재고객에게서 무언가를 받기 전에 이미 그들에게 무언가를 주어왔음을 보여줄 수 있다는 것이다. 이것은 나중에 그들이 구매를 결정할 때 판매 저항을 무너뜨리는 역할을 한다. 둘째는 그렇게 함으로써 당신이 단지 물건을 파는 사람이 아니라 교육가이자 자기 분야의 전문가임을 보여줄 수 있다. 생각해보라. 당신은 그저 수수료가 탐나서 판매를 강요하는 영업사원에게서 물건을 사고 싶은가, 아니면 관심사를 함께 연구하며 문제를 해결해주기 위해 도우려는 전문가에게서 물건을 사고 싶은가?

지금 당장 물건을 판매하려고 하지 말고, 당신의 제품이나 서비스가 다른 모든 경쟁자와 비교해 상대적으로 더 나은 점을 교육과 상담을 통해 알리면서 고객에게 다가가라.

다시 한번 강조하거니와 이 말을 반드시 명심하라. 당신에게 엄청난 가치를 가져다줄 것이다.

솔직히 말해, 강압적이고 신뢰할 수 없는 영업사원으로 보이기를 원하는 사람은 아무도 없을 것이다. 당신이 스스로를 잠재고객의 문제를 진단하고 해결책을 처방하는 의사라고 생각한다면, 당신은 신뢰할 수 있고, 학식 있고, 유식하고, 유능하고, 자질 있고, 자신감 넘치고, 능력 있는 조언자로서 훨씬 더 편안하게 영업할 수 있을 것이다.

당신의 잠재고객에게 바로 그런 사람, 즉 그들을 교육하고 그들을 위해 문제를 해결하는 사람으로 인식되어야 한다.

내가 생각하는 기업가란 다른 사람들의 문제를 해결해주고 이익을 얻는 사람이다.

요컨대, 잠재고객이 당신을 영업에 종사하는 사람이라고 단 1초도 생각하게 해서는 안 된다. 이를 위한 가장 좋은 방법은 고객 보살핌 시스템nurturing system을 활용해 조언과 자문의 형식으로 판매를 하는 것이다. 당신은 스스로를 변화의 주체이자 잠재고객의 삶에 큰 가치와 혜택, 이익을 창출해주는 창조자로 인식해야 한다.

또한 당신이 속한 분야나 산업의 전문가가 되어야 한다. 그러나 사실 모든 영업사원이 전문가가 되려고 노력하고 있다. 다만 그들의 마케팅에 문제가 있을 뿐이다. 2장에서 예로 들었던 그 커피숍도 최고의 커피를 만들기 위해 노력하고 있었다. 다만 그 사실을 제대로 마케팅하지 못했을 뿐이다.

조언과 자문을 해주는 판매는 사업주에게 가장 비용 효과적이고,

지속적이며, 인상적이고, 강력한 마케팅 전략이다.

잠재고객에게 당신 제품을 강요하는 대신 그것이 제공하는 이점에 대해 자문, 조언, 교육을 꾸준히 한다면, 이제 관계의 균형을 유지하는 것은 전적으로 당신 손에 달려 있다. 그것이 오늘날 우리가 사는 혼란스러운 세상에서 구매자에게 빼앗겼던 힘을 되찾오는 유일한 방법이다. 그러니 이제 강압적인 판매는 중단하고 잠재고객에 대한 교육과 조언으로 시작하라. 고객들은 당신에게 더 고마워할 것이고, 당신의 비즈니스는 그만큼 성장할 것이다.

신뢰는 만들어가는 것이다

대부분 사람들은 덩치만 크고 둔한 대기업과 거래하는 것을 그다지 좋아하지 않는다. 형편없는 서비스, 직원들의 무관심한 태도, 타인을 고려하지 않는 관리 방식이 대기업의 특징이라고 생각한다. 하지만 우리는 더 나은 선택지가 있다는 것을 알면서도 어떤 이유에선지 대기업과 계속 상대하고 있다. 가장 큰 이유 중 하나는 편리함 때문이다. 비록 짜릿한 경험은 없을지 몰라도 적어도 끔찍한 경험은 없기 때문이다. "모르는 악마보다는 아는 악마가 낫다"는 속담도 있지 않은가. 사람들은 중소기업의 경영자가 부도를 내고 야반도주하거나 그 영업사원이 가짜 물건을 팔거나 하는 얘기를 많이 듣고 경험하면서 중소기업에 대한 불신이 있다. 사람들은 대기업이 최고의 서비스를 제공하지는 못할 수는 있지만, 적어도 그들에게 사기는 당하지 않을 것이라고 생각한다.

영세 사업자라면 당신은 상당히 불리한 위치에 있다. 당신 회사에 대해 깊이 알아본 고객이라면 당신과 당신 회사가 좋은 서비스를 제공한다고 믿을 수 있겠지만, 대다수 고객들은 그런 노력을 기울이지 않는다. 그들은 대개 대충 훑어보고 겉모습으로 당신을 판단한다.

따라서 지금까지 설명한 바처럼 신뢰와 자신감을 전달하는 방식으로 사업을 운영하는 것이 갈수록 중요하다. 기술의 전략적 사용도 경쟁의 장을 평준화할 수 있는 한 가지 방법이다. 얼마 전까지만 해도 소기업들은 비용 부담 때문에 비즈니스 기술 도구에 대한 접근이 어려웠지만, 오늘날 인터넷, 소프트웨어의 서비스화(SaaS), 클라우드 컴퓨팅의 등장으로 적어도 기술 부분에서 경쟁의 장은 크게 평준화되었다.

다음은 기술을 이용해 당신 회사를 더 크고 전문적으로 보이게 만드는 몇 가지 저렴한 방법이다. 이러한 도구들은 중소기업에 대한 신뢰 편향과 싸울 때 뿐만 아니라 회사를 좀 더 효율적으로 운영하고 확장하는 데 도움이 된다.

1. **웹사이트:** 잠재고객은 웹사이트를 통해 회사를 확인한다. 웹사이트에서 다음과 같은 사항을 주의하면, 당신의 회사를 훨씬 더 신뢰할 만하고 전문적이라고 생각할 것이다.

- 전화번호가 게시되지 않은 경우: 전화번호는 각 페이지의 맨 위에 눈에 띄게 보여야 한다.
- 실제 사업장 주소 대신 사서함 주소로 되어 있거나 주소가 아예 보이지 않는 경우: 재택근무를 하는 회사라 하더라도 가상 사무실 서비스를 활용해 고객을 만나거나 웹사이트에 회사의 주소를 표시하라.
- 개인정보보호 정책이나 개인정보 이용 약관이 없는 경우: 이에 대한 템플릿을 온라인에서 쉽게 구할 수 있다.
- 디자인이 조악하거나 싸구려같이 보이는 경우: 디자인을 소홀히 하지 마라. 비용을 절약하기 위해 직접 웹사이트를 구축하더라도 사용하기 쉽고 저렴하며 매력적인 웹사이트 템플릿이 많이 있다.

2. **이메일 주소:** 많은 중소기업이 자신의 도메인이 붙은 이메일 주소를 사용하지 않고, Hotmail, Gmail 또는 ISP가 발급한 이메일 주소를 사용한다. johnny14@gmail.com과 john.smith@company.com 중 어느 것이 더 신뢰할 만한가?

3. **전화번호:** 전화번호는 당신에 대해 많은 것을 말해줄 수 있다. 전국

무료 전화번호나 무료 '배니티' 번호vanity number(가입자가 마케팅 목적으로 쉽게 기억할 수 있는 단어나 번호를 지정하는 무료 전화번호. 예를 들어 2424, 8282 등-옮긴이)를 사용하면 전국 어디서나 쉽게 접속할 수 있다. 이런 시스템은 라디오나 광고판처럼 잠재고객이 짧은 시간 안에 당신의 전화번호를 기억하는 데 도움이 된다.

4. **CRM:** 앞 장에서 설명한 바와 같이, CRM은 당신의 마케팅 신경 센터이다. CRM 시스템은 고객의 상세 정보를 추적하고 고객 관리를 자동화하고 후속 조치를 하는 데 도움이 된다. CRM은 스프레드시트나 임시 파일링 시스템보다 고객 기록을 관리하는 데 훨씬 더 효율적인 방법이다.

5. **티켓팅 시스템:** 고객 지원이나 문의 사항을 처리할 때 티켓팅 시스템ticketing system을 이용하면 회사나 고객 모두 요청한 사항을 추적할 수 있어서 정보 업데이트, 전화 통화 및 이메일에 응답해야 하는 직원의 부담을 크게 줄일 수 있다. 또 잠재고객들은 자신의 요청이 어떻게 처리되고 있는지 추적할 수 있어서 자신의 요청이 오리무중 상태가 아님을 안다.

앞서 설명했듯이 이러한 도구들은 중소기업에 불리한 신뢰에 대한 편견을 없애는 데 도움이 된다. 당신의 능력 이상을 보여줄 수 있고 이제 막 시작하는 회사일지라도 전문 조직처럼 보이게 만들 수 있다.

물론 이런 도구들이 우수한 제품이나 서비스를 대체할 수는 없지만, 적어도 당신의 비즈니스를 바라보는 사람들의 인식은 바꿀 수 있다. 머지않아 인식은 곧 현실이 될 것이다.

불안을 잠재우는 확실한 보장

아이스크림 가게에서 맛보기용 스푼을 처음 보았을 때, 나는 우리 모두가 얼마나 위험을 회피하려 하는지를 새삼 깨달았다. 아이스크림을 사려는 사람들은 앞선 사람들이 작은 플라스틱 스푼으로 여러 아이스크림을 맛보는 동안 줄을 서서 기다린다. 맛보지 않고 아이스크림을 샀다가 후회하지 않기 위해서다.

기업들은 이런 과감한 보증 형태를 통해 위험을 회피한다. 회사는 제품이나 서비스가 잠재고객의 마음에 들지 않을 경우 잠재고객을 잃는 것 이상의 피해를 볼 수 있기 때문이다. **과감한 보증은 단지 사후에 '환불해준다'거나 '만족을 보장한다'거나 하는 평범하고 고루한 방식보다 훨씬 더 강력해야 한다.** 잠재고객의 마음에 들지 않을 경우 더 큰 손해를 본다고 생각하는 편이 오히려 판매를 더 쉽게 성사시킬 수 있으며, 잠재고객의 머릿속에서 당신에 대한 경고음이 울리는 것을 보다 쉽게 막을 수 있다.

실용적인 예를 들어보자. 사업을 위해 IT 회사를 고용해야 한다면 당신은 무엇이 걱정되는가? 다음 몇 가지 사항이 먼저 떠오를 것이다.

그들이 신참 기술자를 보내 현장실습하듯 빈둥거리면서 높은 요금을 청구하지는 않을까, 지원이 급하게 필요할 때 지원 업무를 제대로 해줄까, 문제가 다시 재발하지는 않을까, 무슨 일을 어떻게 처리했는지 알아듣기 쉽게 설명해줄까. 고객이 느낄 만한 이러한 불안에 대해 회사는 다음과 같은 보장을 할 수 있다.

> 우리는 자격을 갖추고 경험이 풍부한 IT 컨설턴트로 하여금 귀사의 IT 문제를 해결하고 재발하지 않도록 보장합니다. 그들은 귀사의 요청이 있으면 15분 이내에 전화 회신을 하고 항상 쉬운 용어로 설명해 줄 것입니다. 만약 우리가 이 약속 중 어느 것이라도 이행하지 않는다면, 언제든 말씀해주십시오. 그러면 컨설팅 금액의 2배를 돌려드립니다.

단순히 "만족을 보장해드립니다" 같은 모호하고 막연한 약속과는 다르지 않은가?

이 방식이 정말 효과를 내려면, 남들이 흔히 쓰는 만족, 서비스, 품질, 신뢰성 보장 같은 모호하고 상투적인 단어를 피해야 한다. 매우 구체적이어야 하며, 잠재고객이 거래에 대해 가지고 있는 두려움이나 불확실성을 완전히 제거할 수 있어야 한다.

예를 들어 당신이 해충 방제 사업을 하는 회사라면, 당신의 고객은 다음과 같은 사실을 알고 싶어 할 것이다.

방제 작업 후 해충이 다시 생기지는 않을까, 방역 작업자들이 집 안을 더럽히지는 않을까, 가족이나 애완동물이 방제약품으로 피해를 입지는 않을까. 이러한 고객의 두려움에 당신이 제공할 수 있는 '확실한 보장'은 다음과 같다.

> 우리는 귀하의 집에 다시는 개미가 나오지 않을 것을 보장하며, 어떤 독성 화학물질도 사용하지 않을 것이며, 작업 후 떠날 때에는 처음과 똑같이 깨끗하고 정돈된 상태를 유지할 것을 보장합니다. 제공된 서비스가 마음에 들지 않으시다면 말씀해주십시오. 언제든 환불해드리겠습니다.

이런 보장이 위험하다고 느껴지는가? 당신이 하는 일이 형편없다면 그럴 수 있다. 하지만 당신이 고객에게 우수한 서비스를 제공하고 그를 위해 직원을 꾸준히 교육한다면 위험은 거의 없다. 오히려 잠재고객의 위험 부담을 제거함으로써 더 쉽게 거래를 성사시킬 수 있다. 사실 관련 법률에 의거해 제품 및 서비스의 품질에 대한 보증이나 충족되지 않을 경우 문제를 해결하는 것이 의무화되어 있을 수도 있다.

어차피 법적으로 의무화되어 있을 가능성이 높다면, 미리 마케팅에서 그것을 강조하고 홍보하는 것이 어떨까?

보증과 관련해 이야기할 것이 하나 더 있다. 당신이 윤리적인 경영자라면, 이미 보장을 시행하고 있을 가능성이 크다. 다만 마케팅에서 이를 유리하게 사용하지 않을 뿐이다. 그러니 이미 하고 있는 일에 대해 마케팅에서 강조하지 않을 이유가 없다. 대부분의 사람들은 정직하기 때문에 그들이 약속된 서비스를 받았다면 보장을 근거로 터무니없는 요구를 하지는 않는다. 설사 보장을 악용하는 사람이 있다고 해도 막연한 기존의 뻔한 보장보다 강력한 보장을 제시하는 것이 더 많은 고객을 끌어모으고 남들보다 훨씬 앞서는 계기가 될 것이다.

현명한 기업가들은 걱정 많고 회의적인 잠재고객의 관점으로 회사를 바라보고, 인지된 위험을 반전시킴으로써 판매로 가는 길을 훨씬 더 원활하게 만든다. 그러면 고객들은 당신보다 더 위험해 보이는 경쟁자에게 가지 않고 당신 회사의 고객으로 그대로 남을 것이다.

결과 지향적인 강력한 보장은 당신의 고객에게도 멋진 경험을 선사할 것이다. 이것만으로도 확실한 보장은 그 보람과 가치가 있다. 당신의 고객들은 여전히 두려움에 사로잡혀 있다. 마케팅에서 그런 두려움의 정체를 밝히고 그에 대한 보장을 제공할 때, 당신은 경쟁자들을 압도하게 될 것이다.

5가지 가격 전략

제품 또는 서비스에 가격을 매기는 것은 비즈니스에서 중요한 결정 중 하나다. 이는 회사의 재무 상황에서부터 당신 회사가 시장에서 어떻게 인식되느냐에 이르기까지 모든 부분에 영향을 미친다. 그런데도 가격의 심리학과 마케팅에 미치는 영향에 대한 관심은 여전히 부족하다.

제품 가격은 매우 중요한 포지셔닝 지표다. 롤스로이스나 페라리 같은 고급 명차들이 가격을 책정할 때, 단지 재료값을 합산한 다음 적절한 이윤을 붙여 가격을 매긴다고 생각하는가? 전혀 그렇지 않다. **가격은 제품 포지셔닝의 핵심이다.**

이 장 앞부분에서 설명한 것처럼 당신을 물건 파는 사람이 아니라 교육가나 신뢰할 수 있는 조언자로 포지셔닝하면 가격을 책정할 때 훨씬 더 유연해진다.

물론 그런 일이 없기를 바라지만, 만일 당신이 심장 수술을 해야 한다면 가장 저렴한 심장 외과의를 찾겠는가? 아마도 그렇지 않을 것이다.

대부분 사업주들은 경쟁사의 가격과 비교해 자사 제품의 가격을 책정한다. 업계에서 선두를 달리는 주자보다 약간 낮은 가격을 설정하는 게 일반적인 방식이다. 가격을 책정하는 또 다른 방식은, 원가를 합산하고 적절하다고 생각되는 만큼의 이윤을 더하는 방식이다.

물론 이 2가지 모두 사용할 수 있다. 하지만 마케팅이나 가격의 심리적 영향을 고려하지 않는다면 제값을 매기지 못하고 엄청난 돈을 잃어버리는 결과를 초래할 것이다.

1. 선택의 폭은 넓을수록 좋을까?

어떤 업계든 대부분의 제품이나 서비스는 다양한 선택을 제공하거나 여러 가지 기본 사양을 제시한다. '자동차의 왕' 헨리 포드는 최초의 대량생산 자동차 '모델 T'를 출시하면서 "검은색이기만 하면 고객이 원하는 어떤 색이든 제공합니다"라는 유명한 말을 남겼다(검은색만 가능하다는 것을 유머러스하게 표현한 말-옮긴이).

끊임없이 증가하는 개인주의에 힘입어 무한한 선택과 개성 표현을 강조하는 오늘날의 풍조와는 반대로 보이기는 하지만, 모든 기업가가 새겨들을 필요가 있다. 과연 우리는 고객에게 얼마나 많은 선택지를 줘야 할까?

통념상으로는 고객에게 더 많은 선택지를 제공할수록 판매가 더 많이 이루어지리라 생각한다. 하지만 전혀 그렇지 않다는 것이 계속 증명되고 있다.

컬럼비아대학교 경영학과 교수 쉬나 아이엔가Sheena Iyengar의 유명한 실험이 이를 잘 보여준다. 아이엔가 교수팀은 캘리포니아의 한 먹거리 시장에 잼을 시식하는 부스를 차렸다. 그들은 한쪽에는 6가지 잼을, 다른 쪽에는 24가지 잼을 선택할 수 있게 했다. 하지만 잼의 가짓수와 상관없이 고객들은 두 종류의 잼만을 시식했다.

흥미로운 사실은, 60%의 고객이 잼 종류가 더 많은 곳을 선택했고, 6가지 잼을 선택한 고객은 40%였다. 그러나 6가지 잼이 있는 부스에서는 고객 30%가 시식한 후 잼을 구매했지만, 24가지 잼이 있는 부스에서는 고객의 단 3%만이 잼을 구매했다.

결론은 너무 많은 선택권이 주어지면 실제로 판매를 방해할 수 있다는 것이다. 이 연구 결과는 심리학적으로 사람들이 지나치게 많은 선택지 앞에서 두려움을 느끼고 당황한다는 사실을 시사한다. 최선의 선택을 하지 못하리라는 두려움 때문에 아무런 선택도 하지 못한다는 것이다.

애플의 빅히트 제품을 보라. 모두 두세 가지 옵션만 제공한다. 아마도 선택지가 너무 적은 것과 선택지가 너무 많아 뇌에 과부하가 걸리는 것 사이의 행복한 중간 지점을 택한 것으로 보인다.

이런 측면에서 가격 전략을 짠다면 서비스 또는 제품을 '표준 버전'과 '프리미엄 버전' 2가지로 제공하는 것이다. 프리미엄 버전은 표준 버전보다 약 50% 높은 가격이 붙지만 표준 버전보다 2배 이상의 가치를 제공한다.

이 전략을 사용할 때는 프리미엄 버전이 표준 버전보다 정말로 확실하게 더 많은 가치를 제공하는 것이 중요하다. 적은 비용으로 일반과 프리미엄 버전의 품질 차이를 극명하게 낼 수 있다면 이 전략은 더욱 효과적인데, 이는 가격 차가 손익계산에서 순이익으로 그대로 반영되기 때문이다.

2. '무제한' 옵션의 효과

대부분 사람들은 위험 회피에 매우 예민하다. 그들은 데이터 사용비, 의료비, 컨설팅 비용 등에서 예상치 못한 요금이 나올까 봐 전전긍긍한다.

앞서 설명했지만, 이런 위험을 제거할 수 있다면 판매 기회를 크게 늘릴 수 있다. 이를 위한 훌륭한 전략으로 고정 가격에 제품 또는 서비스의 '무제한' 옵션을 제공하는 방안이 있다.

예를 들어 IT 회사는 매달 정해진 요금으로 '무제한' 기술 지원을 제공할 수 있고, 식당은 '무제한' 음료 리필 등을 제공할 수 있다. 영세 사업주들은 무제한 옵션을 남발하면 파산하지는 않을까 우려하지만, 그런 우려는 공정한 사용을 허용하되 남용은 막는다거나 제한하는 계약 조건으로 얼마든지 쉽게 해결할 수 있다.

특히 특정 기간 내에 소비해야 하는 제품을 판매하는 경우, 무제한 옵션의 위험은 매우 낮아진다. 시간 경과에 따른 평균 거래 가격을 조사한 다음, 평균의 법칙을 사용해 무제한 옵션을 제공하는 데 드는 비용을 정확하게 파악할 수 있기 때문이다.

구매 시점에서는 많은 사람이 제품이나 서비스를 얼마나 많이 사용할지 과대평가하는 경향이 있다. 내가 산 복근 운동 기계가 바로 그 증거다! 따라서 무제한 옵션을 제공함으로써 사람들의 심리를 활용해 수익을 늘릴 수 있고 초과 요금에 대한 우려도 제거할 수 있다.

3. 최상급 상품을 갖춰라

모든 시장에는 같은 목적의 물건 중에 최고 제품만 사려는 극소수 층 사람들이 있게 마련이다.

소비자들이 소위 '최고'를 구별하기 위해 가장 많이 사용하는 지표가 가격이다. 그들은 롤스로이스, 개인 제트기 등과 같은 호화 제품에 대해 기능적으로 유사한 다른 제품보다 10배, 20배 또는 100배의 가격을 기꺼이 지불한다.

당신 회사가 이런 종류의 초호화 제품을 팔지는 않더라도 일반 상품 중간중간에 특별한 제품을 구색으로 갖추지 않는다면 이 또한 벌 수 있는 돈을 포기하는 것과 같다.

최상급 제품은 적은 수량만 판매하더라도 회사 순이익의 상당 부분을 차지한다. 또 이런 최상급 제품을 취급하면 가격보다는 명성, 서비스, 편의성에 따라 쇼핑하는 부유한 고객층을 유치하는 데에도 큰 도움이 된다.

최상급 제품을 취급하는 또 다른 이점은, 당신이 제공하는 제품 범위에서 다른 옵션 제품군의 가격을 훨씬 더 합리적으로 보이게 만든다는 것이다. 경험칙에 따르면, 고객 중 10%는 10배 이상의 가격을, 1%는 100배 이상의 가격을 기꺼이 지불하는 고객들이다. 다시 강조하지만 당신이 제공하는 제품군 가운데 이런 최상급 제품이 없다면 벌 수 있는 돈을 포기하고 있는 셈이다.

4. 할인하고 싶은 충동에서 벗어나라

시장에서 경쟁이 매우 심하면 가격을 할인하고 싶은 강한 충동이 생긴다. 하지만 이 전략은 마진, 이익 그리고 시장 포지셔닝(이것이 가장 중요하다)에 대한 압박을 주기 때문에 매우 신중하게 사용해야 한다.

구체적인 미끼 상품 전략loss leader strategy이 없는 한 어떤 경우에도 할인은 피하는 게 좋다. 다만 미끼 상품 전략을 사용하는 경우라면 낮은 가격으로 일단 고객을 유인한 다음 더 높은 이윤의 제품이나 서비스를 사게 하거나(upsell) 끼워 파는(cross sell) 전략을 함께 구사한다.

할인보다 제공하는 상품의 가치를 높이는 것이 더 나은 전략이다. 예를 들어 보너스를 묶음으로 제공하거나, 수량을 더 주거나, 관련 서비스를 추가하는 것은 비용을 많이 들이지 않고 고객에게 실질적 가치를 제공할 수 있는 방법이다.

구체적으로 어떤 전략을 구사하든 간에 지속적으로 테스트하고 측정하는 것이 중요하다. 소비자는 감정의 동물이며, 언제나 순수한 이성적인 동기만으로 움직이지는 않기 때문이다.

가격 책정은 전체적인 마케팅 전략의 중심에 둬야 한다.

5. 구매하기 전에 먼저 경험하게 하라

얼마 전, 내 차의 컴퓨터 시스템에 오류 메시지가 떠서 근처 BMW 서비스센터에 들렀다. 몇 분 후 서비스센터 직원이 나타나 몇 가지 작은 조정을 했다. 그러더니 "이제 다 됐습니다"라고 말하고는 내가 잘 이해할 수 없는 자동차 전문용어로 몇 마디 덧붙였다. 나는 자존심이 추락하는 것을 막기 위해 그가 무슨 말을 하는지 알아들은 척하며 고개를 끄덕였다.

그러자 그가 내게 물었다. "자동차 관리 서비스를 예약해드릴까요? 자동차 관리 프로그램에 보증기간이 곧 끝난다고 나오는군요." 매출을 올리는 훈련이 아주 잘된 친구로군, 하고 생각했다. 나는 "그럼 다음 달 중순으로 예약하지요"라고 말했다. 그러자 서비스 직원은 이렇게 미리 서비스 예약을 하는 고객은 그날 하루 동안 대여 차량을 이용할 수 있다고 했다. 나는 속으로 생각했다. '대단해! 그러면 내 차가 서비스를 받는 동안 다른 사람에게 차를 태워달라고 부탁할 필요도 없겠지.' 나는 내 차보다 한 등급 상위 모델의 차를 대여해달라고 요청했다.

이쯤 되면 내 요청이 그에게 새 차를 판매할 기회라는 경종을 울려

주어야 한다. 지금, 보증기간이 막 지난 3년 된 차를 가지고 있는 기존 고객이 한 단계 상급 모델을 하루 동안 대여해달라고 요청하고 있으니 말이다. 절호의 판매 기회가 하늘에서 떨어진다면 바로 지금이 아니겠는가! 하지만 그 직원은 기회를 알아차리지 못했다. 그는 현재 보유 차종보다 등급이 낮은 차종 몇 가지만 대여가 가능하다며 사과했다. 그리고 나서 한 등급 낮은 차량도 충분히 좋다며 몇 분 동안 열심히 설명하는 모습이라니.

나는 그의 이마를 두드리며 소리치고 싶었다. "여보세요! 이 판국에 그렇게 할 말이 없어요? 여보세요!" 아니면 영화 〈귀여운 여인〉에서 창녀로 분한 줄리아 로버츠Julia Roberts가 고급 의상실에 두 번째로 들러 전날 자신을 무시했던 점원들에게 "당신들 큰 실수한 거야. 엄청난 실수지. 나 지금 쇼핑하러 가야 하거든"이라고 말하며 뛰쳐나가는 장면처럼 한마디 하고 싶었다. 하지만 나는 그러지 않았다. 나는 그에게 시간을 내줘서 고맙다고 인사하고는 "다음 달에 봅시다"라고 말하고 그 자리를 떠났다. 나는 방금 일어난 이 일을 직접 겪고도 믿을 수가 없었다.

그 서비스 직원은 정말 기회를 보지 못했을까? 그렇지는 않았을 것이다. 다만 '자동차 판매는 내 담당이 아니니까'라는 사고방식 때문이었을 것이다. 그는 아마도 이렇게 생각했을지 모른다. '나는 서비스 담당이야. 이 손님이 새 차를 시승하고 싶다면 그건 영업부로 가야 할 일이지.' 이것이 많은 기업에서 저지르는 실수다. 그들은 직원들을 '부서'로 구분한다. 따라서 영업부에 근무하지 않는 사람들은 영업과 관련된 일은 자신과 무관하다고 생각한다. 줄리아 로버츠의 말대로 큰 실수를 하는 것이다. 그것도 엄청난 실수다. 사업주로서 당신은 영업이 회사의 생명선이며 회사의 모든 직원이 영업 담당이라는 사실을 모든 직원에게 분명히 해야 한다.

모든 직원은 판매에 긍정적 혹은 부정적 영향을 미칠 기회를 만난다. 회사에서 어떤 업무를 담당하든 영업 기회에 대응하는 것도 그들의 업무임을 명확하게 인지시켜야 한다. 이를 인식시키는 가장 좋은 방법은 부서나 직책에 관계없이 판매에 대한 인센티브를 제공하는 것이다. 이를 통해 예상치 않게 누군가에게 감추어진 영업 재능을 발견할지도 모른다.

가장 쉬운 판매는 만족하고 있는 기존 고객을 대상으로 하는 것이다. 강요하거나 불쾌하게 생각하지 않도록 모든 직원에게 주의시켜야 함은 물론이다.

나는 그때나 지금이나 새 차를 살 준비가 되어 있진 않지만, 평소 눈여겨보던 차를 하루 동안 타볼 수 있다면 생각이 달라질 수도 있지 않았을까? 물론 그럴지도 모른다! 그러면 자동차를 사고 싶은 마음이 생겼을지도 모른다. 당근!

이것이 바로 또 다른 후속 조치 기술이다. 이 이야기는 당신의 후속 조치에 반드시 포함시켜야 한다. 바로 고객이 구매하기 전에 사용해 보게 하는 것으로, 무료 사용(무료 시식, 무료 시승 등) 또는 '강아지 판매 기법puppy dog close'이라고도 한다.

이 시나리오를 상상해보라. 당신은 새 강아지를 키우는 것이 좋은 생각인지, 혹은 이 품종이 적합한지 확신할 수 없다고 하자. 애완동물 가게의 판매원은 강아지를 집에 데리고 가서 며칠 함께 지내보고, 마음에 들지 않는다면 아무 조건 없이 반환해도 좋다고 말한다. 합리적으로 들리는가? 그래서 당신은 그 강아지를 집에 데리고 갔고, 당신과 아이들은 그 강아지를 데리고 밖에서 뛰어논다. 강아지는 아침에 당신이 출근할 때 코를 핥고, 저녁에 집에 돌아오면 문 앞에서 충실하게 당신을 기다린다. 당신과 가족은 자연스럽게 이 새로운 가족 구

이 귀여운 녀석을 일단 한번 데리고 살아보세요. 장담합니다!

성원(강아지)과 사랑에 빠진다. 결국 판매는 판매원의 설명이나 강요가 아니라 강아지 자체에 의해 이루어진다.

아주 간단하다.

이것은 더 많은 거래를 성사시키는 강력한 방법으로, 바로 '구매하기 전에 먼저 사용해보게 하라'는 마법에 바탕을 두고 있다. 이 기술을 사용하면 매출을 획기적으로 높일 수 있다. 첫째로는 판매에 대한 저항감을 줄이고, 돌이킬 수 없는 실수를 저지를지 모른다는 잠재고객의 두려움을 덜어주기 때문이다.

둘째로는 판매를 반전시킬 책임이 구매자에게 감으로써 관성이 당신에게 유리하게 작동한다. 마지막 셋째로는 진정한 고객은 자신의 요구를 충족시키는 좋은 제품을 반품할 가능성이 매우 낮다는 것이다. 당신의 회사에서 '모든 사람이 영업사원'이라는 사고방식을 실현하고 이 사고방식을 '구매하기 전에 먼저 사용해보라'는 제안과 결합하면 구매고객으로의 전환율은 획기적으로 향상될 것이다.

영업을 방해하는 부서는 단호히 없애버려라

대기업이든 중소기업이든, 많은 회사에 정작 고객의 구매를 어렵게 하는 요소가 많은 걸 보면 항상 놀라움을 금치 못한다. 마치 구매 과정을 고통스러운 경험으로 만들며 영업을 방해하는 부서가 있는 것처럼 느껴질 정도다. 불필요한 절차, 긴 양식, 융통성 없는 규칙 등은 관료제 정부만으로 이미 충분하다. 당신이 해야 할 일은 고객이 쉽게 물건을 살 수 있게 하는 것이다.

'현금만 받습니다'라든가 '신용카드 사용 시 최소 10달러가 더 붙습니다'라든가 '아멕스 카드 사용 불가'라고 적힌 표지판이 모두 영업을 방해하는 요소들이다. 이런 표지를 걸어놓은 회사들은 가맹점 수수료를 절약할 수는 있겠지만, 매출 손실, 고객 손실, 영업권 손실 등 훨씬 더 큰 손실을 보고 있다. 그들은 푼돈을 아끼려다 큰돈을 버리는 셈이다.

결제 방식은 당신이 아니라 고객이 선택할 수 있게 해야 한다. 또, 고객이 선호하는 결제 방식을 사용한다고 해서 추가 요금을 부과해서는 안 된다. 가맹점 수수료는 일반 가격에 흡수시켜야 한다. 마진이 너무 적어 가맹점 수수료를 일반 가격에 반영할 수 없다면, 당신은 단순한 가맹점 수수료보다는 훨씬 더 큰 문제(전반적인 가격 정책)를 해결해야 한다.

2장에서 언급한 바와 같이, 구매고객으로의 전환율을 높이기 위한 또 다른 전략은 고가 제품에 대해서는 융통성 있는 결제 조건(할부)이나 자금 지원 방안을 제공하는 것이다. 이것이 판매를 좌우할 수도 있다. 그 이유는 첫째, 사람들은 보통 수입과 지출을 월 단위로 나누어 생각하는 경향이 있기 때문이다. 둘째, 사람들은 현재의 돈보다 미래의 돈에는 훨씬 덜 구애받기 때문이다. 현재의 돈은 당장 쓸 데가 많다. 일시금 지불이 아니라 월 단위의 할부금을 제안해 대금의 일부를 미래의 의무로 나누어준다면, 구매고객으로의 전환이 극적으로 증가할 것이다.

당신 회사에 판매로 전환하는 데 걸림돌이 될 만한 다른 사항은 없는지 계속 찾아보라. 잠재고객을 까다롭게 만들거나, 불필요한 양식을 작성하게 하거나, 실제로 필요하지 않은 절차를 따르도록 요구하고 있지는 않은가? 그런 장애물을 제거하거나 최소한 훨씬 더 쉽게 만들기 위해 어떤 방법을 강구할 수 있는가?

Do it!

6장 실행 과제

당신이 사용하는 구매고객 전환 시스템은 무엇인가?

1페이지 마케팅 플랜의 여섯 번째 칸을 채워보자.

제 3 막

후속 단계

후속 단계의 핵심

후속 단계는 잠재고객이 아니라 진짜 고객을 상대하는 과정이다. 고객은 당신을 좋아하는 사람이며, 적어도 한 번쯤은 당신에게 돈을 지불하겠다고 제안했던 사람들이다. 이 단계는 그들에게 최고의 경험을 제공해 열광적인 팬으로 만드는 단계다. 그런 다음 더 많이 거래함으로써 그들의 생애가치를 더 높이는 방법을 찾는다. 마지막으로 앞으로도 계속 추천이 이루어지는 환경을 조성한다.

이 마지막 단계의 목표는 당신 회사에 대한 고객의 신뢰를 더욱더 높여 더 많은 제품을 구입하도록 장려하는 것이다. 이 단계에서 고객과의 관계는 더욱 깊어지고, 고객과 더 많은 거래를 하면서 계속 더 많은 추천을 받는 '선순환'이 이어진다.

7 장

최고의 경험을
제공하라

고객에게 최고의 경험을 제공해 계속 구매를 원하는 열광적인 팬으로 만들 수 있다. 최고의 경험을 제공하려면 회사에서 시스템을 구현하는 기술을 현명하게 활용할 줄 알아야 한다.

이 장에서 다루는 주요 내용

- 열광적인 팬을 만드는 것이 회사의 성공에 중요한 이유와 열광적인 팬을 구축하는 방법

- 회사의 2가지 중요한 기능

- 지루하고 평범한 제품이나 서비스를 혁신하는 방법

- 회사에서 기술을 사용하는 목적과 기술을 마케팅에 활용하는 방법

- 회사의 숨겨진 자산을 발굴하는 데 시스템이 중요한 이유

- 회사의 성공을 실질적으로 보장하는 4가지 주요 시스템

- 회사 내 가장 큰 장애물을 제거하는 방법

열광적인 팬 집단을 구축하라

'부족tribe'이란 서로 간에 연결되어 있을 뿐만 아니라, 리더와도 연결되어 있고, 하나의 아이디어와도 연결된 집단을 말한다[이 정의는 세스고딘Seth Godin의 훌륭한 책 『트라이브즈』(시목, 2020)에서 따온 것이다]. 수천 년 동안 인간은 항상 어느 한 부족의 일부였다.

특별한 기업은 평범한 기업과 구별된다. 그들은 단순한 고객이 아니라 열광적인 팬 집단, 즉 그들만의 부족을 이끌고 있다. 당신의 회사에서 부족 구성원이란 특별한 유형의 고객을 말한다. 그들은 당신의 비즈니스 성공을 위해 적극적으로 응원하고 협력한다. 부족 구성원들은 마케팅 메시지를 증폭시키고, 광고의 힘만으로는 도달하기 힘든 수준에까지 퍼뜨린다. 그런 부족의 리더가 될 수 있는 특별한 기업에는 특징이 있다.

- 고객에게 끊임없이 감동을 주어 열광적인 팬으로 바꾼다.

- 고객과 평생 관계를 구축하며 평생 고객을 육성한다.

- 고객과 거래하는 일을 쉽고 재미있게 만든다.

- 제품과 서비스를 중심으로 한 편의 드라마 같은 느낌을 연출한다.

- 멋진 경험을 안정적이고 지속적으로 제공하는 시스템을 갖추고 있다.

이번 장에서는 고객이 당신 회사를 믿고 여러 곳에 추천하며 더 많은 거래를 원하는 열광적인 팬으로 만드는 데 필요한 전략을 살펴볼 것이다. 이들은 당신을 추종하는 부족이므로, 이들을 잘 돌보기 위한 전략을 세우는 것은 매우 중요하다.

대부분의 평범한 회사들은 잠재고객을 고객으로 전환한 후에는(즉 잠재고객이 일단 당신에게 구매를 하면) 마케팅 노력을 중단한다. 고객과의 관계를 단지 '거래'만으로 보는 사고방식 때문에 회사는 한 발자국도 더 나아가지 못하고 성장이 가로막히는 것이다. 반면 특별한 회사는 모든 고객을 단지 한 차례의 수입을 발생시키는 존재가 아니라 계속적인 수입을 가져다주는 회사의 전도자로 간주하기 때문에, 기하급수적인 결과를 창출한다.

더 흥미로운 사실이 있다. 이런 특별한 회사는 신제품 출시가 더 쉬워지고 성공 가능성을 더 정확하게 예측할 수 있다. 열광적인 팬들이 있다면, 마케팅을 한 다음 굳이 판매를 서두르거나 설득할 필요가 없다. 이런 유형의 마케팅을 실행하는 선두주자는 단연코 애플이다. 애플은 언제든 새로운 제품이나 새로운 카테고리의 제품을 출시할 수 있다. 신제품을 출시하기도 전에 돈을 미리 내고 물건을 사겠다고 줄을 서는 수많은 열광적인 팬들이 있다. 이것은 단지 애플 같은 대기업만이 할 수 있는 일이 아니다.

사실 이런 마케팅은 소기업이 하기에 더 큰 이점이 있다. 대기업은 덩치가 큰 만큼 유연성이 떨어지고 경직된 관료주의에 젖어 있으며 보고 라인이 복잡하고 의제가 다양한 반면 소기업은 고객의 요구와 피드백에 민첩하고 신속하게 대응할 수 있기 때문이다. 게다가 소기업은 고객 관계를 미세한 영역까지 관리할 수 있다. 소기업의 고객은 다른 고객에 뒤섞여 쉽게 길을 잃지 않기에 훨씬 더 개인적이고 부족과 같은 관계로 발전시킬 수 있다. 당신은 열광적인 팬 집단을 만들고 육성하며 잠재고객을 구매고객으로 전환하고 나서야 비로소 진짜 마케팅 과정이 시작된다는 것을 이해해야 한다.

고객이 원하는 것을 팔되, 그들이 필요로 하는 것도 함께 제공하라

2장에서 좋은 제안을 만드는 데 필수적인 요소를 설명했다. 2장에서 설명한 바와 같이, 좋은 제안을 만드는 첫 번째 단계는 시장에서 무엇을 원하는지 정확히 찾는 것이다. 이제 거기서 더 깊이 들어가보자. 당신이 제품이나 서비스를 제공할 때에는 고객이 원하는 것뿐만 아니라 필요로 하는 것까지 제공해야 한다.

사람들이 원하는 것과 그들이 필요로 하는 것 사이에는 대개 큰 차이가 있다. 예를 들어보자. 피트니스 강사라고 가정해보자. 당신은 더 나은 건강, 체력 단련, 영양가 있는 식품 등을 통해 사람들의 삶을 향상시킨다. 그러나 '더 나은 건강'이라는 개념은 사람들에게 너무 모호하고, 먼 얘기 같고, 시간이 많이 걸릴 것처럼 들린다. 따라서 '더 나은 건강'(그들이 필요로 하는 것)보다는 자랑할 만한 것, 구체적인 성과 또는 잠재고객이 갖고 있는 다른 특정한 욕구(그들이 원하는 것)에 호소해야 한다. 예를 들어 탄탄한 복근, 탄력 있는 몸, 멋진 몸매가 바로 그것이다.

따라서 건강 개선의 관점에서 고객이 필요로 하는 것(건강 개선)을 제공하되, 결과적으로 고객이 원하는 것을 토대로 몸매와 성과를 향상하키는 서비스를 제공하는 것이다. 당신은 고객이 원하는 것과 필요로 하는 것 모두를 정확하게 이해해야 한다. 두 개념은 때로는 겹치기도 하고 때로는 완전히 분리되기도 한다.

예를 들어 설명해보겠다. 오랫동안 러닝머신을 가지고 있었는데도 살이 하나도 빠지지 않았다면 그것이 러닝머신의 효과가 없다는 증거일까? 당연히 터무니없는 결론이다. 러닝머신이 효과가 있으려면 일단 그 기계의 전원을 켜고, 그 위에서 한동안 뛰고, 땀을 흘리는 과정을 규칙적으로 반복해야 한다. 러닝머신을 사는 것은 내가 살을 빼기 위한 단지 첫 단계였을 뿐이다. 그것을 목적에 따라 사용하는 것은 별개의 문제다. 이 설명으로 명백하게 이해했을지 모르겠지만, 어쨌든 당신이 싸워야 할 큰 전투는 사람들이 그 제품이나 서비스를 사는 것으로 끝나는 게 아니라, 사람들로 하여금 그들이 필요로 하는 것을 행하게 함으로써 그 제품이나 서비스의 성과가 나타나도록 하는 것이다.

어떤 사업주들은 고객이 산 제품이나 서비스로 성과를 얻느냐 하는 문제는 자신들의 책임이 아니라고 생각한다. 그것은 전적으로 그 물건을 구입한 고객의 책임이라는 것이다. 하지만 그것은 근시안적인 생각이다. 우리는 빠르게 움직이는 세상에 살고 있다. 고객의 시간과 관심을 얻기 위해 많은 것들과 경쟁해야 한다. 당연히 우리의 목표는 구매고객이 끝까지 원하는 결과를 성취하는 것이어야 한다.

제품이나 서비스를 구입하고 이를 올바르게 사용하지 않거나 구현하지 않는 고객은 제품이나 서비스가 효과적이지 않다고 생각할 가능성이 크다. 이는 우리가 원하는 바가 아니다. 이렇게 되면 판매자의 입장에서 기껏해야 일회성 판매에 그치거나 최악의 경우 '사기'라는 꼬리표가 붙을 수도 있다. 고객이 러닝머신을 실제로 사용하지 않고서 사기라고 하는 것이 우습게 들리는가? 소비자들은 당신의 제품이나 서비스에 대해서도 똑같이 반응할 수 있다.

오늘날의 소비자들은 온라인 포럼과 소셜 미디어에 수시로 접속해 어떤 제품이나 서비스에서 긍정적인 결과를 얻으면 긍정적인 피드백을 전파하고, 부정적인 결과를 얻으면 부정적인 피드백을 전파한다. 불공정하다고? 그렇게 생각할 수도 있지만, 고객이 제품 사용을 통해 원하는 결과를 구현할 수 있도록 돕는 '턴키turn-key' 전략, 즉 **처음부터 끝까지 책임지는 서비스를 제공하는 것이 앞으로 사업 성공의 관건이 될 것이다.**

결국 고객이 원하는 결과를 얻을 때까지 세세하게 관리해야 한다. 숟가락으로 떠 먹여주기까지 해야 하느냐고 생각할 수 있지만, 그러지 않으면 순전히 낮은 가격으로만 경쟁하는 이익률 낮은 상품을 거래하는 회사로 전락할 것이다. 누차 강조하거니와, 클릭 한 번이면 가격 비교를 할 수 있는 오늘날의 시장에서 이는 매우 위험한 접근법이다.

바로 이런 이유로 잠재고객이 원하는 것을 판매하되 그들이 필요로 하는 것도 함께 제공하는 방법을 찾아내야 한다. 잠재고객이 당초 의도한 결과를 위해 행동할 수 있도록 어쩌면 특정한 방법으로 물건을 포장해야 할 수도 있고, 너무 부담스러워 보이지 않도록 전체 실행 절차를 다루기 쉬운 작은 단계로 구분해야 할 수도 있다.

세상에서 가장 좋은 비타민을 가지고 있더라도 아이들이 그것을 먹게 하려면 달콤한 맛을 추가해야 한다. 그것이 바로 고객들이 원하는 것뿐만 아니라 그들이 필요로 하는 것까지 주는 전략이다.

어느 분야든 리더십을 발휘한다는 것은 멋진 일이고 사람들은 멋진 리더에게 지도받기를 원한다. 고객이 당신의 제품 또는 서비스를 목적에 따라 구현하도록 새로운 포장 계획을 주도하거나, 도중에 직면할 장애물을 예측하고 그것을 극복할 해결책을 제공하는 것도 리더십을 보여주는 좋은 방법이다. 고객이 성과를 달성하도록 돕는다면 고객에게뿐만 아니라 당신에게도 큰 보상이 주어질 것이다.

그렇게 하지 않는 것은 고객과 당신 모두를 속이는 것이다. 당신의 목표는 단순히 한 건의 거래가 아니라 열광적인 팬 집단을 만드는 것임을 기억하라.

제품 또는 서비스로
한 편의 드라마 연출하기

경영학의 아버지라 불리는 피터 드러커Peter Drucker는 모든 비즈니스는 오직 2가지 기본 기능으로 이루어지는데, 바로 마케팅과 혁신이라고 했다. 사람들은 '혁신'이라고 하면 대개 실리콘밸리의 첨단 기술 스타트업, 생명공학 회사, 엔지니어링 회사에서나 일어나는 일이라고 생각한다. 그렇다면 보통 제품을 파는 평범한 회사는 혁신적일 수 없을까? 물론 그렇지 않다.

사람들은 혁신이란 제품이나 서비스 자체에서 일어난다고 오해한다. 당신이 그저 평범한 제품을 판매한다면, 혁신은 당신의 회사나 산업과는 별로 상관이 없는 것처럼 보일 수 있다. 오직 가격 경쟁만이 살길이라고 생각하기 쉽다.

그러나 혁신은 실제 판매하는 제품의 개선 그 이상을 의미한다. 혁신은 제품의 가격 책정, 자금 조달, 포장, 업무 지원, 운송, 관리, 마케팅 그리고 고객 경험의 모든 부분과 관련된 무수한 다른 요소들에 적용될 수 있다. 그러나 많은 회사가 상품이나 서비스에 한 편의 드라마 같은 연출을 하려는 노력을 게을리한다. 고객은 단지 서비스만 받기를 원하지 않는다. 그들은 당신에게서 즐거움을 원한다. 당신의 제품으로 드라마 같은 느낌을 연출함으로써 그들이 원하는 것을 제공할 수 있다.

고객이 그저 가격에 관한 것밖에 묻지 않을 정도로 매력 없는 회사라면, 당신은 혁신과 드라마 같은 느낌에 대한 이야기가 의아할 수도 있다. 도대체 믹서 같은 지극히 평범한 물건을 만드는 제조업체가 어떻게 혁신적일 수 있단 말인가? 또는 흔하고 흔한 식당이 어떻게 혁신적일 수 있단 말인가? 어떻게 이런 평범하고 지루한 사업들이 혁신적일 수 있느냐고? 물어봐줘서 고맙다.

블렌드텍Blendtec이라는 회사는 주방에서 사용하는 아주 일반적인 믹서 제조업체다. 그런 회사가 '갈 수 있을까?Will It Blend?'라는 제목의 유튜브 동영상 시리즈를 제작해 엄청난 바이럴 마케팅 붐을 일으켰다. 회사는 그 동영상에 익살스럽게 보이는 과학자를 등장시켜 아이폰에서부터 아이패드, 골프공에 이르기까지 여러 (식품이 아닌) 물건들을 자사의 믹서에 넣고 가는 모습을 시연해 보였다.*

나는 내가 가장 좋아하는 애플 제품이 믹서 안에서 무참하게 부서지는 것을 보고 울고 싶었다. 하지만 블렌드텍은 유튜브 동영상이 수억 건의 조회수를 올렸으니 그저 기뻐할 뿐이다. 이 동영상을 제작하는 데 드는 적은 비용으로 엄청난 홍보 효과를 낸 것을 생각하면 가히 천재라 아니할 수 없다. 당신도 평범한 제품이 특이한 방식으로 사용되는 것을 보여줌으로써 한 편의 드라마 같은 홍보물을 만들 수 있겠는가?

내가 사는 동네의 한 식당 남자 화장실에서 볼일을 보

맛있는 식사 후 집까지 모셔다드려요.

---

* 1pmp.com에 들어가면 블렌드텍의 유튜브 동영상을 볼 수 있음.

다가 벽에 붙어 있는 이 포스터를 발견했다.

이 식당은 고객을 집에서 픽업해 올 뿐만 아니라 식사 후 집까지 데려다주는 서비스를 제공하기 때문에 고객들이 음주운전에 대해 걱정할 필요가 없다. 이 서비스는 손님들에게 편리함을 제공하는 동시에 식당의 주 수익원인 술을 더 많이 팔 수 있게 했다. 결국 고객과 식당 모두 이익인 셈이다.

우리는 평범하고 지루한 것을 파는 회사가 어떻게 혁신을 하는지 보여주는 몇 가지 예를 살펴보았다. 당신도 이제 혁신해야 할 때다. 혁신하기 위해 꼭 독창적인 뭔가를 발명할 필요는 없다. 다른 산업이나 제품에서 혁신적인 아이디어를 본받거나, 빌리거나, 뻔뻔하게 훔쳐도 좋다.

단지 가격만으로 경쟁하는 지루한 상품을 파는 데 머물지 말고 그 외에 다른 무엇이라도 실행하라.

기술을 활용해 마찰을 줄여라

최근 나는 가장 좋아하는 레스토랑에서 아내와 식사를 했다. 그곳은 음식이 훌륭한 것은 말할 것도 없고, 직원들도 예의 바르고 친절하며, 해변이어서 경치도 아주 멋진 곳이다. 추운 날에는 장작을 때는 벽난로를 설치하는데, 그 벽난로가 분위기를 더해준다. 우리 부부는 그 동네로 이사한 이후 약 1년 동안 그 레스토랑을 단골로 이용했다. 식사 후 계산을 하다가 신용카드 단말기 옆에 손글씨로 다음과 같이 쓰인 표지를 발견했다. '우리 신용카드 기계는 PIN(개인식별번호)을 인식하지 못합니다. 대신 서명을 해주십시오. 불편을 드려 죄송합니다.'

나는 모든 것이 좋은 고급 레스토랑에 이런 기본이 안 되어 있다는 점에 놀랐다. 사업주로서 내가 가능하면 제발 최대한 마찰이 없기를 바라는 부분이 있다면 바로 물건값을 계산하는 과정이다. 이 식당에서 문제의 신용카드 기계는 적어도 1년 동안 관리되지 않고 있었으며, 그들은 분명히 비접촉 결제 시스템 같은, 말썽의 소지가 거의 없는 새로운 결제 기술을 도입할 의사도 없는 것 같았다.

지난 몇 년 동안 기술 혁신의 속도는 놀라울 정도다. 2004년 8월 이전까지만 해도 구글은 여전히 알려지지 않은 비상장 회사에 불과했다. 2006년 9월까지만 해도 페이스북은 여전히 실험 중이었고 일반 대중에게는 공개되지도 않았다. 2007년 중반까지만 해도 아이폰이라는 물건은 없었고, 2010년 4월까지만 해도 아이패드는 여전히 마니아들 사이에서만 회자되는 소문일 뿐이었다. 오늘날 우리는 이런 기술들이 없는 삶은 상상할 수도 없다. 하지만 몇 년 전만 해도 이런 기술들은 존재하지도 않았다.

기술 혁신의 속도가 기하급수적으로 빨라지고 있지만, 신기술의 목적은 수천 년이 지나도 변함이 없다. **모든 신기술의 목적은 바로 마찰을 없애는 것이다.** 우리는 고객 만족도를 높이면서 가장 빠르고 쉽게 판매할 수 있기를 원한다. 그러나 한편으로는 기술이 사업에 도움이 되지 않고 오히려 방해가 되는 상황도 피해야 한다.

우리는 고객(대개 큰 조직의 고객)의 입장에서, 그저 기술에 발목 잡혀 "컴퓨터가 안 된다고 하는데요"라며 무성의하게 대답하는 사람들(공무원, 회사의 고객서비스 담당자) 때문에 좌절해본 경험을 모두 가지고 있다. 우리가 비록 그런 큰 조직이 아닌 영세 사업주라 하더라도, 기술이 판매 저항을 제거하는 것이 아니라 오히려 잘못된 방식으로 사용되지는 않는지 확인할 필요가 있다.

복잡한 계산을 하는 기술이든, 콘크리트 블록을 들어 올리는 기술이든, 아니면 어려운 참고 문헌을 찾기 위해 수천 개의 출판물을 검색하는 기술이든, 기술은 우리를 대신해 '어렵고 힘든 일'을 함으로써 삶을 더 쉽게 만들어준다. 하지만 때로는 기술 자체를 위해 기술을 구현한다는 생각이 들 때도 있다. 예를 들어 나는 종종 사람들에게 그들의 웹사이트, 트위터, 페이스북 페이지의 목적이 무엇이냐고 물어보는데, 그럴 때마다 간결하고 직접적인 대답을 들어본 적이 거의 없다.

아이팟이 처음 출시되었을 때를 생각해보라. 새로운 음악을 아이팟에 저장하는 유일한 합법적인 방법은 다음과 같았다.

1. 동네 음반 가게에 가서 원하는 음악이 담긴 CD를 산다.
2. CD를 컴퓨터에 삽입하고 음악을 컴퓨터 하드 드라이브로 복사한다.
3. 아이팟과 컴퓨터를 동기화한 다음 음악을 복사한다.

이런 거추장스러운 과정을 거쳐야 하는데도 아이팟은 큰 성공을 거두었다. 그러나 아이팟의 폭발적 성공은 애플이 아이튠즈 스토어(iTunes Store, iTunes를 통해 서비스하는 온라인 미디어 판매 서비스. 2003년 4월 선보였음-옮긴이)를 개설하고 나서였다. 이는 결국 아이폰과 아이패드 성공의 기초가 되었다. 애플이 선보인 기술은 소비자와 상인 간의 마찰을 크게 줄였다. 아마존, 구글, 비접촉식 결제 기술 등도 마찬가지다.

기술은 마찰과 저항을 크게 줄임으로써 그 기술이 없었다면 몇 시간, 며칠, 몇 년이 걸렸을지 모르는 일을 훨씬 더 짧은 시간 안에 해낼 수 있도록 도와준다. 그렇다면 이제 어떻게 해야 기술을 활용해 고객과의 마찰을 줄일 수 있을까? 어떤 작업들을 더 능률적이고 원활하게 할 수 있을까? 더 중요한 것은 고객과의 관계를 방해하지 않도록 하는 것이다. 그러려면 기술을 어떻게 사용해야 할까? 이를 위해 내가 하는 방법을 소개해보겠다.

모든 기술 하나하나를 직원으로 생각해보자. 과연 어떤 일을 수행하기 위해 이 직원을 고용했는가? 이 직원의 핵심성과지표(KPI)는 무엇인가? 웹사이트를 예로 들어보자. 애초부터 특별한 목표 없이, 그저 회사 브로셔를 온라인에 올려놓은 것만으로 고객이 찾아올 거라는 막연한 개념이나 희망만 가지고 웹사이트를 운영하는 회사가 대부분이다.

반면, 내가 아는 현명한 기업가들은 매우 구체적이고 측정 가능한 목표를 염두에 두고 기술을 사용한다. 웹사이트를 보더라도 그들은 제품을 판매하거나 잠재고객이 마케팅 데이터베이스에 참여할 수 있게 한다. 이 모든 것이 측정 가능하기 때문에 각각의 목표에 KPI를 적용할 수 있다. 따라서 그것들이 효과가 있는지 없는지를 즉시 알 수 있어서, 효과가 없는 것은 중단하고 효과가 있는 것은 계속 개선해나간다.

이제 당신의 회사에서도 기술을 사용하는 다양한 방법을 다시 검토해볼 때가 되었다. 당신이 사용하는 기술은 마찰을 줄이고 있는가? 도입된 목적대로 일을 수행하고 있는가?

고객에게 가치 있는 목소리를 내라

작고한 위대한 기업가 짐 론은 다음과 같은 말을 남겼다.

중요하지 않은 목소리를 내는 데 시간을 허비하지 마라. 쓸데없는 목소리를 줄여야만 가치 있는 목소리를 내는 데 더 많은 시간을 쓸 수 있다.

이는 분명 현명한 조언이다. 고객에게 최고의 경험을 제공하는 것이야말로 가치 있는 목소리가 될 것이다. 당신은 업계의 다른 사람들이 당신에게 의견과 자문을 구하는 사상적 선구자가 되어야 한다. 그러기 위해서 당신은 콘텐츠를 창출하는 사람이 되어야 한다. 성공한 기업가와 '생각만 하고 실행하지 않는 기업가wantrepreneurs'의 주요 차이점은 전자가 콘텐츠 창출자라면, 후자는 콘텐츠 소비자라는 사실이다. 물론 성공한 기업가는 단순히 콘텐츠 창출자에 머물지 않고 콘텐츠를 풍성하게 만드는 사람들이다.

가치 있는 목소리가 되려면 가치 있는 아이디어를 가져야 한다. 물론 가치 있는 아이디어는 갑자기 툭 튀어나오는 법이 없다. 결코 당신을 방해하는 법도 없다. 업계 안팎의 사상적 선구자, 멘토, 코치, 성공적인 동료 등 다른 가치 있는 목소리를 찾아서 듣고 따름으로써 자신만의 가치 있는 아이디어를 구축할 수 있다.

이런 식의 자기 수양이야말로 내가 아는 가장 가치 있는 교육이다. 하지만 아무리 유혹이 강하더라도 너무 많은 목소리를 한 번에 내지 않는 것이 중요하다. 경험과 직접 지식을 통해 나오는 몇 마디의 목소리가 그저 이론과 의견 제시에 기반한 다수의 목소리보다 훨씬 더 가치가 있다. 물론 이론이나 의견 제시도 그 자체로 나쁜 것은 아니지만, 원치 않는 출처에서 나온 목소리 치고 가치 있는 목소리를 들어본 적은 거의 없다.

강압적인 판매 전술의 시대는 빠르게 끝나가고 있다. 모든 사람이 연결되어 있고, 모든 사람이 거의 모든 정보에 접근할 수 있는 시대에 가장 가치 있는 상품은 당신의 평판이다. 이른바 평판 경제reputation economy(평판에 따라 기업이 평가되고 판단되는 경제 환경-옮긴이)를 구축하기 위해서는, 단순한 정보 전달이나 강압적인 영업 전술 마케팅에서 교육적인 마케팅으로 전환해야 한다. 이 책에서 줄곧 강조했듯이, 교육적 마케팅의 요점은 다음 2가지다.

첫째, 목표 시장에서 당신을 권위자로 포지셔닝하는 것이다. 사람들은 모두 권위 있는 출처에서 나온 정보를 듣고 싶어 한다. 콘텐츠를 창출하는 사람이 되면, 틈새 분야 시장에서 권위자이자 전문가로 포지셔닝될 수 있다.

둘째, 단순한 영업사원이 아니라, 표적고객이 신뢰할 수 있는 조언자로서의 관계를 구축하는 것이다. 가치 있고 교육적인 콘텐츠를 표적고객에게 정기적으로 제공함으로써 그런 관계의 토대를 마련할 수 있다. 많은 가치를 제공하는 신뢰할 만한 사람과, 그저 빨리 판매하기만 바라는 사람 중 당신은 누구를 선택하겠는가?

가치 있는 목소리가 되는 것은 결코 쉬운 일이 아니며 시간이 걸리는 일이지만, 투자한 시간만큼 충분한 보상이 돌아온다. 평판 경제에서 당신은 그저 상품이나 파는 또 하나의 '미투' 회사가 되어서는 안 된다. 시장에서 가치 있는 목소리를 내기 위해 당신은 먼저 무엇을 할 수 있는가? 블로그? 이메일 목록 작성? 월간 뉴스레터? 정기적인 유튜브 동영상 올리기?

어떤 방식을 택하든 시장에 가치 있는 목소리를 내는 일을 시작할 수 있다. 그러면 더 이상 효과도 없는 판매 전략을 고수하고 있는 경쟁자와 크게 차별화될 것이다.

당신의 모든 문제를 털어놓으라

어느 날 저녁 아내와 식사를 하러 나갔다 집으로 돌아오는 길이었다. 집에 가서 토요일 밤의 느긋한 휴식을 한껏 기대하던 중 아내로부터 끔찍한 말을 들었다. "슈퍼마켓에 잠깐 들러요. 몇 가지 살 게 있어요." 나는 신음소리를 내며 주차장으로 들어갔다. 쇼핑을 너무 싫어하는지라 예의 "차 안에서 기다릴게"라며 고전적 수법을 구사했다. 결국 그녀는 혼자서 몇 가지 물건을 사야 했고 나는 그 시간을 이용해 아이폰으로 앵그리 버드 게임을 하며 지난번에 깨지 못한 레벨까지 올라갈 수 있었다. 아내는 그 게임을 질색하지만, 내게는 아주 생산적인 시간이었다. 게임이 끝나도 그녀가 돌아오지 않자 나는 그녀를 찾아 나섰고, 슈퍼마켓 복도 끝에서 '몇 가지'라던 말과는 달리 무거운 쇼핑 바구니를 들고 있는 아내를 발견했다. 아내가 자몽 샴푸와 코코넛 샴푸를 놓고 어느 것을 살지 한참 망설이는 동안(이것이 바로 마케팅 실전 교육이다) 내 눈길을 사로잡은 것이 있었다. 눈에 잘 띄지 않는 멋진 마케팅이 완벽하게 수행되고 있었던 것이다. 옆 페이지에 내가 찍은 사진을 보라.

오른쪽에 있는 두 병의 샤워 젤과 왼쪽에 있는 샤워젤에 어떤 차이가 있는가? 오른쪽에 있는 두 병의 샤워 젤은 보기 드물게 멋진 제품 포장의 예를 보여주고 있다. 반면 왼쪽의 샤워 젤은 지루하고 평범해서 선반에 있는 다른 100개의 병들과 거의 구별할 수 없었다.

기네스Guinness 맥주를 잔에 가득 따르는 데는 시간이 꽤 걸린다. 이것은 추가로 생성되는 기포에서 나오는 공기주머니가 맥주를 통해 확산되는, 이른바 빙정氷晶 형성이라는 과정 때문이다. 지금은 높게 평가되지만, 처음에는 기네스 맥주 1파인트(473ml)를 따르는 데 시간이 오래 걸린다는 부정적인 소비자 의견이 많았다. 그런데 1990년대 중반, 기네스는 마케팅 캠페인을 통해 이런 부정적인 속성을 긍정적인 특징으로 바꾸는 데 성공했다. 그들은 소비자들에게 완벽한 맥주를 따르기 위해 얼마나 노력을 기울였는지를 강조하기 시작했다. "기네

평범한 포장 제품(왼쪽)과 제품 설명으로 가득한 제품(가운데/오른쪽).
(가운데) 이 샤워 젤 한 병을 만들기 위해 벌은 49마일을 날아야 했습니다/시어버터와 꿀 성분.
(오른쪽) 이 샤워 젤 한 병을 만드는 데 7,927장의 민트잎이 들어갔습니다/민트와 차나무 성분.

스 맥주 1파인트를 따르는 데 119.5초가 걸립니다. 하지만 기다리는 사람에게는 좋은 일이 생기는 법이지요."

기네스의 교훈은, 제품이나 서비스를 제공하는 데 들어간 모든 노력을 고객에게 솔직하게 말하라는 것이다. 광고 문구나 심지어 포장지 같은 곳에 당신이 제품을 얼마나 정성껏 준비하거나 제조하는지에 대한 자세한 내용을 담아보라. 물론 서비스를 제공하는 경우도 마찬가지다. 당신의 기술에 대해, 그리고 그 기술을 어떻게 습득했는지, 어떤 방식으로 견제와 균형을 유지하는지, 직원을 어떻게 교육시키는지에 대해 자세하게 말하라. 당신의 제품이나 서비스가 어떻게 만들어지고 완성되었느냐에 대한 배경 이야기는 마케팅에서 절대적으로 중요한 부분이다. 당신의 노력과 기술이 그냥 묻히지 않게 하라. 그것이야말로 제품에 대한 본질과 품질을 보증해주기 때문이다. 이는 프리미엄 제품이나 서비스를 소개할 때 특히 중요하다.

앞쪽의 샤워 젤 사진을 보면, 오른쪽 두 병의 제품은 제품 개발에 관한 배경 이야기가 병의 전체 공간을 차지하고 있다. 로고나 회사 이름도 찾아볼 수 없다. 병의 전체 공간을 아주 영리하고 훌륭하게 활용하고 있다! **사실 소비자들은 당신 회사의 로고나 이름 그리고 당신이 업계의 리더라는 의심스러운 주장에 대해서는 관심이 없다.** 소비자들이 알고 싶은 것은 당신 제품이 자신들에게 어떤 도움이 되느냐 하는 것뿐이며, 이를 위해서는 제품 배경 이야기가 매우 중요하다.

지금까지 아내의 쇼핑에 따라가기 주저하던 내가 어쩌다 중요한 마케팅 원칙의 새로운 반전을 발견하게 되었는지를 설명했다. 역시 기다리는 사람에게는 좋은 일이 찾아오는가 보다.

제품은 작은 돈을 벌지만
시스템은 큰돈을 번다

내가 모든 회사에 항상 강조해온 것 중 하나가 바로 시스템을 만들라는 것이었다. 나는 마이클 거버의 『사업의 철학』을 처음 접했을 때 푹 빠져서 읽었다. 기업이 어떻게 돈을 버는지 제대로 이해하게 되었다. 나도 비즈니스 시스템을 아주 잘 활용했기 때문에 그 책이 더 좋았던 것 같다. 내가 사업에서 실패해 어려움을 겪다가 다시 회복하고 여러 개의 스타트업을 성공적으로 매각할 수 있었던 것도 시스템을 구축한 덕분이었다.

가장 가치 있는 비즈니스 시스템은 복제 가능한 시스템이다. 당신의 사업이 천재나 슈퍼스타의 재능에 의존한다면, 그 사업을 복제하는 것은 어렵거나 불가능한 일일 것이다. 투자가인 워런 버핏은 이런 이유로 자신이 이해할 수 있는 '지루한 회사'에만 투자한다고 한다. 그러니까 확실한 제품을 만들고, 경영 구조가 튼튼하고, 많은 현금을 창출하는 회사에만 투자한다는 것이다. 이 얼마나 지루한 회사들인가!

버핏의 포트폴리오에는 위험성이 큰 기술 스타트업, 투기성이 강한 생명공학 회사같이 이해하기 힘든 회사들은 찾아보기 어렵다. 그런 회사들은 한두 명의 슈퍼스타에게 의존하기 때문에 그들이 회사를 떠나면 회사도 함께 쓰러지는 경향이 있다. 대신 버핏의 포트폴리오에는 우수한 제품을 장기간에 걸쳐 일관되게 제공하는 시스템을 갖춘 견고한 기업을 쉽게 찾아볼 수 있다. **시스템은 평범한 인간들이 비범한 사업을 할 수 있게 해주는 비결이다.**

일단 복제할 수 있는 비즈니스 시스템을 갖추면 사람들은 당신 회사에 많은 돈을 투자하려 할 것이다. 다음과 같이 다양한 형태로 당신에게 자금을 제공하려 들 것이다.

- 시스템 구축으로 일관된 결과를 제공하므로 당신과 거래하기를 원하는 고객들
- 당신의 시스템을 라이선스 받으려는 라이선스 계약자
- 당신의 프랜차이즈 시스템에 가입하려는 가맹점
- 당신 회사의 주식을 사들이려는 투자자 또는 경쟁업체

현재 어떤 종류의 사업을 하든 상관없이 다음 4가지 비즈니스 시스템을 만드는 것이 중요하다. 다음 4가지 영역에서 확장과 복제가 가능한 시스템을 만들 수 있다면 큰 수익을 거둘 수 있을 것이다.

1. **마케팅 시스템:** 관심고객을 계속 창출해 회사에 참여시킨다.
2. **판매 시스템:** 관심고객을 육성하고 후원해 구매고객으로 전환시킨다.

3. 주문처리 시스템: 고객의 돈을 받는 대가로 당신이 실제로 하는 일.

4. 관리 시스템: 회계, 고객 응대, 인력 관리 등 회사의 모든 지원 부서.

당신이 어떤 회사를 운영하든, 이 4가지 기능과 관련이 있다.

그런데 많은 영세기업이 마케팅과 판매 시스템은 소홀히 한 채 주문처리와 관리에만 몰두한다. 누구도 마감일을 정하고 마케팅을 하라고 압박하지 않는다. 급해 보이는 모든 문제는 대개 주문처리 부서와 관리 부서의 몫이다. 결국 우수한 제품과 서비스를 제공할 수 있는데도 회사가 어려움을 겪는 상황이 빈번히 발생한다.

문제는 **고객이 제품을 구입하기 전까지는 당신의 제품과 서비스가 얼마나 우수한지 알지 못한다는 사실이다.** 마케팅과 판매 시스템을 제대로 갖추고 있지 않다면, 그들은 애초부터 당신에게 제품을 구매하지 않을 테고, 당신 제품이 얼마나 좋은지도 모른다. 그런 악순환이 반복되는 것이다.

시스템 없이 평판과 입소문에 의존하는 회사도 있다. 물론 그것도 좋지만, 순전히 평판만으로 회사를 성장시키는 데는 시간이 오래 걸린다. 따라서 현명한 회사들은 마케팅과 판매 시스템을 완벽하게 갖추기 위해 모든 노력을 기울인다. 결국 돈으로 해결할 수 없는 회사 문제는 거의 없다.

그렇다면 비즈니스 시스템이란 정확히 뭘까?

간단히 말하면, 비즈니스 시스템은 회사가 당신 없이도 잘 굴러갈 수 있도록 문서화된 절차와 프로세스를 갖추는 것이다. 대부분 그런 절차와 프로세스는 체크리스트의 형태로 되어 있지만, 동영상이나 오디오 교육도 중요한 부분이 될 수 있다. 이 모든 자료를 총칭해서 '운영 매뉴얼'이라고도 하는데, 그 목적은 회사의 총체적 '노하우'를 집대성하는 것이다.

비즈니스 시스템의 대표적 사례가 맥도날드다. 맥도날드는 전 세계적으로 수십억 달러의 매출 규모를 자랑하는 복합적 회사지만, 잠자리를 정리하는 일조차도 안심하고 맡길 수 없는 여드름투성이 10대들이 매장을 운영한다. 과연 어떻게 그것이 가능했을까? 바로 맥도날드가 가지고 있는 놀라운 비즈니스 시스템 덕분이다. 맥도날드의 운영 매뉴얼은 고용이나 고객과의 상호작용 같은 큰 일에서부터 빅맥 빵에 소스를 얼마큼 짜야 하는지, 그리고 피클은 얼마나 올려야 하는지 같은 작은 일까지, 전체 사업의 모든 세부 사항을 다 다루고 있다. 나도 10대 시절 맥도날드에서 일한 적이 있었는데, 몇 년 전 이사할 때 그때 쓰던 이름표를 발견하기도 했다.

내 경험에 따르면, 많은 영세 자영업자가 비즈니스 시스템을 간과하는 데 그 이유는 크게 2가지다.

첫 번째 이유는 비즈니스 시스템이 '고객을 직접 상대하지 않는 일 back office'이기 때문이다. 최신 제품 제안이나 영업 기법, 그 외 회사에

서 눈에 잘 띄는 일과는 달리, 비즈니스 시스템을 만드는 일은 지루한 일이라고 여기는 것이다. 물론 정말로 지루할 수도 있지만, 그것이 가져다주는 놀라운 힘을 보면 결코 무시할 수 없다.

비즈니스 시스템을 간과하는 두 번째 이유는 그것이 긴급한 문제가 아니라고 생각하기 때문이다. 영세기업의 경우, 특히 회사를 처음 시작할 때는 영업, 관리, 주문처리 같은 일들이 훨씬 더 중요한 작업처럼 보인다. 사업주들은 중요해 보이는 일들을 처리하느라 시간이 부족해 비즈니스 시스템 만드는 일은 뒷전으로 밀린다. 하지만 모든 일이 그렇듯이 시간이 지나 태만이 누적될수록 결말이 좋은 경우는 거의 없다.

수년간 열심히 일한 사업주가 회사를 매각하기 위해 시장에 내놓았는데 회사의 가치가 얼마 되지 않는다는 사실을 알면 매우 실망스러울 것이다. 사실 회사 자체가 가치 없는 것이 아니라, 그동안 당신 자체가 회사였기 때문에(회사가 사업주인 당신에게만 크게 의존했기 때문에) 사업주가 없는 회사는 살 가치가 없다고 보는 것이다. 이 경우, 회사는 주식 가격 이상의 합리적인 가치를 인정받지 못하고 영업권도 거의 인정받지 못한다.

시스템을 구현하면 여러 이점이 있다. 가장 중요한 몇 가지를 정리하면 다음과 같다.

1. **자산 가치를 높인다:** 당신 회사가 평생 당신에게 현금 흐름을 가져다준다면 물론 매우 좋을 것이다. 하지만 언젠가 때가 되어 당신의 회사를 매각해 평생에 가장 큰돈을 만지는 날이 온다면 그 또한 멋지지 않겠는가? 물론 그것은 회사의 가치가 충분히 인정받을 때의 이야기다. 당신 없이도 회사가 충분히 굴러갈 정도로 시스템이 구축되어 있을 때에만 가능한 시나리오다.

2. **성장 및 확장성:** 시스템이 갖추어져 있다는 것은 회사가 확장할 수 있다는 것을 의미한다. 당신이 직접 회사 시스템을 복사해 다른 지역으로 확장하거나, 비즈니스 시스템에 대한 권리를 프랜차이즈화하거나 라이선스를 줄 수 있다. 이런 식으로 큰 부를 형성한 사례는 많다.

3. **일관성:** 탁월한 고객 경험을 제공하기 위한 핵심 요소 중 하나다. 맥도날드 음식을 좋아하지 않는 사람도 있겠지만, 맥도날드는 전 세계 어디서든 매우 일관성 있는 경험을 제공하리라는 점은 확실하다.

4. **인건비 절감:** 업무 프로세스를 재구성하기 위해 매번 시간과 노력을 낭비할 필요가 없기 때문에, 효율성을 높이고 인건비를 줄일 수 있다.

시스템의 힘: 당신 없이도 굴러가게 하라

질문 하나 해보겠다. 당신이 회사 일에서 손을 떼고 6개월 동안 해외에 나갔다가 돌아온다면 회사는 어떻게 변해 있을까? 당신이 떠났을 때보다 더 좋은 상태가 되었을까, 아니면 더 나쁜 상태가 되었을까? 당신이 돌아와서 챙겨야 할 일이 아직 남아 있을까? 이 질문들에 대해 '더 나쁜 상태가 되었다'거나 '챙겨야 할 일이 남아 있었다'라고 대답한다면 당신은 회사를 운영한 것이 아니라 당신 자체가 회사였을 가능성이 높다. 많은 영세기업, 특히 사업주가 단독으로 회사를 운영하는 경우 또는 투자자들이 직접 회사에서 일하는 경우, 위에서 설명한 이유로 시스템을 만들지 않는 실수를 범한다. 결국 창업자가 모든 일을 수행하느라 회사는 작은 규모를 벗어나지 못한다. 안타깝게도 이러한 사고 과정이 회사의 성장을 막고 그들을 회사 일의 포로가 되게 한다.

그러다가 종종 곤경에 처한다. 그들은 회사에서 일하느라 너무 바

빠서 회사를 키울 시간이 없다. 또 문서화된 시스템과 프로세스를 개발하지 않았기 때문에 회사 일에서 벗어날 수가 없다. 결국 회사는 스스로 만든 감옥이 된다. 오해하지는 마시라. 물론 그들도 많은 돈을 벌 수 있다. 충성도 높은 고객을 기반으로 회사가 번창할 수도 있다. 문제는 그들이 언제나 회사 일에 얽매여 있다는 것이다.

행여나 그들이 장기간 떠나 있거나 아프다면, 회사는 더 이상 존재할 수 없을 것이다. 회사의 모든 노하우가 그들의 머릿속에만 있기 때문이다. 유일한 탈출구는 시간을 내 비즈니스 시스템을 만들고 문서화하는 것뿐이다.

다행히도 이 벅찬 과정은 잘게 쪼개면 그렇게 어렵지 않다.

우리의 목표는 회사의 가장 큰 장애물인, 바로 당신을 제거하는 것이다. 당신이 당장 회사를 그만두지 않는다 하더라도 휴가를 내야 하거나, 또 다른 사업을 시작하거나, 직원을 더 고용하거나, 심지어 회사를 매각해야 하는 날이 올 수 있다. 그런 때가 오면 당신은 이 충고를 따른 것에 감사할 것이다.

기업가로서 당신은 혁신가이자 시스템 구축자여야 한다. 비록 지금은 당신 혼자 회사를 운영할지라도 장기적으로 더 크게 생각하는 것이 중요하다. 시스템 구축 프로세스의 첫 단계는 회사를 현재보다 10배 큰 규모의 회사라고 생각하는 것이다. 그럴 경우 어떤 역할이 필요한가? 회계장부를 담당하는 사람, 배송을 담당하는 사람 그리고 영업 담당, 마케팅 담당 등을 둘 것인가? 당신이 가장 잘 알 것이다.

혼자 운영하는 1인 기업이라면 이 모든 역할을 당신 혼자 수행해도 큰 문제가 없을 것이다. 하지만 회사 규모가 10배인 경우에도 당신이 모든 역할을 혼자 한다면 그것은 문제다. 설령 당신이 필수불가결한 존재라 하더라도 회사의 걸림돌이 될 것이고, 회사는 당신의 역량만큼밖에 움직이지 못할 것이다.

우선 회사 내 각 역할을 따져보자. 여기서 말하는 '역할'이란 사람을 말하는 것이 아니다. 예를 들어 영세업체에서는 한 사람이 고객 응대와 회계장부 일을 도맡아서 할 수 있다. 그러나 한 사람이 2가지 역할을 해도, 2가지는 여전히 별개의 역할이고, 회사 규모가 커지면 이 2가지 중 하나는 누군가 다른 사람이 수행해야 한다. 물론 회사가 더 커지면 하나의 역할도 더 세분화되어 여러 사람이 수행할 수 있다. 예를 들어, 장부 업무가 미지급금 장부 업무와 미수금 장부 업무로 분리될 수 있다. 이제 회사 내 다양한 역할을 모두 파악했으면, 각 역할이 해야 할 일에 대한 정의를 확실하게 내려야 한다. 예를 들어, 장부 업무를 맡은 사람이 해야 할 일(작업 목록)은 무엇인가? 장부 업무 역할에는 다음과 같은 일이 포함될 수 있다.

- 고객에게 송장 발행
- 은행 업무

- 미지급 송장 후속 조치
- 공급업체 송장 입력
- 기타

이제 회사 내의 모든 역할을 파악하고 각 역할이 수행하는 업무를 정의했으면, 이제 각 업무가 이루어지는 방법을 정확하게 문서화한다.

비즈니스 시스템을 구축하는 데 사용할 수 있는 최고의 도구 중 하나가 체크리스트다. 체크리스트는 작성하기도 쉽고 사후 보완하거나 추적하기도 쉽다. 회사에서 수행해야 할 모든 작업 목록을 작성했으면 그런 작업이 수행되는 방식을 정확하게 문서화할 준비가 된 것이다.

예를 들어 미지급 송장에 대한 후속 조치 업무의 수행 방법을 간단히 정리하면 다음과 같다.

- 외상매출금 보고서에 따른 후속 조치를 실행한다.
- 지불 기한으로부터 7일에서 13일이 지난 송장에 대해서는 친절한 안내문을 보낸다.
- 지불 기한으로부터 14일에서 27일이 지난 송장에 대해서는 직접 전화를 걸어 지불을 촉구한다.
- 27일 이상 연체된 송장에 대해서는 채권 회수 전담 기관에 이관한다.

하나의 업무를 따라 하기 쉬운 세부 단계로 쪼개는 방법을 살펴보았다. 물론 위의 예는 설명하기 위해 단순화시킨 것이다. 일부 단계에서는 하위 작업들이 수반되는데, 그런 하위 작업들도 문서화되어야 한다. 예를 들어, 외상매출금 보고서 후속 조치를 어떻게 실행할 것인가 하는 하위 작업들도 문서화한다.

요약하면 비즈니스 시스템 구축은 기본적으로 3단계 프로세스다.

1. 회사 내 모든 역할을 파악한다.
2. 각 역할이 수행해야 하는 업무를 정의한다(작업 목록의 작성).
3. 각 작업을 올바르게 수행하기 위한 체크리스트를 작성한다.

작업을 위임하거나 아웃소싱한다면 그들에게 단계별 프로세스를 전달해주기만 하면 된다. 회사 내 담당자를 두어서 그들을 교육하고 올바로 작업했는지 지속적으로 감시하기보다 훨씬 더 수월하다.

이제 회사를 확장하는 것도 매우 쉬워진다. 시스템에 따라 사람만 추가하면 된다. 비즈니스 시스템 구축이 주는 놀라운 효과를 알면 절대 예전 방식으로 돌아가지 못한다.

지금까지 살펴보았듯이 이 프로세스는 사전에 문서화해놓은 프로세스를 그대로 가져와 수행하는 방법이다. 시스템이 구축되지 않았을 때에는, 이런 모든 프로세스가 그저 당신의 머릿속에 있어서 당신만 유일하게 접속할 수 있었다. 따라서 이러한 비즈니스 시스템을 문서화하는 것만이 회사를 쉽게 확장하고, 당신 없이도 회사를 굴러가게 하는 유일한 방법이다.

그뿐만 아니라 비즈니스 시스템이 있어야 고객은 일관된 경험을 받을 수 있다. 어느 직원이 새로 들어오거나 그만두더라도 고객은 동일한 최고의 경험을 계속 누릴 수 있어야 한다. 고객의 경험을 직원 개개인의 재량에 맡길 수는 없다. 고객 경험은 개인이 아닌 회사로부터 나와야 하며, 내가 아는 한, 문서화된 시스템을 갖추는 것이 가장 좋은 방법이다.

시작할 때 끝도 생각하라

인류 최초로 달 착륙에 성공한 미국의 우주비행사 닐 암스트롱Neil Armstrong은 이런 말을 남겼다.

달에 갈 때 2가지 문제만 해결하면 된다. 하나는 어떻게 그곳까지 도착할 것이냐이고, 다른 하나는 어떻게 지구로 돌아갈 것이냐이다. 중요한 건 2가지 문제를 모두 해결할 때까지는 출발하지 않는 것이다.

사람들은 회사를 시작할 때 너무 흥분한 나머지 '어떻게 하면 성공할 수 있을까'(어떻게 그곳까지 도착할 것인가)에 대해서만 생각하고, '어떻게 하면 다시 돌아갈 수 있을까', 이른바 출구 전략에 대해서는 그다지 생각하지 않는다.

사업을 시작할 때는 어떻게 빠져나가야 할지를 명확하게 생각하고 계획을 세우는 것이 중요하다. 지금은 이 말이 당연하게 들릴 것이다. 하지만 실제로는 많은 사업주가 뒤늦게야 비로소 이 문제를 생각한다. 회사를 어떻게 끝내야 할 것인가? 누가 당신 회사를 인수할 것인가? 그들이 당신 회사를 사려는 이유는? 그들이 회사를 사려는 이유는 당신이 보유한 고객 때문인가, 매출 때문인가, 지적재산권 때문인가? 그들은 당신 회사에 대한 투자 수익을 어떻게 올릴 것인가? 이러한 질문들에 대해 하나하나 답해보면 누가 당신 회사를 인수할 것인지, 그들이 인수하려는 이유는 무엇인지 등을 정확하게 시각화하는 데 도움이 된다. 이런 질문들을 사업을 시작할 때부터 고려해야 한다. 그래야만 당신이 회사를 어떻게 설계하고 무엇에 초점을 맞출지를 정확히 결정하는 데 도움이 되기 때문이다. 당신의 목표가 5천만 달러를 받고 회사를 매각하는 것이라면, 회사에서 하는 모든 일에 대해 이렇게 질문해보라. '이 일이 내가 회사를 5천만 달러에 매각하는 데 도움이 되는 일인가?'

사실 회사를 운영하면서 회사를 매각하는 것만큼 큰돈을 버는 일은 거의 없다. 결국 당신이 회사를 매각하는 상대방(사람 또는 회사)이 당신의 최종 고객이며, 그들을 만족시키는 것이야말로 가장 큰돈을 손에 쥐는 기회이다. 사실 억만장자의 탄생 이야기를 들여다보면 무수한 재산이 이런 식으로 생겨났다. 하지만 안타깝게도, 대부분의 회사는 그럴 만한 가치를 키우지 못해 결국 매입자를 찾지 못한 상태에서 사업주의 사정이나 필요에 따라 운명이 중단되곤 한다. 이처럼 수년간 열심히 일하고 나서야 비로소 회사의 가치를 키우는 일을 제대로 하지 못했다는 후회가 물밀듯이 밀려온다. 미리부터 회사를 비싼 값에 매각할 수 있게 회사 가치를 키우는 방식으로 회사를 구조화하는 것이 중요하다.

지난 몇 년간 나는 여러 회사를 매각했고, 지금은 엔젤투자자로서 인수할 가치가 있다고 생각하는 회사를 평가하는, 말하자면 협상의 반대편에 서 있다. 회사를 인수하려는 사람이 가장 중요하게 생각하는 것 중 하나는, 당신이 그 회사를 운영하고 있느냐 아니면 당신이 회사 그 자체냐 하는 것이다. 이것은 또한 당신이 그들을 만족시키기 위해 해야 할 일이기도 하다. 당신이 그 회사를 운영하고 있느냐와 당신이 회사 그 자체냐 하는 것은 엄청난 차이가 있다. 만약 회사가 당신 없이는 사업을 운영할 수 없다면, 아무리 뛰어나고 이익을 잘 내도 인수할 만한 자산이 될 수 없다. 그것이 바로 비즈니스 시스템이 중요한 이유다. 문서화된 시스템을 갖추는 것만이 회사가 당신

없이도 잘 굴러갈 수 있도록 해준다.

다음으로 생각해볼 요소는 누가 왜 당신의 사업을 인수하려고 하는가이다. 경쟁업체일까? 아니면 업계에 신규로 진입한 회사? 아니면 업계 종사자이지만 다른 틈새시장을 노리는 회사? 잠재적 인수자가 누구인지 염두에 두고 회사를 구조화하는 것이 현명하다. 그것은 투자자들에게도 매우 흥미로운 일이다. 투자자들에게 그들이 투자한 자본의 출구와 회수에 대한 분명한 길을 보여주기 때문이다. 투자자에게 사업을 넘길 생각이 없다고 하더라도 사업주인 당신이 스스로 투자자의 관점에서 생각해볼 필요가 있다. 그러니까 낮에는 기업가로서의 역할을 수행하지만, 밤에는 투자자로 활동하면서 당신이 투자한 자본에 대한 수익이 언제 얼마나 발생할 것인지에 대한 질문을 스스로에게 꾸준히 해보아야 한다.

이런 조언을 하면 사업주들은 이렇게 반박한다. "나는 내가 하는 일을 좋아하기 때문에 회사를 팔 생각이 없어요." 당신이 좋아하는 일을 하면서 좋은 수입을 얻는다면 아주 훌륭하다(사실 그런 사람은 그리 많지 않다). 하지만 당신이 좋아하든 싫어하든, 언젠가는 환경이 바뀔 수 있다. 좋아했던 일이 지루해질 수도 있고, 몸이 아플 수도 있고, 이제는 스트레스에서 벗어나 은퇴하고 싶을 수도 있고, 더 좋은 기회를 찾고 싶을 수도 있다.

그때가 되어 회사를 팔기로 했을 때, 회사를 정리해 겨우 빚을 갚기보다는 당연히 큰돈을 받고 팔 수 있기를 원할 것이다. 퇴장해야 할 시점이 되어서야 비로소 퇴장을 위해 구조화한다면 낭패를 볼 수 있다. 이미 너무 늦었고 좋은 결과를 얻을 가능성이 매우 낮다. 따라서 처음 시작할 때부터 끝을 염두에 두어야 한다. 처음부터 당신의 최종 고객이 누구인지에 대해 생각하고, 어떻게 하면 당신에게 큰돈을 지불할 동기를 그들에게 부여할 수 있는지를 생각하라.

7장 실행 과제

최고의 경험을 어떻게 제공할 것인가?
1페이지 마케팅 플랜의 일곱 번째 칸을 채워보자.

고객생애가치를
높여라

기존 고객의 생애가치를 높이는 일은 큰 수익 창출로 이어질 수 있다. 이를 위해서는 기존 고객이 회사와 더 많이 거래할 수 있도록 전략과 전술이 필요하다. 또한 비즈니스의 주요 수치를 파악하고 관리하며 지속적으로 개선해야 한다.

이 장에서 다루는 주요 내용

- 기존 고객층이 풍요로운 다이아몬드 광산인 이유와 그 가치를 실현하는 방법

- 기존 고객에게서 더 많은 수익을 창출하는 5가지 방법

- 잃어버린 고객을 되찾거나 최근에 구매 실적이 없는 고객을 재활성화하는 방법

- 반드시 숙지하고 관리해야 하는 주요 마케팅 지표

- 3가지 주요 수치를 조금만 향상시켜도 수익이 431%나 개선된 사례

- 회사의 성장과 매출 증대가 항상 좋은 것만은 아닌 이유와 그런 '오염된 매출'을 피하는 방법

- 회사 고객의 4가지 범주와 각 범주의 고객을 다르게 대해야 하는 이유

나의 다이아몬드를 찾아라

사업주들은 대개 '사냥'에 집중한다. 때로는 해결사로, 때로는 사냥꾼으로 나서며 신선한 피 맛을 즐긴다. 그 멋진 사냥감은 이 책의 1장에서부터 6장까지 자세히 설명한 표적고객과 관심고객이다. 새로운 고객을 문 앞까지 이끄는 이 모든 일은 '프런트엔드' 제안에 속하는 일이다.

이번 장부터는 백엔드에 초점을 맞출 것이다. 그것은 기존 고객의 구매를 늘리는 전략이다. 백엔드 과정은 프런트엔드의 모든 과정(새로운 고객을 유치하기 위한 포지셔닝, 판매 체결 기법, 멋진 마케팅 전략)만큼 흥분되지 않을지는 모르지만 이 장이야말로 회사에 진짜 돈을 벌어다 주는 일과 연관되어 있다.

러셀 콘웰Russell Conwell의 고전적 강연집 『다이아몬드 밭Acres of Diamonds』

에 알리 하페드_{Ali Hafed}라는 농부 이야기가 나온다. 그는 다이아몬드를 찾고 싶은 마음이 너무 간절한 나머지 자신의 논을 팔아 다이아몬드를 찾아 나섰다. 그는 전 세계를 떠돌아다녔지만 끝내 다이아몬드를 찾지 못한 채 임종을 맞았다. 한편 알리 하페드에게 논을 산 새 주인이 바로 그 논에서 '인류 역사상 가장 웅장한 다이아몬드 광산'을 발견했다는 이야기다.[*]

이 이야기는 '보물을 찾아 떠나기 전에 자신이 무엇을 갖고 있는지 정확히 파악하라'는 교훈을 준다. 이것은 마케팅에도 완벽하게 적용된다. 대부분의 기업들은 기존 고객이라는 풍요로운 '다이아몬드 밭'을 가지고 있으면서도 처음 몇 번 거래해본 다음에는 기존 고객이라는 '집토끼'를 버리고 새로운 수익원을 찾기 위해 마케팅의 에너지와 돈, 자원을 모두 써버린다.

이 책도 상당한 지면을 새로운 고객 확보에 할애하고 있다. 물론 매우 중요하지만, 그것은 회사를 성장시키는 2가지 방법 중 하나에 불과하다. 나머지 한 가지는 기존 고객(또는 과거의 고객)을 중시하고 그들에게서 더 많은 것을 거두는 것이다. 대부분의 기업들은(잠시 왔다가 사라진 기업들조차도) 적어도 한동안은 진짜 다이아몬드 밭에 앉아 있던 적이 있었을 것이다. 매출을 올리고 수익을 증대시키는 일에 관한

---

* 1pmp.com에 들어가면 콘웰 목사의 '다이아몬드 밭' 연설의 오디오 녹음을 들을 수 있고 연설문도 볼 수 있음.

한, 기존 고객(과거의 고객 포함)이 새로운 고객보다 훨씬 더 쉽다. 널리 인용되는 통계에 따르면, 사람들은 한 번도 구입하지 않은 회사보다 과거에 구입한 경험이 있는 회사로부터 구입할 가능성이 21배나 더 높다.[*] 매출 측면에서 현재 및 과거의 고객이 신규 고객보다 훨씬 더 유리하다는 것이다. 기존 및 과거 고객에게 더 많이 판매할 수 있는 방법을 찾고, 그들의 생애가치를 높이면 더 많은 수익을 창출할 수 있다. 이를 위한 5가지 방법을 소개한다.

언제 어떻게 가격을 올릴까?

고객생애가치를 증대시키는 방법 중 가장 꺼리는 것이 가격을 올리는 일이다. 대부분의 기업들은 가격을 올리면 고객 이탈이나 어떤 형태로든 저항이 일어난다고 우려하는 것 같다. 가격 인상이 전략적으로 처리되어야 하는 것은 사실이지만, 사실 고객은 일반적으로 상상하는 것보다 가격에 훨씬 덜 민감하다. 6장에서 언급한 것처럼 당신이 올바로 포지셔닝되어 있거나 앞 장에서 언급한 바대로 최고의 경

---

[*] 이 통계는 수년 동안 사람들 사이에서 회자되어왔지만 나는 그 출처를 추적하려는 시도는 직접 하지 않았다. 실제로 그 숫자가 21이든, 18이든, 5든 그 외 어떤 수가 됐든 상관없기 때문이다. 중요한 것은 새로운 관심고객에게 판매하는 것보다 이전에 구입한 적이 있는 사람에게 판매하는 것이 훨씬 쉽다는 것이다.

험을 제공하고 있다면, 대부분의 고객은 가격 인상을 기꺼이 받아들일 것이다. 고객과 어떻게 거래하느냐에 따라 심지어 일부 고객들은 가격 인상을 거의 눈치채지 못하기도 한다.

당신이 고객이라고 생각해보고 구매 습관을 되돌아보라. 당신은 계산서를 항목별로 세세히 살펴보는 것은 고사하고 총액을 보지도 않고 신용카드를 긁어버린 적이 많지 않은가? 개인적으로 나는 특히 그다지 비싸지 않은 상품이나 서비스를 구매할 때 그런 경우가 매우 많다. 동네 카페에 자주 가면서도 커피 가격이 얼마인지 정확히 기억하지 못한다. 그들이 가격을 10%나 20% 인상한다 해도 나는 전혀 모를 것이다. 그저 무심하게 신용카드를 긁고 커피가 나오기를 기다릴 뿐이다. 하지만 카페의 주인에게는 가격을 인상해 수익을 10% 또는 20% 더 올리느냐에 따라 큰 차이가 있다. 어쩌면 가게의 흥망이 달려 있을지도 모른다.

당신 회사에서 실제로 가격을 마지막으로 인상한 게 언제인가? 시간이 꽤 지났다면 가격을 재평가해야 할 시기다. 여기서 짚고 가야 할 중요한 한 가지! 당신 회사가 오랫동안 가격을 올리지 않고 유지해왔다면, 실질적으로는 시간이 지남에 따라 인플레이션 효과로 명목상 같은 금액의 돈의 가치가 떨어졌을 가능성이 크다. 결과적으로는 가격을 낮춘 셈이다. 인플레이션은 일정 기간 동안 상품과 서비스의 가격 수준이 지속적으로 상승하는 것을 말한다. 당신이 어렸을 때

우유나 빵의 가격과 지금의 가격을 비교해보라. 그것이 바로 인플레이션의 영향이다. 장기간에 걸쳐 가격을 올리지 않았다면, 결과적으로 수익은 줄어든 셈이다.

고객의 비위를 거스르지 않고 가격을 인상하는 비결은 고객에게 가격 인상의 이유를 그대로 밝히는 것이다. 제품의 품질 향상이나 원가 상승 등의 이유를 설명하라. 당신 회사의 제안으로 고객이 그동안 얻었던 혜택과 향후 혁신으로 얻을 수 있는 이점도 설명하라. 물론 일부 고객들은 설명을 듣고 당신 회사를 떠날 수도 있지만, 그들은 별 가치 없는 고객일 가능성이 크다. 가격에 따라 새로 생기는 고객이 있는 한편 떠나가는 고객도 있기 마련이다. 하지만 가격 인상이 제대로만 이루어진다면 결과적으로 가격에 민감한 떠돌이 고객을 잃는 것을 만회하고도 남을 만큼 이익이 증가할 것이다.

그래도 기존 고객이 가격 인상을 용인하지 않으리라는 우려가 크다면, 이른바 '기득권 인정'이라는 전략을 시도해볼 수 있다. 가격 인상은 신규 고객에게만 적용하고 기존 고객에게는 현재의 가격을 그대로 유지하는 것이다. 다만 이 방법을 적용하는 경우에도 기존 고객에게 당신이 하고 있는 일을 정확하게 설명해줄 필요가 있다. 기존 고객들이 얼마나 많은 혜택을 받고 있는지를 다시 한번 강조하고 자신들이 특별 대우를 받는다는 느낌을 줌으로써 고객 충성도를 높일 수 있다.

본 제품과 함께 추가 제품 권유하기

"감자튀김도 함께 드릴까요?"라는 이 한마디가 맥도날드에 수억 달러를 가져다주었다는 사실을 아는가? 이런 업셀링 전략은 당신에게도 큰 가치가 있다. 업셀링은 당신이 판매하는 본 제품 또는 본 서비스에 추가로 다른 제품을 권유하는 전략을 말한다.

로버트 치알디니Robert B. Cialdini는 그의 고전 『설득의 심리학』(21세기북스, 2019)에서 대조 효과(contrast principle)에 대해 설명한다. 대조 효과란 2개의 서로 다른 사물이 순차적으로 제시되면 실제보다 더 다르게 느껴진다는 원리다. 예를 들어, 먼저 무거운 물체를 들어 올렸다가 다음에 가벼운 물체를 들어 올리면, 두 번째 물체가 실제보다 더 가볍게 느껴진다는 것이다. 당신의 이웃이 저녁 내내 시끌벅적한 파티를 열었을 때, 파티가 끝나고 찾아온 고요와 평화가 더 고맙게 느껴지는 것도 대조 효과다.

가격에도 마찬가지 원리가 적용된다. 잠재고객이 '비싼' 가격의 본 제품을 먼저 구입한 후에 제시받는 추가 제품의 가격은 상대적으로 저렴하게 느껴진다. 정장을 사본 사람들은 이 말의 뜻을 정확히 이해할 것이다. 당신이 고른 양복을 가지고 카운터에 가서 꼬리표에 적힌 가격을 지불한다. 하지만 쇼핑은 이제 막 시작되었을 뿐이다. 판매원은 이제 당신에게 딱 맞는 셔츠를 추천할 것이다. 평소 같으면 그 셔츠의 가격도 만만치 않아 구매를 주저했을 수도 있지만, 정장 가격과 대조해보면 셔츠의 가격은 매우 합리적으로 보인다. 다섯 벌의 셔츠를 샀더니 판매원은 셔츠에 대한 당신의 뛰어난 취향과 안목을 칭찬한 다음, 당신에게 딱 어울리는 넥타이를 추천한다. 넥타이를 사고 쇼핑이 마침내 끝났다고 생각할 때, 판매원은 다시 양말과 벨트를 꺼내보여준다. 이 모든 것을 합치면 당신이 거래한 금액은 애당초 금액보다 2배 또는 3배로 늘어났을 것이다.

업셀링은 회사 입장에서 2가지 장점이 있다. 첫째는 앞서 언급한 대조 효과다. 둘째는, 잠재고객은 당신이 추가로 제안한 품목들을 과거에 따로 구매한 적이 없기 때문에 추가되는 품목의 가격에 민감할 가능성이 현저히 낮아진다는 것이다. 이 2가지 요인 덕분에 업셀링으로 더 높은 이익을 올릴 수 있다. 실제로 본 제품의 마진은 적은 반면 업셀링으로 파는 추가 제품에서 수익을 올리는 경우가 적지 않다 (하지만 나는 이 전략을 권장하지는 않는다). 가전제품을 예로 들 수 있는데, 본 제품의 이윤이 아주 박한 대신 케이블, 배터리, 보증 연장 같은 추가 제안에서 대부분 실질적인 수익을 창출한다.

고객에게 업셀링을 권장할 때 가장 많이 사용하는 방법이 "X제품을 구입한 대부분의 고객들은 Y제품도 함께 구입하셨습니다"라고 말하는 것이다. 아마존과 같은 대형 전자상거래에서 물건을 구입할 때, 이 전략이 구사되는 것을 자주 볼 수 있다. 사람들은 대개 자신이 사회의 일반적 표준norm에 속하기를 바란다. 그들에게 다른 사람들의 일반적인normal 구매 습관이 무엇인지 굳이 알려줌으로써 표준에 속하기를 원하는 강력하고 뿌리 깊은 심리를 최대한 자극하는 전략이다.

그런데 어떤 회사들은 고객이 무언가를 막 구매했으면 다시 구매하기 전에 잠깐 숨을 돌리게 해주어야 한다고 생각한다. 물론 이는 잘못된 생각이고 사실이 아니기도 하다. 잠재고객들은 마음이 '맹렬하게' 열려 있어 여전히 구매 심리 상태에 있을 때 다른 구매 제안을 훨씬 더 잘 받아들인다. 당신에게는 마진이 높은 품목들을 추가로 제안할 수 있는 절호의 기회다. 이 기회를 잘 활용하면 고객에게 더 나은 결과를 제공할 수 있고, 고객의 생애가치를 즉시 높일 수 있다.

고수익 제품으로 유도하기

기존 고객을 더 높은 가격대의 고수익 제품 및 서비스로 유도하는 전략을 '어센션ascension'이라고 부른다. 예를 들면 인터넷 서비스 제공자(ISP)가 당신에게 지금 쓰고 있는 것보다 더 빠른 고속 인터넷 요금제를 제안하거나, 자동차 딜러가 한 단계 높은 모델을 권고하는 것이 바로 어센션이다. 어센션은 마케팅 과정에 반드시 동반되어야 한다. 고객들은 더 많은 혜택을 받는 상위 단계로 올라갈 수 있는 여력이 있으면서도 기존 단계의 제품이나 서비스에 그대로 머물러 있을 때가 많다. 고객의 그런 타성은 물건을 팔아야 하는 당신에게 하등 유리할 게 없다.

어센션 캠페인은 단순히 회사의 수익을 높여주는 것 외에도, 고객의 타성과 싸우고 고객이 경쟁업체로 떠나는 것을 방지할 수 있다. 고객이 현재의 제품이나 서비스에 더 이상 만족하지 못해 업그레이드를 고려할 때 그들은 대개 당신 회사의 제품이나 서비스에 불만을 품고 경쟁사의 제품이나 서비스를 살펴볼 가능성이 크다. 그들은 현재 당신이 판매한 인터넷 서비스가 답답할 정도로 느린 것에 대해, 그리고 당신이 판매한 차의 연비가 형편없다는 것에 대한 불만이 있다. 그들이 그런 제품이나 서비스를 선택한 건 3년 전이었기 때문에 그 옵션을 선택한 책임이 그들에게 있다고 볼 수 있지만, 그들의 새로운 욕구를 충족시키기 위해 적극적으로 노력하지 않아 그들을 경쟁사에 빼앗긴다면 그것은 전적으로 당신의 잘못이고 당신의 문제다.

결국 하나의 제품이나 서비스 범주에 한 가지 옵션이나 한 가지 가격만 제공하는 것은 좋은 전략이 아니다. 선택지가 하나밖에 없다는 것은 엄청난 매출 손실을 야기한다. 최소한 한 가지 제품이나 서비스의 범주에 '표준' 등급과 '프리미엄' 등급의 옵션이 있어야 한다. 우리는 6장에서 제품 목록에 왜 고가품이 있어야 하는지에 대해 살펴보았다.

제품 종류가 다양하지 않더라도, 이런 식으로 여러 옵션을 붙이는 방식으로 제안해야만 회사의 수익을 높일 수 있다. 그렇게 함으로써 가격에만 의존하는 가치 없는 고객보다 명성, 서비스, 편의성을 추구하는 더 부유한 고객을 끌어들일 수 있다. 6장에서 언급한 바와 같이, 경험칙에 따르면 고객 중 10%는 10배 이상의 가격을, 1%는 100배 이상의 가격을 당신에게 기꺼이 지불할 용의가 있다. 그러므로 한 가지 옵션만 제시하는 것은 엄청난 이익을 올릴 수 있는 기회를 저버리는 셈이다.

초고가 제품을 갖추는 것은 치알디니의 대조 효과를 활용하는 데에도 도움이 된다. 당신이 초고가 제품을 가지고 있으면, 일반 고객들은 비록 초고가 제품을 구매하지 않더라도 초고가 제품의 가격과 비교해보고 당신의 표준 제품이나 서비스의 가격이 상대적으로 합리적이라고 생각하게 된다.

또 고가 제품을 가지고 있다는 것 자체만으로 고객에게 업그레이드를 하고 싶은 욕망을 심어줄 수 있다. 사람들은 항상 가질 수 없는 것을 원하기 때문에, 나중에 더 나은 위치가 되면 당신에게서 고가 제품을 구매하겠다는 욕구를 지속시킬 수 있다.

구매 빈도를 늘리는 3가지 방법

고객의 구매 빈도를 늘리는 것은 고객생애가치를 높이는 또 다른 전략이다. 이를 위해 내가 좋아하는 몇 가지 전략을 소개한다.

1. **알림 메시지를 보낸다.** 현대인의 삶은 늘 바쁘다. 그들은 자신에게 이익이 되는 일조차도 제때 기억하지 못한다. 그러니 우편, 이메일, 문자 등으로 알림 메시지를 보내 당신과 다시 거래해야 한다는 사실을 알려줘라. 정기적인 알림 메시지는 완전히 자동화할 수 있으므로 기술을 활용하면 크게 힘들이지 않고 할 수 있다. 알림 메시지가 너무 강요하는 느낌을 준다고 걱정하는 사람도 있는데, 당신이 고객에게 이익이 되는 가치 있는 것을 판매한다는 확신이 있다면 정기적으로 알리지 않는 것이 오히려 그들에게 피해를 주는 것이다.

   알림 메시지를 보내는 시점은 당신이 제공하는 제품이나 서비스의 혜택 또는 이점이 시간 경과에 따라 만료되는 때다. 예를 들어 자동차 서비스, 마사지 이용권, 잉크 카트리지, 애완동물 백신 등 여러 가지가 있을 수 있다. 그런데 부동산, 자동차, 재무계획 같이 수명이 긴 제품이나 서비스를 판매하고 있어서 고객이 언제 다시 구매할지 모르는 경우라면 어떻게 해야 할까? 이에 대해서는 5장에서 이미 다룬 바 있다. 그들과 계속 연락을 유지하며 고객 육성 시스템을 통해 끊임없이 관계를 발전시켜라. 매월 엽서나 뉴스레터를 보내는 것처럼 간단한 일이지만, 고객이 다시 구매할 준비가 되면 그들의 논리적 선택은 당신이 될 것이다.

2. **재구매할 수밖에 없는 명분을 제공하라.** 최근 아내는 집에서 차로 거의 한 시간 거리에 있는 전문 신발 가게에서 쇼핑을 했다. 그 가게는 고객이 100달러를 쓸 때마다 30달러 상당의 상품권을 제공했다. 그녀가 그 가게에서 누적으로 약 300달러어치의 신발을 샀을 때 상품권은 90달러가 되었다. 상품권은 매번 물건을 사고 값을 치를 때마다 지급되었는데, 유효기간이 물건 대금 지급일로부터 6개월이었다. 문제는 그 상품권의 효력이 대금을 지불한 다음 날부터 발생하기 때문에 물건을 사는 당일에는 사용할 수 없다는 것이다. 상품권을 사용하려면 다음에 다시 가게에 가야 했다. 아내는 집에 와서 신발을 사면서 상품권을 받았기 때문에 엄청나게 싼 가격으로 신발을 샀노라고 자랑했다. 그러고는 내게 이렇게 말하는 것이었다. "마침 그 가게에 당신이 좋아할 만한 신발이 있더군요. 90달러나 되는 상품권을 쓰지 않는다면 얼마나 손해겠어요?" 다음 날 내가 어디로 끌려갔는지는 말하지 않아도 알 것이다. 내가 정말 필요한지도 정확히 모르는 신발을 사느라 토요일 오후 반나절을 보내면서 우리는 상품권 외

에 200달러의 돈을 더 써야만 했다. 계산원은 우리에게 좋은 소식을 전했다. 우리가 200달러를 썼기 때문에 60달러의 상품권을 또 받을 자격이 생겼다는 것이다. 그다음에 일어난 일은, 200달러를 추가로 쓴 대가로 인간 심리에 대한 교훈을 얻게 되었다는 것이다. 한 시간이나 걸리는 먼 곳에 있는 신발가게를 왔다 갔다 하느라 지친 아내는 계산원에게 60달러짜리 상품권은 주지 않아도 된다고 거의 간청하다시피 말했다. 그녀는 다시 신발 하나를 사려고 차를 몰고 가고 싶지 않았고, 60달러짜리 상품권을 유효기간까지 안 쓰는 '손해'를 또다시 겪고 싶지 않았기 때문이다. 계산원은 여전히 미소를 지으며 가게의 방침이라 상품권을 줄 수밖에 없다고 사과하듯이 말했다. 상품권이라는 한 가지 간단한 전술로 그 가게는 아내의 초기 거래금액의 2배 이상의 매출을 올렸고, 아내에게 반복 구매에 참여하지 않는 것은 손해 보는 일이라고 생각하게 만드는 심리적 고통을 주었다. 당신도 반복 구매를 장려하기 위해 이와 유사한 전략을 사용할 수 있는가? 주목할 점은 이 전략이 할인과는 완전히 다르며, 미래의 구매를 거의 강제로 부추긴다는 사실이다.

3. **구독 모델을 통해 반복 구매를 유도하라.** 인터넷 접속, 보험 또는 전기 공급과 같은 제품이나 서비스는 자연스럽게 구독 비즈니스 모델을 취한다. 하지만 당신은 발상을 전환해야 한다. 비구독 상품

을 판매하는 전통적 방식에 있어서도 혁명적 사고가 필요하다.

예를 들어, 달러셰이브클럽Dollar Shave Club이라는 회사는 저렴한 일회용 면도날을 구독 서비스로 전환했다. 얼마나 멋진 생각인가! 그들은 고객에게 엄청난 가치와 편리함을 제공했을 뿐만 아니라 당신이 그만하라고 말할 때까지 매달 제품에 대한 비용을 청구한다. 달러셰이브클럽 이후, 다른 제품 카테고리들도 뒤를 이었다. 화장품, 속옷, 과일, 양말, 애완동물 사료 등을 판매하는 회사들이 속속 월간 구독권을 사는 비즈니스 모델을 따라 하기 시작했다.

부피가 크고 무거워 매장에서 직접 구매하기 불편했던 개 사료 한 포대가 이제 6주마다 자동으로 집 현관 계단에 도착한다. 더 이상 짐 수레를 끌고 애완동물 가게까지 갔다가 물건이 다 팔려 허탕치고 되돌아올 필요가 없어졌다. 더 이상 무겁게 끙끙거리며 차 트렁크에 싣고 내리고 할 필요도 없어졌다. 모든 게 자동이다. 구독 서비스에 가입만 하면 더 이상 신경 쓸 필요가 없다. 개 사료 회사도 수입 흐름이 예측 가능해져서 좋아하고 있을 것이다. 당신도 소모품을 팔고 있다면, 구독 서비스로 전환할 수 없는지 생각해보라.

구독 모델의 또 한 가지 부수적 효과는 소비자들이 구독으로 제품을 구매하다 보면 가격을 비교하는 노력을 더 이상 하지 않는다는 것이다. 개 사료를 구독으로 구매하기 전에는 내가 사는 동네의 여러 애완동물 사료 가게 중에서 특정 브랜드의 강아지 사료를 할인해주는 가게가 있는지 일일이 조사해보곤 했지만, 지금은 더 이상 그런 조사를 하지 않는다. 6주마다 자동으로 사료가 현관 앞으로 오는데 무엇 하러 굳이 싼 집을 찾는단 말인가? 당신의 고객들은 유별나게 시장의 가격 비교를 자주 조사할지 모르지만, 일단 구독 서비스를 시작하면 구매할 때마다 매번 의사 결정을 할 필요가 없어진다. 고객이 원하는 가치를 추가적으로 제공하기만 한다면, 고객은 당신 제품이 조금 더 비싸다 해도 그에 대해 신경조차 쓰지 않을 것이다. 사람들은 편리함에는 대가가 따른다는 것을 알고 있으며, 대부분은 그런 비용 지불을 문제 삼지 않는다.

과거의 고객 되찾아 오기

지금 당신의 회사가 큰 문제 없이 잘 굴러가고 있다면 당신 회사가 그동안 '과거 구매고객'이라는 금광 위에 앉아 있었기 때문이다. 과거의 고객들은 잠재고객과 현재 고객 사이의 틈에 있는 사람들이다. 그들이 현재 당신의 고객이 아닌 데는 여러 이유가 있을 수 있다. 당신에게서 좋지 않은 경험을 했을 수도 있고, 더 좋은 가격을 찾아 떠났을 수도 있고, 다른 지역으로 이사를 갔을 수도 있고, 어쩌면 당신이 그들에게 돌아올 만한 설득력 있는 명분을 미처 주지 못했기 때문일 수도 있다.

과거의 고객들은 매우 가치 있는 존재들이다. 당신에 대한 정보를 전달하고, 좋아하게 하고, 신뢰하게 하기 위해 이미 많은 노력을 기울인 사람들이기 때문이다. 이제 그들로부터 다시 구매를 이끌어내는, 즉 재활성화 전략을 실행하기만 하면 된다. 이는 신규 고객을 만드는 것보다 더 빨라서 현금화되는 속도가 매우 빠르다.

재활성화 전략을 실행하기 위한 기본 사항은 다음과 같다.

1. 고객 데이터베이스를 점검해서 최근 소식을 듣지 못했거나 한동안 구매하지 않은 과거 고객의 이름을 뽑는다. 물론 그들 중에서 다시 돌아오기를 원치 않는 '진상고객'은 걸러낸다.
2. 과거 고객의 반응을 불러일으키는 강력한 제안을 만들어라. 대개 기프트 카드, 쿠폰, 무료 샘플 등이 효과적이다.
3. 과거 고객에게 연락해 왜 돌아오지 않았는지 물어본다. 그 이유가 타당하거나 당신의 잘못이라면 사과하고, 당신이 어떤 시정 조치를 했는지 설명해준다. 다행히 그들이 다시 활성화되어 당신에게서 다시 구매하기 시작한다면, 그들이 특별하게 대우받는

느낌을 갖도록 그들을 위한 후속 조치를 실행한다.

바람직한 재활성화 전략의 주제와 헤드라인의 예를 들자면, '당신이 그립습니다'나 '우리가 뭘 잘못했는지 알려주세요' 같은 문구다. 그런 다음, 그들이 당신에게서 한동안 구매하지 않았다는 사실을 어떻게 알게 되었는지 그리고 그들이 돌아오면 정말 기쁠 것이라는 말을 전하고, 그들이 당신에게 얼마나 특별한 존재인지를 강조한다. 그 방법에 대해서는 이미 알고 있을 것이다.

처음부터 잘해왔다면 재활성화 전략은 불필요했겠지만, 당신은 때때로 일을 망쳤을 수도 있고, 경쟁자에게 패하거나 마케팅에 안주했을 수도 있다. 재활성화 전략은 과거 고객과의 관계를 재부팅하고 고객의 생애가치를 높이는 데 크게 기여할 것이다.

숫자가 모든 것을 말해준다

나는 흥미 있는 이야기를 좋아한다. 마케터로서 스토리텔링은 업무의 상당 부분을 차지한다. 하지만 회사의 성공 여부를 측정하고 관리하는 데 있어서만큼은, 스토리가 진실을 혼란스럽게 하는 경우가 종종 생긴다.

TV 쇼 〈샤크탱크Shark Tank〉를 본 적이 있다면, 내 말이 무슨 뜻인지 정확히 이해할 것이다. 이 쇼를 본 적이 없는 사람을 위해 설명하자면, 〈샤크탱크〉는 기업가들이 부유한 투자자(이들을 '샤크(상어)'라고 칭한다)들을 상대로 자신의 아이디어를 설명하고 투자를 받는 리얼리티 쇼다. 이 쇼는 항상 예측 가능한 방식으로 시작한다. 기업가는 제품이나 서비스를 소개하면서 그 아이디어가 어떤 문제를 해결하는지 설명하고 그 자리에서 그것을 입증한다. 그들은 상어들에게 자신의 아이디어가 얼마나 훌륭한 투자 기회인지 강조하며 발표를 마친다. 그과정에서 상어들은 몇 가지 쉬운 질문을 던지는데, 그중에서 대개 거의 모든 상어가 공통으로 묻는 질문이 있다. "그 제품의 현재 매출액은 얼마인가요?" 그러면 대부분의 아마추어 발표자(기업가)들은 당황해하며 왜 매출이 거의 없거나 아예 없는지에 대해 장황하게 우물쭈물 설명한다.

이런 종류의 애매한 태도는 많은 기업 투자설명서나 보고서에서도 흔히 볼 수 있다. 그들은 자신들의 이야기를 들려주기 위해 모든 페이지에 정성을 기울인다. 멋진 성장 궤적을 보여주는 아름다운 그래프까지 동원하며 자신의 제품과 서비스가 얼마나 훌륭한지, 그리고 얼마나 밝은 미래가 있는지 자랑한다. 하지만 막상 실제 숫자 부분에 들어가면 적자투성이였음이 드러난다. 나는 재미있는 소설을 읽고 싶을 때, 스티븐 킹의 소설 대신 이런 투자 유치 보고서를 읽는다. 그게 얼마나 재미있는지 아시는가!

측정할 수 있는 것은 관리할 수 있다는 유명한 경영 금언을 들어보았을 것이다. 마케팅은 당신의 숫자를 끊임없이 측정하고, 관리하고, 개선해야 하는 게임이다. 여기에 길고 복잡한 이야기는 필요 없다. **숫자 자체가 모든 것을 말해주기 때문에** 숫자만 있으면 그것으로 충분하다.

주치의는 몇 가지 핵심 수치만으로도 당신의 건강 상태를 거의 알고 있다. 회계사 역시 몇 가지 핵심 수치만 있으면 회사 상태를 파악한다. 마케팅도 마찬가지다. 계속해서 숫자를 파악하고 개선해야 한다. 이것이 왜 중요하고 강력한지 설명하기 전에 먼저 당신이 꼭 알아야 할 주요 수치부터 짚어보자.

- **관심고객:** 당신의 회사에 관심을 갖고 새로 참여한 관심고객의 수를 계산한다(4장과 5장 참조).
- **전환율:** 관심고객이 실제 구매고객으로 전환된 비율을 계산한다(구매고객으로의 전환에 대해서는 6장 참조).
- **평균 거래금액:** 고객이 당신 회사에 물건을 구매하고 지불하는 평균 금액을 파악한다(이 장의 앞부분에서 이 숫자를 늘리는 몇 가지 방법을 살펴보았다).
- **손익분기점:** 당신의 회사를 유지하기 위해 필요한 금액이 얼마인지 정확히 파악한다. 여기에는 임대료, 직원 급여, 공공 요금, 기타 고정비 등 모든 항목이 포함된다.

이 모든 수치는 일반적으로 월 단위로 측정되지만, 회사 규모에 따라 매주 또는 매일 측정할 수도 있다. 이제 이러한 수치를 측정, 관리 및 개선하는 것이 얼마나 중요하고 강력한지 예를 들어 설명해 보겠다.

가전제품을 판매하는 온라인 상점을 운영한다고 가정해보자. 당신은 중국에서 물건을 수입해 온라인 상점에 올려 50%의 마진을 붙여 판매한다. 매달 평균 8,000명의 방문자가 웹사이트를 방문하며, 이중 평균 5%가 구매를 하고, 고객 한 명당 평균 거래금액은 500달러다. 창고 운영, 직원 고용, 웹사이트 호스팅과 같은 운영비를 포함한 손익분기점은 월 9만 달러다. 이를 정리하면 다음과 같다.

관심고객	8,000명
전환율	5%
총 전환 고객 수	400명
평균 거래금액	500달러
총 매출	20만 달러
총 마진	50%
총이익	10만 달러
손익분기점	9만 달러
총 순이익	1만 달러

이제 우리는 3가지 핵심 수치를 개선하려고 한다. 즉 잠재고객, 전환율, 평균 거래금액을 각각 10%씩 개선한다고 가정하자.

광고 문안을 더 매력적으로 만들어 8,000명의 방문자를 8,800명으로 늘리고자 한다. 그리고 전환율을 5%에서 5.5%로 끌어올리기 위해 과감하고 확실한 보장(223쪽 참조)을 제공하기로 한다. 마지막으로 결제 페이지에 평균 거래금액을 500달러에서 550달러로 높이기 위해 업셀링 제안을 추가했다. 마진은 50% 그대로 유지되며 고정 운영비도 월 9만 달러로 변동 없다.

이제 마케팅 전후의 수치를 살펴보자.

	이전	이후
관심고객	8,000명	8,800명
전환율	5%	5.5%
총 전환 고객 수	400명	484명
평균 거래금액	500달러	550달러
총 매출	20만 달러	26만 6,200달러
총 마진	50%	50%
총이익	10만 달러	13만 3,100달러
손익분기점	9만 달러	9만 달러
총 순이익	1만 달러	4만 3,100 달러

무슨 일이 벌어졌는지 보이는가? 우리는 단지 주요 수치 3개를 10% 개선시켰을 뿐인데, 결과는 총 순이익이 무려 431%나 증가하는 놀라운 효과를 거둔 것이다. 3가지 수치를 개선하기 전인 첫 번째 시나리오에서 사업주는 연간 12만 달러의 세전 수익을 올렸다. 그러나 3가지 수치를 개선한 두 번째 시나리오에서는 연간 51만 7,200 달러의 수익을 올렸다. 이것이 사업주의 삶에 얼마나 큰 영향을 미칠 거라고 생각하는가? 두말할 여지가 없다.

물론 이것은 매우 단순화한 예다. 단지 개선의 효과를 증명할 목적으로 다른 변수들은 고려하지 않았다. 그러나 우리는 회사에 수익 증대를 가져오는 포인트 마케팅이 무엇인지 금방 알 수 있다.

가격 인상을 통해 총 마진을 늘리거나, 도매 공급자와 협상을 통해 매입 가격을 낮추는 방안이 추가될 수도 있고, 자동화 시스템을 포함한 비즈니스 시스템을 개선함으로써 일부 운영비를 절감할 수도 있을 것이다.

중요한 것은 당신 회사의 주요 마케팅 수치를 측정, 관리하면서 조금씩만 개선해나가더라도 최종 결과(총 순이익)에 막대한 영향을 미칠 수 있다는 사실이다. **큰 문도 작은 경첩에 매달려 움직이는 법이다.**

측정 및 관리해야 하는 주요 지표가 몇 가지 더 있다. 3장에서 설명한 고객획득비용(133쪽 참조)은 새로운 고객을 유치해서 실제 구매고객으로 전환하기 위해 미디어에 평균적으로 얼마나 많은 비용을 지출하는지를 파악하는 데 도움이 되는 중요한 지표다. 이를 통해 특정 미디어별 투자수익률을 계산할 수 있다.

이 장의 앞부분에서도 언급했지만, 당신 회사도 구독 모델 또는 고객의 반복 구매를 유도하는 요소가 있어야 한다. 아직 없다면, 최대한 빨리 갖추어야 한다. 구독 또는 반복 비즈니스 모델에서 측정하고 관리해야 하는 몇 가지 주요 지표들은 다음과 같다.

- **월별 반복 매출:** 이것은 정기적으로 발생하는 매출이다. 당연히 시간이 지남에 따라 이 숫자가 커지는 것이 바람직하다. 이 숫자가 변동이 없거나 줄어들고 있다면, 고객이 이탈하고 있거나 고객획득비용에 문제가 있는 것이다.
- **이탈률:** 구독을 취소하거나 구매를 중지하는 반복 고객(가입자)의 비율을 말한다. 양동이에 계속 물을 채워도 빠른 속도로 새고 있다면 말짱 헛일이다.
- **고객생애가치:** 이 장에서 가장 중요하게 다루는 핵심 지표다. 이 숫자를 늘리는 것이 회사의 매출을 좌우한다.

이 같은 주요 수치를 지속적으로 관리하는 것이 회사를 제대로 운영하고, 회사가 올바른 방향으로 나아가고 있는지 확인하는 가장 좋은 방법이다. 그래야만 분기별 또는 연말 재무제표를 보고 놀라거나 당황하지 않을 수 있다.

회사의 계기판이라 할 수 있는 비즈니스 대시보드business dashboard

같은 것을 운영해 이런 마케팅 지표와 기타 중요한 수치를 계속 추적하라. 비즈니스 대시보드는 화이트보드에 월 또는 주간 단위로 관련 수치를 수동으로 업데이트하는 단순한 방식으로도 운영할 수 있으며, 실시간으로 자료가 업데이트되는 화면이나 회사 웹페이지에 게시하는 등 보다 세련된 방식으로도 운영할 수 있다. 게코보드 Geckoboard 같은 상용 소프트웨어 솔루션을 이용하면 다양한 출처에서 실시간 데이터를 자동으로 가져올 수 있으므로 주요 지표들을 쉽게 측정하고 관리할 수 있다. 대시보드에는 고객 만족률이나 접수된 불만 사항 수 같은 다른 지표들도 포함시킬 수 있다.

비즈니스 대시보드는 회사에 발생하는 문제를 조기에 알려주는 훌륭한 경고 시스템일 뿐 아니라, 당신과 직원들을 자극하고 동기를 부여하며 책임감을 갖게 한다. 현명한 사업주들은 직원에 대한 인센티브를 핵심 지표와 연계시키기도 한다. 예를 들어 고객 이탈률이 특정 수치 미만으로 유지되는 경우 팀을 저녁 식사에 초대하거나, 인사고과와 보너스를 특정 지표에 연계하는 공식적인 인센티브 제도를 운영하기도 한다.

주요 지표를 매일, 매주, 매월 단위로 측정하고 관리하며 개선해나가는 것이야말로 회사 성장의 핵심임을 명심하라.

매출이라고 다 좋은 매출은 아니다

대부분의 기업가들은 오직 성장과 매출 증대에만 매달리기 때문에 매출의 질에 대해서는 그다지 고려하지 않는다. 여기서는 이른바 '매출이라고 해서 다 같은 것은 아니다'라는 개념을 이야기하고자 한다. 이 개념은 비단 거래 고객만이 아니라 열광적인 팬을 형성하는 데도 절대적으로 중요하며, 성공을 위해서도 꼭 필요한 개념이다. 거래의 명목 금액이 같다 하더라도 그것이 그저 거래만 하는 고객에게서 나온 것이냐, 열광적인 팬에게서 나온 것이냐의 차이는 매우 크다. 여기서 매출이라고 해서 다 좋은 매출은 아니며, 성장이라고 다 좋은 성장은 아니라는 개념을 알아야 한다. 예를 들어, 암을 일으키는 낭종은 시간이 지나면서 성장하지만 당신이 원하는 성장은 아니다. 회사에서도 잘못된 매출이 불어나는 것은 회사를 죽음으로 몰아넣을 수 있다.

우리 몸에 공기와 물이 필요하듯 회사도 살아남으려면 매출이 필요하다. 특히 영세업체들은 자원이 한정되어 있어 온갖 수단과 방법을 가리지 않고 매출을 올리려는 것을 충분히 이해할 수 있다. 그들은 대개 '자기가 잡은 것은 자기가 먹는다'는 자세를 고수한다. 하지만 사람이 오염된 물을 마시거나 오염된 공기를 들이마시면 병에 걸리는 것과 마찬가지로, 당신이 오직 이익을 위해 해로운 고객을 받아들인다면 오염된 매출을 창출하게 되고 결국 회사도 병들게 될 것이다.

다시 말하자면, 적절하지 않거나 해로운 고객들에게서 버는 1달러는 열광적인 팬 고객에게서 버는 1달러와는 다르다. 이것이 '매출이라고 해서 다 같은 것은 아니다'라는 개념이다. 일반적으로 고객은 4가지 유형으로 나눌 수 있다(여기 등장하는 여러 개념들은 건강한 매출과 부정한 매출을 구분하는 POV 기법POV Method의 창시자이자 초고속 성장 전문가인 리처드 트립Richard Tripp이 고안했다).

1. **부족:** 이 부류의 고객들은 당신의 회사를 앞장서 홍보하고 당신의 성공을 위해 적극적으로 협력하는 열광적인 팬, 지지자, 치어리더들이다. 이들이 올려주는 매출이야말로 회사를 굳건하게 세우는 건강한 매출이다. 따라서 이런 유형의 고객을 늘리는 것이 회사의 초고속 성장을 이끄는 비결이다.

2. **떠돌이 고객:** 떠돌이 고객은 시간이든 돈이든 당신에게 전념하지 않는 고객을 말한다. 그들이 당신에게 전념하지 않기 때문에 당신은 그들을 잡기 위해 지나치게 공격적인 영업 및 마케팅 전략, 지나치게 과장된 약속, 또는 대폭적인 할인 행사를 벌였을 수도 있다. 하지만 당신의 노력이 그들에게 통하지 않으면 그들은 미련 없이 떠난다. 이런 유형의 고객이 많으면 당신 회사는 '떠돌이 독감churn flu'에 걸려 매우 위험해질 수 있다. 이런 고객들은 또 당신 회사에 브랜드 문제를 일으킬 수 있다. 그들은 일단 당신에

게 등을 돌리면 시장 사람들에게 당신이 거짓말쟁이라고 모함하거나 정직하지 못한 사람이라고 비난하고 다닌다.

3. **흡혈귀:** 떠돌이 고객들과 달리 흡혈귀는 당신에게 전념하지만, 당신은 그들에게 전념해서는 안 된다. 그들은 일반적인 보통 고객보다 훨씬 더 많은 자원을 쓰게 하면서 다른 고객과 동일한 가격을 지불한다. 그들은 직원을 상대하는 데 만족하지 않고 항상 '상급자나 대표'와 이야기해야 한다고 주장하며, 때로는 자신들의 이익을 위해 회사 대표를 위협하거나 직원을 나무라도록 압박한다. 그들은 당신 회사의 피를 빨아들이는 흡혈귀 같은 존재들이다.

4. **눈표범**snow leopard**:** 대부분의 기업에 이런 고객이 있는데, 눈표범 고객은 회사에 많은 돈을 쓰며 매출의 상당 부분을 차지한다. 고상하고 훌륭하지만 매우 보기 드물며 다시 만나기가 쉽지 않다. 이들은 또 상대하기에도 즐겁고 편하다. 너무 훌륭해서 회사 직원, 간부 들도 그들과 많은 시간을 보낸다. 하지만 대개 자주 나타나지 않기 때문에 그들에게 지나치게 투자하는 것은 좋은 성장 전략이 아니다.

고객을 분류하는 또 다른 방법은 순고객추천지수net promoter score, NPS를 사용하는 것이다. NPS는 고객 충성도와 만족도를 측정하기 위해 만들어진 지수다. NPS 계산에서 고객은 추천고객promoters, 중립고객passives, 비추천고객detractors으로 분류된다. NPS는 −100(모든 고객이 비추천고객인 경우)에서부터 +100(모든 고객이 추천 고객인 경우)까지 나올 수 있다. NPS가 양수이면(즉 0보다 높으면) 양호, NPS가 +50이면 우수한 것으로 간주된다. NPS는 "당신이 우리 회사, 제품, 서비스를 다른 사람에게 추천할 가능성은 얼마나 됩니까?"라는 질문으로 시작한다. 응답자는 이 질문에 대해 1에서 10점 사이의 점수로 답변한다. 9 또는 10점이라고 응답한 사람은 '추천고객'으로 분류하고, 0에서 6점으로 응답한 사람은 '비추천고객'으로 분류한다. 7 또는 8점이라고 응답한 사람은 '중립고객'으로 분류한다. 이처럼 점수화된 척도로 답변을 유도하는 질문의 경우 대부분 사람들은 중간 지점으로 대답하는 경향이 있지만, 친분이 있으면 응답자의 배려심이 개입되면서 중간보다 약간 높은 점수로 답변을 조정하는 경향이 있다. 따라서 7~8점에 가장 많은 답변이 몰리게 된다. 이런 사실을 감안하면 10점 만점에 8점이라도 좋은 점수라고 보기는 어렵다. 그래서 정말 추천하겠다는 사람(추천고객)은 9 또는 10점을 준 사람들로 한정하고, 6점 이하의 점수를 준 사람들은 추천하고 싶지 않은 사람(비추천고객)으로 간주하며, 7과 8점은 중립적인 응답(중립고객)으로 간주한다. NPS 점수는 추천고객 점수의 합에서 비추천고객 점수의 합을 뺀 값으로 정의한다.

점수 매기기가 끝나면 고객이 해당 점수를 선택한 이유를 묻는 개방형 질문이 이어지고 그 이유들은 경영진의 후속 조치에 사용된다.

NPS 같은 공식적인 측정 기준을 사용해 추천고객, 중립고객, 비추천고객으로 분류하든, 리처드 트립의 부족, 떠돌이, 흡혈귀, 눈표범 같은 비공식적 방법으로 분류하든, 모든 고객과 매출을 동등하게 취급하지 않는 것이 중요하다. 모든 매출은 다 좋은 매출이라는 어리석은 생각은 하지 마라.

진상고객은 과감히 해고하라

고객을 해고한다고? 이는 새로운 고객과 새로운 사업을 찾기 위해 필사적으로 노력하는 대부분 사업주에게는 매우 낯선 개념일 것이다. 마케팅과 고객 확보를 강조하는 책에서 고객을 해고하라니, 이상하게 들릴 수도 있다. 하지만 이미 설명했듯이 모든 매출이 다 같은 것은 아니며 다 좋은 것도 아니다. 언젠가 당신은 고객들 중에는 해로운 고객이 있고, 매출 중에는 오염된 매출이 있다는 것을 알 때가 올 것이다. 그런 고객들이 당신 회사의 피를 빨아들이고 있다는 사실을 알게 되면 그들을 더 이상 방치할 수 없다.

문제를 일으키는 진상고객을 해고하지 않으면 오히려 엄청난 시간과 비용, 화를 초래할 수 있다. '고객은 왕이다'라는 진부한 표현을 들어보았을 것이다. 하지만 내가 말하고자 하는 것은 고객이 항상 옳은 것은 아니라는 점이다. '고객이 왕이다'라는 말을 곧이곧대로 받아들이는 것은, 앞서 언급한 흡혈귀나 떠돌이 고객 같은 문제 있는 고객들을 만족시키거나 붙잡아두려고 애쓰느라 시간을 소비하면서 호구처럼 회사를 운영하는 것과 마찬가지다. 포도주와는 달리 진상고객은 시간이 지나도 나아지지 않는다.

우선 그런 진상고객을 정리해야 한다. 그렇다고 정당한 불만을 제기하는 고객을 정리하라는 말이 아니다. 정당하고 진실된 불만을 표현하는 고객은 회사의 소중한 정보 자산이다. 그들의 정당한 불만을 통해 회사의 약점을 발견할 수도 있기 때문이다. 다른 고객들이 나서서 말하지 않는 불만을 그들마저 말하지 않고 그냥 넘어갔다면, 회사는 문제가 무엇인지도 모른 채 거래 기회를 놓쳤을지 모른다. 그런 고객들은 잠정적으로 당신에게서 구매하는 것을 중단했을 뿐, 문제를 일으키는 진상고객은 아니다. 그런 고객의 합당한 불만을 해결하면 오히려 고객과의 관계를 강화하고 회사를 더욱 튼튼하게 만들 수 있다. 당신 회사가 고객의 진실된 불만에 어떻게 대응하고 해결하는지를 지켜본 고객들은 다시 당신에게서 구매를 시작하고 다른 사람에게도 추천할 가능성이 매우 높다. 그들은 당신 회사가 자신들이 옳다는 것을 인정하고, 자신들을 존중하며, 진지하게 받아들인다고 생각할 것이기 때문이다.

이들과 달리 진상고객을 정의하자면 이렇다. 회사가 어떻게 대하든 만족하지 못하는 고객이다. 이들은 대개 비추천고객/흡혈귀/떠돌이 유형에 속한다. 그들은 항상 투덜대고 불평하며 모든 사람이 자신들을 이용하려 한다고 생각한다. 당신이 그들에게 금을 뿌리고 제품이나 서비스를 무료로 준다 해도 그들은 불평 거리를 찾을 것이다. 이런 사람들은 당신과 당신 회사에서 피를 빨아들이는 암적 존재들이므로 가능한 한 빨리 관계를 끊어야 한다.

나도 예외는 아니었다. 여러 기업과 업종을 불문하고 다양한 고객을 만났다. 그중 가장 불평을 많이 하고 시간을 가장 많이 잡아먹으며 결제 때만 되면 항상 독촉하는 사람들이 바로 가격에만 민감한, 가치가 낮은 고객들이라는 사실을 알게 되었다. 회사에 가장 높은 수익을 가져다주는 고부가가치 고객은 항상 결제 기한을 지키고 당신 회사를 존중하며 서비스를 소중하게 여긴다. 이런 생각이 당신의 직관에 어긋날 수도 있지만, 내가 관여했던 모든 기업에서 그것이 틀리지 않다는 것이 입증되었다. 정기적으로 집안 대청소를 하는 것처럼 당신 회사도 전혀 도움이 되지 않는 문제 고객은 당장 정리해야 한다.

사업주들은 총 매출액을 높게 유지하기만 하면 모든 것이 합리화될 수 있다는 속임수에 빠지기 쉽다. 하지만 이런 문제 고객에 대한 진정한 손익계산서를 작성해보라. 그런 고객들을 독촉하고 달래는 데 소비하는 모든 시간까지 고려하면 실제로 얻는 이익은 거의 없다. 그들 대부분이 가져다주는 낮은 가치와 그들을 처리하는 데 소비한 시간과 에너지를 따지면 결과는 오히려 순손실일 것이다.

가치가 낮은 고객들을 해고해야 하는 또 다른 이유는, 그들이 당신의 재정적 자원을 빨아들이는 것 외에도, 당신의 기회를 앗아가기 때문이다. 문제 고객을 해고하면 당신은 기존 부족(열광적인 팬 집단)에 집중하고 새로운 부족 구성원을 찾는 데 사용할 수 있는 귀중한 시간과 자원을 확보할 수 있다. 해로운 고객들이 당신의 시간과 에너지를 잡아먹고 있다면, 실제 존중과 관심을 받아야 할 고객들에게 쏟아야 할 시간과 에너지가 그만큼 부족했을 것이다. 삐걱거리는 바퀴에 기름을 치려고 애쓰지 말고 바로 교체하라.

당신의 부족원들은 당신이 흡혈귀 고객을 달래려고 애쓰거나 떠돌이 고객을 잡으려고 노력하거나 눈표범에게 시간과 자원을 쏟아붓고 있을 때에도 계속 불을 비추면서 당신과 함께 있으면서 당신을 홍보해주는 사람들이다.

당신을 비방하는 고객들과 관계를 끊으면 가치 있는 부족 구성원들에게 더 많은 사랑을 주는 데 필요한 시간을 벌 수 있다. 그렇게 함으로써 고객 충성도를 높이고 고객생애가치와 건강한 수입을 빠르게 증가시켜 오염된 매출로 인한 손실을 훨씬 능가할 수 있다.

문제 고객을 해고하는 것의 또 다른 부수적 효과는, 공급 물건이 부족할 때에도 정직성을 잃지 않을 수 있다는 것이다. 공급량이 한정되어 있어서 선별적으로 물건을 공급해야 하는 상황이 생겼을 때에도 부족 구성원들은 당신의 규칙에 따라 행동하고 기꺼이 그에 따라 지불할 것이다.

사업은 즐거워야 한다. 문제 고객들이 당신에게서 그 즐거움을 빨아들이도록 내버려 둔다면, 당신은 사업 운영에서 얻을 수 있는 혜택의 일부를 잃는 것이다. 사업이 더 이상 재미가 없다면, 아무리 많은 돈을 벌어도 그 비참함을 보상받을 수 없다. 실제로 사업이 재미가 없다면 제대로 운영하지 못할 가능성이 크다. 정기적으로 시간을 내어 당신을 가장 고통스럽게 하는 고객들을 분류하고 그들에게 합당한 조치를 취하라. 그러면 무거운 짐을 벗은 것 같은 기분이 들고, 가치 있는 부족원들에게 집중할 수 있는 새로운 에너지를 충전할 수 있게 된다.

게다가 그 문제 고객들이 당신의 직접적인 경쟁자에게 간다면 일석이조의 효과를 거둘 수 있지 않겠는가. 당신은 문제에서 벗어나고 대신 경쟁자들이 그 문제 고객을 떠안게 될 테니까 말이다.

8장 실행 과제

고객생애가치를 어떻게 높일 것인가?

1페이지 마케팅 플랜의 여덟 번째 칸을 채워보자.

추천 시스템을
구축하고 활성화하라

추천 시스템을 구축하고 이를 활성화하는 것은 매우 활동적인 과정이다. 많은 기업이 구매고객이 제품이나 서비스를 다른 사람에게 추천해주기를 바라지만 이를 실현시켜줄 사려 깊은 시스템을 갖추지 못하고 있다. 몇 가지 간단한 전술을 실행하면 추천 시스템을 마케팅 프로세스의 신뢰할 수 있는 부분으로 만들 수 있다.

이 장에서 다루는 주요 내용

• 입소문에만 의존하는 것이 실패하는 전략인 이유

• 궁색하거나 절박한 것처럼 보이지 않으면서 추천을 요청하는 방법

• '250의 법칙'이란 무엇이고, 그것이 지속적인 추천 비즈니스 흐름에 미치는 영향

• 추천 마케팅의 심리와 기존 고객이 추천하고 싶게 만드는 방법

• 공동 투자로 원원 시나리오를 만드는 방법

• 당신의 고객을 다른 사람에게 소개함으로써 발생하는 이익

• '브랜딩'의 진정한 의미와 당신 회사에서 브랜드 가치를 높이는 방법

공짜 마케팅에
의존하지 마라

사업주들과 마케팅하는 방법을 이야기할 때마다 빠지지 않고 등장하는 것이 '입소문 마케팅'이다. 처음에는 그런 대답에 놀라기도 했지만, 이제는 그러려니 생각할 정도다. 여기서 입소문 마케팅이란 당신 회사가 일을 잘하기만 하면 그 소문이 퍼져서 더 많은 손님들이 찾아올 것이라는 소극적 형태의 마케팅을 말한다.

이 장의 제목이 '가만히 앉아서 추천을 기다려라'가 아님에 주목하라. 이 장의 제목은 '추천 시스템을 구축하고 그것을 활성화하라'이다. 이는 추천이 이루어지게 하려면 회사 입장에서 매우 적극적인 활동을 해야 한다는 것을 암시한다. 하지만 많은 사업주들은 추천은 자신들이 뭘 해서 이루어지는 것이 아니라 운 좋으면 저절로 이루어지는 일이라고 여긴다. 물론 그런 수동적인 입소문 마케팅도 좋지만, 그런 방법만으로 사업을 성장시키기에는 너무 속도가 느리고 신뢰할 수도 없다. 설령 당신 회사가 모든 일을 잘 해낸다고 하더라도 그것이 소문이 나서 성공적인 회사가 되려면 수년, 심지어 수십 년이 걸릴 수도 있다. 3장에서 설명한 바와 같이 회사가 단일 장애점을 갖고 있다는 것은 매우 위험한 일이지만, 그 장애점을 통제할 수 없다면 위험은 더욱 배가된다.

입소문은 공짜 점심과 같다. 아무것도 하지 않으면 아무것도 얻을 수 없는 법이다. 입소문이 나면 당연히 감사할 일이지만, 당신 자신과 온 직원들을 먹여 살리기 위해 입소문에만 의존할 수는 없다. 입소문에만 의존한다는 것은 회사의 운명을 타인에게 맡기는 것과 다를 바 없다. 타인이 당신 회사를 좋아하고 자주 기억해주기를 바라며 새로운 사업이 확장되기를 기대하는 것은 매우 위험한 발상이다. 이제는 훨씬 더 강력한 추천 마케팅 시스템을 구축해야 할 때다. 그저 운 좋게 추천이 일어나기를 바라고 기다릴 것이 아니라 적극적으로 시스템을 구축하고 활성화시켜야 한다.

대부분의 사업주들이 가진 문제점은 적극적으로 추천을 요청하면 자신이 궁핍하거나 절박해 보일지 모른다고 생각한다는 것이다. 그들이 그렇게 느끼는 것은 추천 요청을 마치 구걸이나 부탁처럼 여기기 때문이다.

따라서 구체적인 추천 전략에 들어가기 전에 추천 마케팅의 이면

제3막 후속 단계

에 숨어 있는 심리부터 이해해보자. 당신이 가장 최근에 친구에게 식당이나 영화를 추천했던 때를 떠올려보라. 추천한 이유가 단지 식당 주인이나 영화관에 대한 호감 때문인가?

그렇지는 않을 것이다. 그보다는 친구도 당신처럼 좋은 경험을 하기를 원해서다. 당신이 친구에게 추천한 이유는 그 경험이 당신을 기분 좋게 했기 때문이다. 그것은 바로 우리가 추천 마케팅에서 강조하고 싶은 개념이다. 그저 앉아서 기다리면서 누군가가 우리를 우연히 발견하고 다른 사람에게 추천해주기를 기다리는 것이 아니라, 스스로 이러한 과정을 계획하고 구성하며 촉진시켜야 한다. 그 과정을 좀 더 사려 깊고 신뢰할 수 있게 만들어보자.

요청하라, 그러면 얻을 것이다

5장에서 소개한 세계 최고의 세일즈맨 조 지라드를 기억하는가? 그가 고객 목록에 있는 모든 고객에게 매달 안부 엽서를 보내기 시작한 이유 중 하나가 바로 '250의 법칙' 때문이었다. 조는 여러 가톨릭 장례식의 방문자 명부에서 장례식에 참석한 사람들의 수를 헤아려보았더니 평균적으로 250명 정도 된다는 사실을 발견했다. 나중에 그는 장례식장을 운영하는 사장에게 차를 팔면서 장례식에 평균 몇 명이 참석하느냐고 물어보았다. 장례식장 사장은 약 '250명'이라고 대답했다. 또 그의 아내와 결혼식에 참석했을 때 케이터링 회사의 사장에게 결혼식에 오는 평균 하객 수가 몇 명인지 물었더니 케이터링 회사 사장도 '신부 측 250명, 신랑 측 250명 정도'라고 대답하는 것이었다. 마침내 조는 대부분의 사람들이 자신의 삶에서 결혼식이나 장례식에 초대할 만큼 충분히 중요한 사람은 약 250명 정도라는 사실을 깨달았다.

이러한 깨달음을 바탕으로 그가 거래하는 모든 고객은 잠재적인 250개의 추천을 대표하고 있다는 생각에 이르렀다. 그래서 그는 고객을 거래의 상대로 생각하고 단지 차만 팔기보다는 관계를 구축하기 시작했다. 그가 한 일 중 하나는 새 차를 산 고객들을 추적해 그들이 산 새 차에 어떤 문제는 없는지 묻는 일이었다. 그들이 아무 문제 없이 잘 굴러가고 있다고 대답하면 추천을 요청했다. 또 무슨 문제가 있다고 대답하면 그 문제를 해결한 다음 추천을 요청했다.

여기서 우리는 **비즈니스에서 그리고 실제 삶에서 원하는 것을 얻는 최고의 전략 하나를 알 수 있다. 바로 요청하는 것이다.**

많은 사람들이 발견되기를 기다리고, 뽑히기를 기다리고, 언급되기를 기다린다. 하지만 당신은 기업가다. 이 말은 당신은 그런 일이 일어나기를 마냥 기다리는 것이 아니라 자신을 위해 **무언가를 적극적으로 해야 한다**는 것을 의미한다. 이런 점에서 볼 때, 추천을 받는 가장 좋은 방법 중 하나는 고객에게 추천을 요청하는 것이다. 수많은 사업주가 추천을 바라면서도 다음과 같이 간단한 요청을 거의 하지 않는다는 것은 놀라운 일이다.

고객님, 당신과 함께할 수 있어서 정말 즐거웠습니다. 당신과 비슷한 상황에 있는 분들을 알려주시면 저희 회사와 첫 상담 시 당신의 이름으로 그분들에게 100달러 할인권을 드리고자 합니다. 우리가 서비스 비용을 낮출 수 있는 이유는 귀하 같은 분들의 추천을 통해 사업 기회를 더 많이 얻기 때문입니다.

자, 이 요청이 어떤 의미를 갖고 있는지 살펴보자.

• 우리는 그 고객들을 인정하고 그들의 자존심에 호소하고 있다. 사람들은 인정받는 것을 좋아한다.
• 우리는 그들에게 부탁하는 것이 아니라, 그들의 이름으로 네트워크상의 누군가에게 가치 있는 것을 줄 수 있다고 제안하는 것이다.
• 우리는 그들에게 추천할 합당한 이유를 제공하고 있다. 그건 바로 그들 자신이 직접 겪었던 이익 때문이다.

우리는 추천이 일어나도록 하는 시스템을 구축함으로써 입소문 마케팅의 신뢰성을 획기적으로 높일 수 있다. 물론 모든 사람이 다 추천해주지는 않겠지만, 많은 사람이 추천하게 할 수는 있다. 그것이 수동적으로 추천을 바라는 것보다 훨씬 더 낫다는 것은 두말할 필요도 없다.

확실한 사실은, 고객들이 자신과 비슷한 다른 사람들을 많이 알고 있다는 것이다. 인간은 본능적으로 호감과 관심, 상황이 비슷한 사람에게 끌리기 때문이다.

판매하는 동안이나 신규 고객을 유치하는 과정에서 자연스럽게 다른 사람을 추천받고 싶다는 것을 그들에게 기꺼이 밝히는 것도 훌륭한 전략이다. 예를 들면 다음과 같이 말하는 것이다.

고객님, 제가 귀하를 위해 일을 잘 처리해드리겠습니다. 하지만 그러려면 귀하의 도움이 필요합니다. 우리의 새로운 사업은 대부분 추천을 통해 이루어집니다. 이는 새로운 고객을 유치하기 위해 광고비를 쓰는 대신 절감한 비용을 귀하께 직접 드리기 위함입니다. 대개 신규 고객 한 분이 약 3건의 추천을 해주십니다. 우리와 거래한 후 100% 만족하신다면, 우리가 도울 수 있는 다른 고객 세 분 이상을 잊지 않고 추천해주시기 바랍니다. 감사합니다.

이를 다시 정리하면 다음과 같다.

- 좋은 결과를 얻을 것이라는 사실을 그들에게 알려준다.
- 추천함으로써 그들이 이미 얻거나 얻을 수 있는 이득을 보여준다.
- (너무 강요하지 말고) 예상 추천인 수를 제시하며 누가 적합할지(누구를 추천할지) 미리 생각할 수 있게 한다.
- 거래에 만족할 때 추천하면 된다고 말해줌으로써 추천의 권한이 전적으로 그들에게 있음을 분명히 한다.

그저 다른 사람들의 호의에 의존하는 것은 사업가가 되려는 생각이라고 할 수 없다. 하지만 입소문 마케팅의 신뢰도를 높여 관심고객의 흐름에 대한 주도권을 회복하면 빠른 사업 성장을 위한 탄탄한 기반을 구축할 수 있다.

방관자 효과를 극복하라

추천을 부탁할 때 어떻게 부탁하는지에 따라 당신이 받게 될 추천의 질과 앞으로 계속해서 추천받을 가능성이 크게 달라질 수 있다.

방관자 효과bystander effect라는 게 있다. 현재 응급 사태나 범죄가 일어나고 있어도 주변에 많은 군중이 모여 있으면 모두 그 일을 그저 구경만 하는 방관자 입장에 서게 된다는 현상을 말한다.

군중 속의 모든 사람이 각자 다른 누군가가 개입하거나 돕거나 긴급 구조대에 연락할 것이라고 생각하고 정작 자신은 아무런 조치도 취하지 않는다는 것이다. 결국 주도적으로 나서서 돕는 사람은 아무도 없고 상황은 더 악화된다.

어떻게 곤경에 처한 사람을 보고도 돕지 않을 수 있을까? 하지만 사실은 당신도 그럴 수 있다. 고속도로에서 사고 장소를 지나면서 속도를 늦춰 무슨 일인지 보지만, 다른 누군가가 사고 난 사람들을 도우리라 생각하고 그냥 지나친 적은 없는가? 그것이 바로 방관자 효과에서 나온 행동이다. 이런 행동은 내가 직접 그들을 도와야 한다는 책임감이 생기지 않기 때문에 일어난다. 당신이 그 사고에 직접 관련이 없기 때문에 강한 책임감을 느끼지 못하는 것이다.

언젠가 비즈니스 네트워킹 행사에 참여한 적이 있었다. 참가자들이 돌아가면서 "X라는 서비스가 필요한 사람을 알고 있다면, 제게 소개해주세요"라고 말하는 순서가 있었다. 한 배관공이 일어서서 "양질의 배관공이 필요한 사람을 알고 있다면, 제게 소개해주세요"라고 말했다. 이어서 IT 기술자가 일어나서 "컴퓨터 시스템 업그레이드에 도움이 필요한 사람을 알고 있다면, 제게 보내주십시오"라고 말했다. 여기서 막연하게 '사람'이란 도대체 누구를 말하는 것일까? 바로 당신 이외의 누군가를 말한다. 막연하게 나 아닌 다른 사람들을 의미하는 것이다. 물론, 이것은 추천과 관련한 방관자 효과의 예시다. 사람들은 모두 다른 누군가가 추천 부탁을 도와줄 것이라고 생각한다. 하지만 그 배관공과 IT 기술자는 아무도 추천받지 못할 것이다.

응급처치 교육을 보면 군중 속에 있는 특정 사람에게 구체적으로 지시를 내리라고 가르친다. "누가 구급차 좀 불러주세요"라거나 "누가 담요 있으면 가져 오세요"라고 불러서는 안 된다는 것이다. 우리가 이미 짐작했듯이 여기서 '누군가'는 나 아닌 다른 누군가를 말하는 것으로 들린다. 그래서 응급처치 교육에서는 '특정 사람에게 눈을 맞추고 가리키면서 구체적으로 지시하라'고 가르친다. 예를 들어 녹색 모자를 쓴 남자를 가리키며 "당신이 구급차를 불러주세요"라고 하거나, 노란 점퍼를 입은 여자를 가리키며 "당신이 담요를 가져다주세요"라고 말하라는 것이다.

이제 불특정한 '누군가'가 아니라 구체적 지시를 수행할 특정 인물이 정해졌다. 그렇게 되면 개인적인 책임감이 생기고, 특정인이 그 구체적 지시를 완수할 확률은 크게 높아진다.

추천도 마찬가지다. 추천을 부탁할 때에도 막연히 누군가가 아니라 매우 구체적이어야 한다. 그러면 실제로 추천이 이루어질 확률이 크게 높아진다.

추천이 어떻게 이루어지는지 메커니즘을 잘 이해하기 위해서, 먼저 모든 추천은 2명 이상의 사람들이 모여 대화할 때 발생한다는 사실을 알아두자. 대화 속에서 추천할 수 있게 하려면 다음 3가지 일이 일어나야 한다.

1. 모여서 대화하는 사람들 모두 그 대화가 당신이 하는 일에 관한 것임을 알고 있어야 한다.
2. 당신을 떠올릴 수 있어야 한다.
3. 마침내 그들은 당신을 대화에 끌어들이고 막연히 누군가가 아닌, 대화 상대방에게 당신을 소개한다.

예를 들어 당신이 재무설계사라면, 앞서 언급한 한 행사의 예처럼 "재무설계사와 상담이 필요한 사람을 알고 있다면 제게 소개해주세요" 같은 애매하고 무미건조하게 추천을 부탁해서는 안 된다.

첫째, 단순한 일로 재무설계사가 필요한 사람은 없다. 특정 문제가 있을 때 해결하기 위해 재무설계사가 필요할 뿐이다. 예를 들어 정년이 가까운 사람들이라면 자신이 보유하고 있는 돈이 은퇴 후 편안하게 살 만큼 충분한지 확인하고 싶을 수도 있다. 그러니 당신이 해결해줄 수 있는 잠재고객의 특정 문제가 무엇인지부터 알아내는 것이 먼저다.

둘째, 누구에게 추천을 부탁할지 생각해봐야 한다. 고객 데이터베이스를 살펴보면 여러 부동산 중개인이 있음을 알 수 있을 것이다. 이를 염두에 두고 은퇴가 가까워진 사람이 생활비를 줄이는 방법에 대해 알고 싶어 할 것이라고 생각해보는 것도 논리적인 접근이다. 장성한 자녀들이 독립해서 집을 떠나 지금 사는 집이 그들에게 너무 크고 유지 보수 비용도 많이 들 것이다. 그들은 아마도 유지비가 덜 드는 작은 집을 찾을 것이다.

셋째, 아마도 지역적인 혹은 국가적 사건이 발생해서 은퇴 시기에 이르렀거나 은퇴를 앞둔 사람들이 은퇴를 고려한다. 예를 들어 최근에 다국적 기업이 외국의 현지 영업을 폐쇄했다거나 퇴직연금에 영향을 미치는 입법에 변수가 생겼다든지 등의 일이다.

이런 상황이 발생했다면, 당신은 훨씬 더 구체적으로 접근할 수 있다. 당신의 고객 데이터베이스에 있는 6명의 부동산 중개인에게 다음과 같은 내용의 이메일을 보낼 수 있다.

안녕하세요, 밥 선생님

혹시 귀하 주변에 정년퇴직 연령에 가깝거나 최근에 해고된 사람들 중에 부동산을 사거나 팔고 싶어 하는 사람이 있다면, 제가 그들을 진정으로 도울 수 있으리라고 생각합니다. 저는 '해고 수당을 올바로 사용하고 풍족한 은퇴 생활을 보장하는 7가지 방법'이라는 특별 보고서를 쓰기도 했습니다. 혹시 제 도움이 필요한 분이 계시면 전화나 문자를 보내주세요, 보고서를 보내드리겠습니다.

무슨 일이 일어나고 있는지 보았는가? 첫째, 추천서를 누구에게 요청해야 하는지, 어떤 사람을 추천받고 싶은지가 명확히 드러나 있다. 둘째, 당신의 서비스가 필요한 누군가가 도움을 요청할 계기를 직접 만들고 있다. 셋째, 추천인이 자신이 아는 사람에게 연락해 당신에게 전화를 걸라고 요청하거나 그들의 연락처를 당신에게 제공하는 식의 이른바 무작위 추천을 요청하지 않고 있다는 것이다. 그런 무작위 추천이 바람직하지 않은 이유는 당신과 그 잠재고객들 사이에 아직 신뢰가 쌓여 있지 않기 때문이다. 그들은 아직 누구와도 구매와 관련한 이야기를 할 준비가 되지 않았을지도 모른다.

마지막으로 당신은 추천인, 이 경우에는 부동산 중개인이 좋은 역할을 하는 사람으로 보이도록 상황을 설정했다. 부동산 중개인들이 자신의 고객들에게 가치를 제공하고 고민하는 문제를 해결하도록 돕는 모양새를 갖추게 해주었다. 이것이 바로 추천이 그저 운 좋게 수동적으로 이루어지는 것이 아니라 체계적으로 구축해야 한다는 사실을 잘 보여주는 예다.

추천을 진지하게 생각하고 있다면, 기존 고객의 데이터베이스를 체계적으로 살펴보고 주요 그룹별 또는 유형별로 추천 프로필을 만들어라. 그들은 어떤 사람들을 알고 있는가? 당신을 기억하도록 어떤 계기를 만들어주어야 할까? 어떻게 하면 추천인들을 좋은 사람으로 보이게 할 수 있을까? 추천인들이 추천할 사람들에게 어떤 가치를 제공하도록 도와주어야 할까?

이러한 질문에 답하면서 추천 프로필을 작성한다면, 수동적인 자세에서 벗어나 계획적이고 체계적으로 새로운 관심고객을 찾을 수 있다.

고객은 또 다른 누군가의 고객이다

때로 사업주들은 고객의 구매행동이라는 큰 그림을 보지 못한다. 단지 고객들과 상호작용하는 것을 보고 더 많은 상호작용을 얻기 위해 자신을 마케팅할 뿐이다.

물론 그것이 무슨 문제가 있다는 말이 아니다. 하지만 우리가 더 큰 그림을 보기 위해 노력한다면, 이전에는 숨겨져 있어 보지 못했던 이익을 발견할 수 있다. 마치 오랫동안 입지 않았던 재킷에서 50달러짜리 지폐를 찾은 것처럼 말이다. 하지만 물론 기쁨은 그보다 훨씬 더 크고 수익성도 있다!

고객이 당신과 한 거래는 그날 하루 동안의 수많은 거래 중 하나일 뿐이다. 그들은 당신과 거래하기 전에 다른 누군가와 거래했고, 당신과 거래한 후에도 다른 누군가와 또 거래할 것이다.

그 거래들이 당신과 관련이 있을 수도 있고 없을 수도 있지만 한

가지는 확실하다. 현재의 고객은 이전에 다른 사람 또는 다른 기업의 고객이었고, 과거 거래처는 그 고객을 얻기 위해 상당히 많은 돈을 영업과 마케팅에 투자했을 것이라는 사실이다.

그 고객이 당신과 거래하기 전에 거래한 회사들을 파악해보면, 당신 회사에서 개척하지 못한 수익을 발굴하는 데 도움이 될 수 있다. 그런 회사들 중 당신 회사와 직접 경쟁 관계에 있지 않은 몇몇 회사들과 합작 투자(JV) 계약을 체결한다면, 그 또한 비용을 많이 들이지 않고 자유롭게 관심고객을 발굴하는 방법이 될 수 있다.

당신이 변호사라면 회계사가 새로운 관심고객 발굴의 좋은 원천이 될 수 있을 것이다. 당신이 자동차 판매원이라면 정비사가, 당신이 애완동물 사료 소매상이라면 수의사가 새로운 고객 발굴의 원천이 될 수 있다.

이는 명백한 사실임에도 불구하고 실제로는 거의 이루어지지 않고 있다. 사실 합작 투자 사업을 진행하기가 쉽지는 않다. 가장 분명하고 직접적인 방법은 새롭게 진입한 관심고객이나 새로 발생하는 매출에 대해 수수료를 지불하는 방식이다.

일부 사업주들은 협력 파트너가 보내준 잠재고객에 대해 현금으로 보상해주는 것을 불편해할 수도 있고, 일부 업계에서는 이것이 합법적이지 않을 수도 있다. 구매고객으로 전환된 잠재고객에 한해 보상해주는 방법도 좋지만, 그 못지않게 효과를 낼 수 있는 간접적인 방법들도 있다.

그중 하나가 당신의 제품이나 서비스에 대해 기프트 카드나 상품권을 만드는 전략이다. 예를 들어 당신이 애완동물 사료 소매업인 '마이크 펫 월드'라는 가게를 운영한다고 가정해보자. 당신은 지역 수의사와 계약을 맺을 수 있다. 이 수의사가 그의 고객들에게 어떤 종류의 애완동물 먹이를 추천하는지 알아본 다음, 그가 자신의 새로운 고객들에게 줄 수 있도록 상품권이나 기프트 카드를 만드는 것이다.

이 방법의 장점은 모든 당사자에게 어떤 강요도 없고 이해충돌도 없다는 것이다. 예를 들어 수의사는 자신의 고객에게 이렇게 말할 수 있다. "당신의 개에게 XYZ 사료를 추천합니다. 다른 곳에서도 살 수 있지만, 제 단골손님이니 길 바로 아래에 있는 마이크 펫 월드에서 바로 사용할 수 있는 50달러짜리 상품권을 드리지요. 그곳에 가시면 언제든지 XYZ 사료를 구입하실 수 있습니다."

이 방법은 관련된 모든 당사자가 윈윈winwin하는 전략이다. 수의사는 단골 고객에게 50달러짜리 상품권을 무료로 제공할 수 있으므로 단골 고객에게 큰 호의를 베푸는 것이고, 고객은 예상치 못한 할인권을 받을 수 있으니 좋다. '마이크 펫 월드'의 주인인 당신은 소비자에게 50달러(물론 도매 비용은 훨씬 더 저렴할 것임)의 상품권을 제공하는 대가로 생애가치가 큰 새로운 고객을 확보할 수 있다. 게다가 그 고객이 수의사에게 호의를 가지고 있다면 그 호의의 상당 부분을 그대로 이어받을 수도 있다.

기프트 카드나 상품권을 받은 고객이 모두 그것을 사용하지는 않지만 대부분은 사용한다. 금전적 가치가 있는 상품권을 그대로 버리는 것은 돈을 버리는 것이나 마찬가지라고 여기기 때문이다. 적게 잡아서, 새 고객이 애완동물 사료 가게에서 소비하는 평균 생애가치가 5,000달러라고 계산해보자.

당신은 그 가치의 극히 일부만 쓰고도 어쩌면 올릴 수 없었을 매출을 올리게 된 것이다. 당신은 천재다!

이 과정을 반대로 적용해보면, 당신과 거래한 고객이 다음에 누구와 거래를 하는지 또는 하기를 원하는지 살펴보는 것의 중요성을 알 수 있다. 이는 고객에 대한 제안의 가치를 높이는 동시에 당신의 2차 수익원을 만들 수 있기 때문이다. 이런 방식으로 기존 고객을 기반으로 2차 수익을 발생시키는 몇 가지 방법을 소개한다.

• **관심고객 정보를 판매한다.** 당신과 직접 경쟁하지 않는 보완적 업종에 속한 다른 업체들은 우수하고 검증된 당신의 관심고객에 대해 상당한 금액을 지불할 용의가 있다. 다만 주의할 점은 당신이 그들의 세부 정보를 양도할 수 있는 명시적 권한이 있거나 고객의 명확한 허락을 받았을 때만 가능하다.
• **관심고객 정보를 교환한다.** 관심고객 정보를 돈 주고 사고파는 것

이 적절하지 않다면 보완적 업체들 간에 잠재고객 정보를 서로 교환하는 프로그램을 운영할 수 있다. 그들은 당신에게 그들의 고객을 제공하고, 당신은 그들에게 당신의 고객 정보를 제공하는 것이다. 물론 여기에도 고객 정보를 양도할 수 있는 명시적 권한이 있어야 한다. 고객의 허락 없이 그들의 기밀 정보를 누설해서는 안 된다.

- **보완 제품 및 서비스를 재판매한다.** 보완적 업체의 제품이나 서비스를 도매 또는 화이트 레이블 조건white label basis(생산자가 구매자의 브랜드를 붙여 생산·공급하는 방식-옮긴이)으로 구입하여 자신의 고객들에게 재판매할 수 있다. 이 방법의 이점은 생산자와의 관계를 완전히 통제할 수 있고, 고객 정보를 제3자에게 넘기지 않아도 된다는 점이다.

- **제휴업체와 추천 계약을 한다.** 관심고객 정보를 판매하는 것과 비슷하지만, 건별로 돈을 받는 것이 아니라 당신이 추천한 고객에 의해 발생한 매출에 대해서만 수수료를 받는다. 특히 향후 일어나는 모든 판매에 대해 계속적으로 수수료를 받는 조건으로 추천 계약을 체결하면 수익성이 매우 높을 수 있다. 한 번의 추천으로 영원히(또는 적어도 오랜 기간 동안) 수수료를 받을 수 있기 때문이다. 보험, 통신, 금융 등의 업종에 종사하는 업체들은 이 모델을 사용해 수익을 올리는 경우가 많다.

고객이 당신과의 거래 전후에 누구와 거래하는지 살펴보고, 전후 양방향으로 가치를 창출할 수 있는 방법을 찾아보라. 새로운 고객 창출의 중요한 공급원으로서 새로운 수익원이 될 수 있다.

브랜드 구축에 대하여

많은 기업이 브랜드에 대해 잘못 알고 있는 것 같다. 특히 영세기업들 사이에서는 엄청난 혼란이 있다. 인터넷에서 브랜드를 검색하면 다음과 같은 다양한 답변이 나온다.

- 브랜드는 당신이 고객들과 맺고 있는 감정적이고 심리적인 관계다.
- 브랜드는 어느 특정 회사가 특정 이름으로 생산하는 제품의 한 종류다.
- 브랜드는 한 판매자의 제품을 다른 판매자의 제품과 구분하는 이름, 용어, 디자인, 기호, 기타 특징을 말한다.
- 브랜드는 특정 제품이나 서비스에 대한 아이디어 또는 이미지를 말하며, 소비자는 그 아이디어나 이미지를 소유하고 있는 회사의 이름, 로고, 슬로건 또는 디자인을 보고 해당 제품이나 서비스를 연상한다.

하지만 이 모든 정의는 브랜드에 대한 부분적인 답변일 뿐이다. 군

더더기 없이 단순 명료한 정의를 좋아하는 나는 브랜드를 이렇게 정의한다. "브랜드는 회사의 개성personality이다." 사실 '브랜드'는 우리가 이미 잘 알고 있는 단어인 '개성'이라는 말로 대체할 수 있다. 그러면 그 의미가 명확해질 것이다.

당신의 회사를 하나의 사람이라고 생각해보라. 어떤 특성이 그 사람의 개성을 구성하는가?

- 이름이 무엇인가?
- 무슨 옷을 입는가?(즉 디자인)
- 어떻게 소통하는가?(즉 포지셔닝)
- 그 사람의 핵심 가치와 그 의미는 무엇인가?(즉 브랜드의 약속)
- 누구와 어울리는가?(즉 표적 시장)
- 얼마나 유명한가?(즉 브랜드 인지도)

이런 개성은 기업마다 크게 다르다. 도요타와 롤스로이스는 기능적으로는 같은 제품을 생산하지만, 위의 질문에 대한 대답은 무척 다르다.

일부 소규모 기업들은 애플, 코카콜라 등과 같은 유명 브랜드의 화려한 브랜드 광고를 보면서 자신들도 시간과 돈과 노력을 기울여 '브랜드 인지도'를 구축하고 싶다는 생각에 사로잡힌다. 하지만 그것은 본말이 전도된 것이다. 간단한 질문 하나 해보자. 당신은 매출과 브랜드 인지도 중 어떤 것이 먼저라고 생각하는가? 당연히 매출이 먼저다. 물론 회사가 커지면서 브랜드 인지도가 올라가고 이것이 매출을 끌어 올리는 건 사실이다. 하지만 그들이 대기업으로서 지금 하고 있는 일을 보지 말고, 처음에 성장하기 위해 무엇을 했는지를 생각해보라.

그들도 초창기에는 화려한 광고와 브랜드 인지도에 엄청난 돈을 쓰지 못했다. 그들은 그보다 먼저 거래를 성사시키고 제품을 팔아야 했다. 애플과 코카콜라가 처음부터 판매에 집중하지 않았다면, 오늘날 그들은 존재하지도 않았을 것이며 널리 알려지지도 않았을 것이다.

그래서 나는 소기업 사업주들에게 **브랜드 구축을 잘하려면 먼저 매출을 올려야 한다**고 강조한다. 브랜드가 기업의 개성이라면, 제품을 사는 것보다 당신의 개성을 더 잘 이해하는 방법이 어디 있겠는가.

이 책의 서두에서 강조했듯이, 당신이 대기업의 마케팅 관행을 모방하려는 것은 크게 잘못하는 것이다. 큰 실수다.

모든 것을 고려해볼 때, 브랜드 구축은 물건을 사도록 유도하기 위한 작업이 아니므로 고객들이 당신에게서 물건을 산 후에 해야 한다. 누군가를 직접 상대해봐야 그의 성격을 알게 되듯이 당신 회사의 개성, 즉 브랜드도 마찬가지다.

브랜드 자산brand equity(브랜드가 제품에 부여하는 추가적 가치-옮긴이)이란 사람들이 당신의 경쟁자보다 당신과 거래하고 싶게 만드는 호감도다. 예전에 누군가가 브랜드 자산을 다음과 같이 설명하는 것을 들은 적이 있다. "브랜드 자산이란, 고객이 길을 건너지 않아도 되는 곳에 똑같은 물건을 파는 가게가 있는데도 굳이 당신에게서 물건을 사기 위해 기꺼이 길을 건너는 것이다."

비유적으로 해석하든 문자 그대로 해석하든, 고객이 기꺼이 길을 건너 당신의 물건을 사러 오게 하는 요소가 바로 당신의 브랜드 자산이다. 브랜드 자산은 고객 충성도, 반복적인 거래, 제품 또는 서비스에 대해 매길 수 있는 프리미엄 가격의 형태로 나타날 수 있다. 중요한 것은 브랜드 자산이 추천의 선순환을 자극한다는 점이다.

다른 경쟁사들은 재고가 많아 긴 줄을 설 필요도 없이 살 수 있음에도 최신 애플 기기를 사기 위해 밤새 줄을 서는 사람들의 행렬을 보면 브랜드 자산의 중요성을 충분히 이해할 수 있다. 이런 특별한 브랜드 자산은 이미 과거에 이 제품에 대해 놀라운 경험을 한 고객들로부터 생겨나며, 이것이 그들을 열광적인 팬으로 만든다. 이런 브랜드 자산은 과장된 '브랜드 광고'만으로는 생길 수 없다. 애플사는 당신에게 제품 홍보를 강요하지 않는다. 그런데도 당신이 그렇게 하는 것은 애플사가 쌓아 올린 놀라운 브랜드 자산 때문이다.

영세 사업자로서 당신이 이를 모방하기 위한 최선의 방법은, 우선 판매에 집중한 다음 고객을 열광적인 팬으로 만드는 것이다. 이것이 브랜드를 키우고 싶어 하는 중소기업에 해주는 나의 조언이다.

9장 실행 과제

추천 시스템을 어떻게 구축하고 활성화할 것인가?

1페이지 마케팅 플랜의 아홉 번째 칸을 채워보자.

지금 당장 실행하라

1페이지 마케팅 플랜을 구성하는 9개의 사각형을 채우는 과정에서 많은 내용을 다루었다. 이제 마지막 단계다. 한 걸음 물러서서 직접 반응 마케팅의 수명주기에 대한 개요를 시각적으로 살펴보자.

1페이지 마케팅 플랜을 실행하면서 직접 반응 마케팅 수명주기를 분석하는 것은 당신 회사의 마케팅 성공을 위한 견고한 기반이 된다.

'감사의 말'에서도 언급했지만, 이 책에 있는 거의 모든 아이디어는 나의 독창적 발명품이 아니라, 대부분 직접 반응 마케팅의 대가들이 수십 년 동안 실제로 테스트하고 측정해온 검증된 전략, 전술, 개념이다. 그러나 1페이지 마케팅 플랜은 **실제 실행해야만 돌파구가 될 수 있다.** 1페이지 마케팅 플랜은 직접 반응 마케팅에 대한 이해를 최대한 단순화해 곧바로 실행할 수 있도록 설계되었다. 모든 것은 실행에 달려 있다는 점을 기억하라. 다시 한번 강조하건대, **알고도 하지 않는 것**

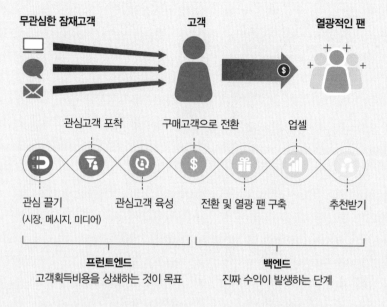

무관심한 잠재고객 　　　　고객 　　　　열광적인 팬

관심고객 포착　　　구매고객으로 전환　　　업셀

관심 끌기　　　관심고객 육성　　　전환 및 열광 팬 구축　　　추천받기
(시장, 메시지, 미디어)

프런트엔드　　　　　　　　백엔드
고객획득비용을 상쇄하는 것이 목표　　　진짜 수익이 발생하는 단계

은 모르는 것과 다를 바 없다. 실수나 어리석어 보이는 것을 두려워하지 말고 당신 자신과 회사에 투자해야 한다. 내 경험상, 기업가들이 마케팅 계획을 실행하지 못하는 이유는 다음 3가지 중 하나였다.

1. **완벽 강박증 때문에:** 처음부터 모든 것을 완벽하게 갖추기를 바라는 마음으로 더 많은 것을 배우려고 노력하거나 가장 최근에 각광받는 것만을 쫓아다닌다. 처음부터 모든 것을 완벽하게 할 수는 없다. 오직 실행을 통해서만 진정으로 배울 수 있다. 완벽주의

를 추구하다 모든 것을 미루는 사람이 되어서는 안 된다. **조건이나 상황이 완벽하기를 기다리다가는 아무것도 시작하지 못한다.** 성공한 기업가는 행동하고 빠르게 실행하며, 그 과정에서 계속 시정해나가는 성향이 있다. 내 초기 멘토 중 한 분은 **"돈은 속도를 좋아한다네"**라고 말하곤 했다. 나무 심기에 가장 좋은 때는 어제다. 두 번째로 좋은 때는 오늘이다. 당신이 회사를 위한 마케팅 시스템의 구축과 실행을 미뤄왔다면, 바로 지금이 나무를 심어야 할 때다. 그래야만 미래에 당신의 수고에 대한 결실을 거둘 수 있을 것이다.

2. **불안한 마음에 위임하지 못해서:** 5장에서 설명한 바와 같이, 사업은 팀 스포츠다. 나는 훌륭한 팀 없이 성공한 기업가를 본 적이 없다. 하루는 24시간밖에 없기 때문에, 하루에 더 많은 것을 성취할 수 있는 유일한 방법은 다른 사람의 시간을 이용하는 것이다. 다른 사람의 시간보다 더 중요한 것은 다른 사람의 전문 지식이다. 다른 사람의 시간과 전문 지식을 이용하면 당신 혼자 시행착오를 거치는 것보다 학습 시간을 몇 년은 단축할 수 있다. 당신이 그걸 모른다면 실패할 수밖에 없다. 전문가를 고용해 그들의 전문 지식을 활용하면 시간과 비용뿐만 아니라 엄청난 좌절감도 줄일 수 있다. 각자 일하다가도 상황이 어려워지면 당신의 목적을 위해 모든 사람이 힘을 합쳐 한 방향으로 일하게 하는 능력이

야말로 당신이 반드시 숙달해야 할 기술이다. 작고한 위대한 기업가 짐 론은 이 기술을 '매우 어려운' 기술이라고 말했지만, 이 기술보다 돈을 더 많이 벌게 해주는 기술은 없다.

3. **'내 회사는 다르다'는 생각 때문에:** 당신이 지금 겪고 있거나 앞으로 마주할 거의 모든 문제는 과거 누군가가 이미 해결한 문제들이다. 마케팅 문제에 대한 해결책도 이 책에 많이 나와 있다. 그런데 일부 사업주들은 "내 회사는 달라요. 당신의 해결책은 내 회사에는 소용없어요"라거나 "내 고객은 다릅니다. 그런 식의 마케팅으로는 절대 반응하지 않을 겁니다"라고 생각한다. 당연히 틀린 생각이다. 이 책의 전략과 전술은 수십 년에 걸쳐 오랫동안 테스트되고 입증된 것들이다. 이 전략과 전술들은 무역에서부터 컨설팅, 의료서비스에 이르기까지, 그리고 그 외 당신이 상상할 수 있는 거의 모든 유형의 회사에서 효과적으로 적용되었다. 오랜 시간 동안 다양한 업종에서 이 전략과 전술이 수행되는 이유는 바로 당신이 감정의 동물인 인간을 상대하고 있기 때문이다. 인간의 감정은 시간이 지나도, 그리고 어떤 업종에서도 변하지 않는다. 사람들은 놀라울 정도로 예측 가능한 방식으로 행동하기 때문에, 이 책에서 설명하는 직접 반응 마케팅 원칙은 당신의 회사에도 예외 없이 도움이 될 것이다. 이런 전략과 전술이 당신 회사에서는 왜 효과가 없을지 알아내려고 해봐야 부질없는 짓이

다. 차라리 어떻게 하면 효과를 낼 수 있을지에 대해 노력을 기울이는 것이 훨씬 더 낫다.

시간은 돈이 아니다

기업가로서 시장에 가치를 제공해주는 대가로 받는 것은 시간이 아니라 돈이다. 가치를 전달하는 데에는 당연히 시간이 걸리지만 우리는 제품 혹은 서비스의 가치에 대해서만 돈을 받는다. 우리가 시장에 많은 가치를 제공한다면 당연히 많은 돈을 받을 것이다. 그렇지 못하면 손실을 본다. 손실을 보는 것은 사람들이 가장 싫어하는 위험이다. 그래서 사람들은 자신들이 들인 시간에 대해 돈을 받고 싶어 한다. 한 시간 일하고, 한 시간만큼의 돈을 받기를 원하는 것이다. 그들은 어떻게 해서든 손실만큼은 피하고 싶어 한다. 그들은 돈을 버는 것도 좋아하지만, 그들의 진짜 목표는 고통을 피하는 것이다. 물론 그 자체로 문제될 것은 없지만, 이러한 사고방식은 하늘과 땅 차이다. 대부분의 사람들이 **시간과 노력의 경제**(들인 시간에 대해 돈을 받는)에서 일하지만, 기업가들은 오직 **결과의 경제**에서 일한다.

기업가로서 우리가 버는 돈은 가치 창출의 자동적인 부산물이다. 우리가 시장에 가치를 가져다주는 일에 초점을 맞춘다면, 여러 어리석은 실수를 막을 수 있다. 당장 수익을 얻기 위해 애쓰기보다는 장기적인 안목으로 고객을 대하게 될 것이다. 제품이나 서비스를 어설프게 대충 만들지도 않을 것이다. 결과(돈 버는 것)보다는 명분(가치)에 집중하면 장기적으로 훨씬 더 큰 성공을 거둘 수 있다.

이 책의 대부분은 효과적인 마케팅을 통해 고객을 확보하고, 유지하고, 만족시키는 데 초점이 맞춰져 있다. 이런 작업을 통해 당신 회사는 최대의 가치를 창출하고 빠른 성장을 촉진할 수 있다. 다른 모든 것은 부차적이다.

고객을 확보하고, 유지하고, 만족시킴으로써 더 많은 가치를 창출할수록 더 많은 돈을 벌게 되는 것은 당연하다. 그러나 불행하게도 많은 사업주가 실제 '회사를 운영'하기보다는 '회사 놀이playing business'를 하는 데에만 정신이 팔려 있다. '회사 놀이'를 한다는 것은 실제로는 가치를 창출하지 못하는 피상적인 활동을 하는 것을 말한다. '회사 놀이'의 몇 가지 예로는, 이메일만 확인하거나 실질적인 요점이나 의제가 없는 무의미한 회의만 끝도 없이 하는 것 등을 들 수 있다.

당신은 '회사 놀이'가 아니라 실제로 '회사를 운영'해야 한다. 사업에서 성공하려면 가치를 제공하는 활동에 끊임없이 집중해야 한다. 당신은 그런 노력을 산만하게 하거나 방해하거나 미루게 만드는 모든 것과 매일 싸워야 한다. 고객을 확보하고, 유지하고, 만족시키는 가치 창출 노력을 소홀히 한다면 회사는 어려움을 겪거나 실패한다.

문제는 그런 노력을 하는 것보다 더 재미있어 보이거나 당장 시급해 보이는 일은 항상 존재한다는 것이다.

우리는 '회사 놀이'를 하면서도 회사를 운영하고 있다고 변명하지만, 실제로 매일 해야 하는 가치 창출 활동은 몇 가지밖에 되지 않는다. 그중에서도 마케팅이 가장 중요하다. 마케팅은 단 한 번으로 끝나는 이벤트가 아니라 과정이다. 마케팅은 회사가 막대한 가치를 창출하고 그 가치를 제공하기 위해 매일 수행해야 하는 작업이다.

시간에 대한 당신의 관점이 회사에서 하는 모든 일에 영향을 미친다. 기업가에게 돈이 되는 것은 시간이 아니라 창출하는 가치다. 시간은 시장에 가치를 전달하기 위해 필요한 투입물 중 하나일 뿐이다. 마케팅을 매일의 과정으로 만들어라. 당신 자신만의 1페이지 마케팅 플랜을 수립하라. 물론 중요한 것은 계획의 실행이다. 매일매일 실제로 회사를 운영하고 가치를 창출하는 데 시간을 쏟아라.

1001일째 칠면조의 운명을 피하는 방법

성공은 당신이 어떤 차를 선택했느냐에 달려 있다. 예를 들어 어떤 회사들은 페라리와 같아서 마케팅을 추가하면 날개가 돋힌 듯 성공이 가속화하지만, 어떤 회사들은 낡아빠진 고물 자동차 같아서 마케팅을 추가해도 그저 호박에 줄 긋는 것에 불과할 수 있다.

신기술이 수십 년, 수백 년 동안 존재해온 산업을 파괴하는 시대에 당신의 회사나 당신이 속한 산업이 떠오르는 해인지, 아니면 지는 해인지를 지속해서 평가하는 것이 중요하다. 좋은 시절은 영원히 지속되지 않는다. 오프라인 서점, 레코드 가게, 왕년의 뉴스 미디어 거물이 지금 어떻게 되었는지 보라.

1900년경 뉴욕에는 약 10만 마리의 말이 있었다. 런던에서도 1900년에 1만 1,000대의 택시가 있었는데 모두 말이 끄는 마차였다. 또 수천 대의 버스가 있었는데, 버스 한 대당 하루에 12마리의 말이 필요했기 때문에 버스를 끌기 위해 총 5만 마리가 넘는 말이 필요했다. 이외에도 셀 수 없을 정도로 많은 수레, 짐마차, 농업용 마차 등이 빠르게 증가하는 도시의 인구에 필요한 상품들을 실어 나르기 위해 분주하게 움직였다. 당시에는 짐이든 사람이든 모든 교통수단은 오직 말이었다.

당시에 당신이 말과 관련된 사업을 하고 있었다면 사업은 크게 번창했을 것이다. 엄청난 양의 말 배설물을 치우는 일에서부터, 끊임없이 증가하는 말들을 손질하고, 먹이고, 마구간을 만드는 일에 이르기까지 말과 관련된 모든 회사는 잘나갔을 것이다.

그러나 몇 년 후 전기 시대가 도래하고 내연기관이 발명되면서 사람들과 짐을 이동시키는 새로운 방법이 개발되었다. 1912년이 되자

뉴욕에서는 자동차가 말보다 많아졌고, 급기야 1917년에 말이 끄는 대중 마차는 마지막 운행을 하기에 이르렀다.

불과 12년 만에 세계 최고의 비즈니스였던 말 사업은 그 수익이 절반 이상으로 떨어졌다. 다시 5년 후 말 사업은 파산을 맞았고, 말과 관련한 모든 지식, 관련 산업, 기술은 완전히 쓸모없게 됐다. 이처럼 기술의 변화가 기업이나 산업에 어떤 영향을 미칠지 예측하지 못하고 변화에 따른 적절한 조치를 하지 않으면 회사는 망할 수밖에 없다.

코닥은 디지털 사진 기술을 발명했지만, 그들은 초반에 주도권을 자신에게 유리하게 활용하지 못했다. 그들은 다른 경쟁자들이 그 시장에 들어오는 것을 그냥 보고만 있었다. 미국의 다국적 서점 체인 보더스Borders Group도 전자책 시대에 너무 늦게 소극적으로 대처하다가 마침내 파산이라는 대가를 치렀다.

1900년대 초에 호황을 누리던 말 사업가는 전기를 이용한 최신 전차가 나타나는 것을 보고 혼자 킥킥거리며 이 새로운 교통수단이 그저 지나가는 유행이라고 생각했을지도 모른다. 지난 수천 년 동안 말이 주요 교통수단으로 사용되어왔기 때문이다.

하지만 처음 몇 년이 지나면서 이 새로운 기술 도입으로 수익이 갈수록 줄어들자 잘나갔던 옛날을 그리워했을 것이다. 말 사업가는 지금 일어나고 있는 일에 화가 났을 수도 있고 정부가 개입하기를 기대했을지도 모른다. 요즘에도 어디선가 많이 본 장면 같지 않은가?

오늘날 제조업, 뉴스 미디어, 오프라인 소매업 등 다양한 산업이 위기에 처했거나 위기의 목전에 있다. 세계화, 인터넷, 신기술은 많은 산업을 파괴하고 있다. 그들은 정부가 개입하도록 로비를 하고 옛날의 좋은 시절이 다시 돌아오기를 바라면서 작금의 시국에 대해 불평하며 우는 소리를 내고 있다. 하지만 그 옛날 좋은 시절은 다시 돌아오지 않는다. 적어도 그들에게는 말이다.

그들은 왜 새로운 기술을 받아들이거나 그것에 동참하지 않는 것일까? 물론 그렇게 하는 사람들도 있지만 대부분은 그렇지 못하다. 그들은 칠면조와 같은 사고방식을 가지고 있기 때문이다.

나심 니콜라스 탈레브Nassim Nicholas Taleb는 그의 베스트셀러 『블랙스완』(동녘사이언스, 2008)에서 1,000일 동안 매일 아침 농부에게 먹이를 받아먹고 자란 칠면조의 이야기를 들려준다. 결국 칠면조는 농부가 나타날 때마다 먹이를 가져다줄 것이라고 예상한다. 지금까지 그래왔기 때문에, 칠면조는 그런 일이 일어나는 것을 당연히 여겼고 앞으로도 계속 그러리라는 것을 알고 있다. 사실 1,000일째 같은 일이 반복되어왔기 때문에 칠면조의 자신감은 최고조에 달해 있다. 칠면조의 그런 자신감은 1,000일 동안의 행적을 바탕으로 생긴 것이다. 지금까지 그래왔는데 잘못될 리가 있겠는가? 하지만 1001일째가 되었다. 그날은 추수감사절 이틀 전이다. 그런데 이번에 농부가 나타났을 때 그의 손에는 먹이가 없었다. 대신 날카로운 도끼가 들려 있었다. 칠면조는 자신의 예상이 빗나갔다는 것을, 좋은 시절은 영원히 계속되지 않는다는 것을 직감했다. 하지만 때는 이미 늦어 결국 죽고 말았다.

그러니 당신은 칠면조가 되어서도 안 되고 회사도 칠면조처럼 운영하면 안 된다. 과거에는 회사의 거의 모든 가치가 부동산, 공장, 장비, 재고, 유통 인프라 등과 같은 물리적 자산에 있었다. 하지만 오늘날 기업의 거의 모든 가치는 마케팅에 노출되는 고객의 수와 기업이 확보한 고객의 수가 얼마나 많으냐에 달려 있다.

오늘날 어떤 일이 일어나고 있는지를 직접 보라. 앞서가는 기업들이 효과적인 마케팅으로 고객을 확보하는 데 중심 역할을 한 것이 무엇인지 살펴보라.

- 세계 최대 택시 회사인 우버는 단 한 대의 차량도 소유하고 있지 않다.
- 세계에서 가장 인기 있는 소셜 미디어 소유자인 페이스북은 직접 콘텐츠를 만들지 않는다.
- 세계에서 가장 가치 있는 소매업체인 알리바바는 재고가 없다.
- 세계 최대 숙박업체인 에어비앤비는 부동산을 보유하고 있지 않다.

이 4개 회사의 가치를 합치면 수천억 달러나 된다. 궁극적인 경쟁 우위를 갖추는 것은 변화를 예측하고 그에 따라 조치를 취하는 것이다. 아마도 배짱이 필요할 것이다. 위험도 감수해야 하고 연구와 신기

술에 투자도 해야 할 것이다. 그러려면 다음과 같은 질문을 끊임없이
되새겨야 한다.

- 어떤 사업에 뛰어들 것인가?
- 내 산업을 혁신시킬 새로운 기술은 무엇인가?
- 다가오는 기술 변화와 싸우는 대신 그것을 최대한 활용하려면 어떻게 해야
  할 것인가?

당신은 고객이 관심을 갖고 있는 전략적 혁신을 한시라도 게을리
해서는 안 된다.

스컹크워크skunkworks(은밀하게 신제품을 개발하는 비밀 실험실-옮긴이) 프
로젝트는 현재의 사업을 계속 운영하는 것은 물론, 새로운 기술을 따
라잡는 최고의 방법이다. 스컹크워크의 가장 유명한 예는 애플이 개
발한 최초의 데스크톱 컴퓨터 매킨토시 프로젝트다. 구글도 직원들
에게 정상 업무 외에 관심 있는 프로젝트에 시간의 20%를 할애하는
것을 허용하는 방식으로 스컹크워크 프로젝트를 회사 문화의 일부로
만들었다. 지메일Gmail, 애드센스AdSense(웹사이트 소유자가 애드센스에 가
입하면 구글에서 광고비를 지불하고 기업 광고를 자동으로 그 웹사이트에 올려준
다. 웹사이트의 방문자가 그 광고를 클릭하면 구글이 광고주로부터 돈을 받아 웹사
이트 소유자와 공유한다-옮긴이), 구글 뉴스Google News 같은 성공적인 구글

제품들이 바로 이런 스컹크워크 프로젝트에서 나왔다.

당신은 업계의 새로운 기술과 동향에 어떤 자원을 투자하고 있는가?

당신의 회사와 산업에도 1001일째 날은 어김없이 다가오고 있다. 새로운 계획을 준비하지 않는다면, 당신 회사는 칠면조의 운명을 피할 수 없을 것이다.

혁신의 문화를 구축하고 당신의 산업에서 어떤 일이 일어날지 예측하면서 회사 내에 스컹크워크 프로젝트를 운영한다면 확실한 경쟁 우위를 차지할 수 있을 것이다.

기업가에서 마케터로 변신하라

아인슈타인은 "같은 일을 반복하면서 다른 결과를 기대하는 것이야말로 미친 짓"이라고 잘라 말했다. 그의 말은 잘 알려져 있지만 실천하는 사람은 거의 없는 것 같다.

매년 새해가 시작되면 사람들은 결심을 한다. 대표적으로 살을 뺀다거나 담배를 끊는다거나 빚에서 벗어나는 것 등을 들 수 있다. 그들은 한 해가 지나 시계가 12월 31일 자정을 가리키면 마법처럼 상황이 더 나아지기를 바란다. 하지만 그들이 새해의 두세 번째 주를 맞이했을 때, 언제 그랬느냐는 듯 다시 일상의 판에 박힌 낡은 습관으로 되돌아가고 새해의 결심은 먼 기억 속으로 사라진다.

결심은 소망의 가까운 사촌이다. 기본적으로 계획이나 실천 없는 목표에 지나지 않는다. 일상생활에서 아무것도 바뀌지 않는다면, 당신의 회사나 개인 생활 역시 아무것도 변하지 않는다.

빠르게 성장하는 기업의 공통점은 마케팅에 매우 집중한다는 것이다. 그들은 회사에서 마케팅을 일상화하고 마케팅 계획을 지속적으로 실행한다.

반면 실패하거나 어려움을 겪는 회사들은 마케팅을 전적으로 무시하거나, 계획이나 체계 없이 무작위로 마케팅을 실행한다. 그들은 한두 번 무작위 전술을 시도하다가 즉각적인 성공이 나타나지 않으면 포기하고 만다. 그것은 마케팅 계획이 아니다. 단지 재앙을 초래하는 지름길일 뿐이다.

또 훌륭한 제품이나 서비스만으로도 '회사를 알리는 데 충분하다'고 잘못 생각하는 회사들도 있다. 실패한 회사들의 묘지에는 훌륭한 제품과 서비스를 가진 사업체들로 가득하다. 대부분은 회사를 운영하는 사람들이 마케팅에 충분한 주의를 기울이지 않았기 때문에 실패한 회사들이다. **당신의 제품이나 서비스가 판매될 때까지는 그것이 얼마나 좋은지 아무도 모른다는 것을 명심하라. 고객들이 그것을 사기 전에는 당신의 마케팅이 얼마나 좋은가를 알 수 있을 뿐이다. 결국은 최고의 마케터가 매번 이긴다.**

사업을 간절히 성공시키고 싶다면 지금이 바로 결정적인 행동을 할 때다. 이제 당신은 훌륭한 마케터가 되기로 결심해야 한다. 지금이 바로 사업주에서 마케터로 전환할 때다. 일단 이런 멋진 변신을 하고 나면, 당신은 물론 당신 회사도 결코 예전과 같지 않을 것이다.

이 책이 마케팅 계획을 쉽게 수립하고 실행하는 것을 도와줄 것이기 때문에 마케팅을 올바로 구현할 돌파구가 될 것이라 믿어 의심치 않는다.

마케팅은 비즈니스에서 최고의 기술이다. 현재의 사업이 성공할 수 있도록 지원할 뿐만 아니라 미래에 일궈나갈 사업을 성공으로 이끄는 데도 큰 도움이 될 것이다.

이 책은 엄청나게 소중한 정보를 가르쳐주었다. 대부분 경쟁업체가 전혀 알지 못하거나 찾을 수 없는 정보다. 당신이 실행에 옮기기만 한다면 매우 유리한 고지에 오를 것이다. 다시 한번 강조하지만 실행하라. 이 책의 서두에서 언급했듯이, 알면서 실행하지 않는 것은 모르는 것과 같다. 늘 하던 대로만 반복한다면, 당신은 늘 똑같은 결과만 얻을 뿐이다.

성공적인 회사를 구축하면 당신 자신만의 방식으로 삶을 살아갈 수 있다. 당신의 회사는 성공할 자격이 있고 그것을 가능케 하는 것은 바로 당신이다. 자신만의 특별한 회사를 구축하고 원하는 삶을 살아갈 수 있는 여정에 당신을 초대한다.

1페이지 마케팅 플랜

초판 1쇄 발행 2022년 12월 16일
초판 5쇄 발행 2024년 1월 31일

지은이 | 앨런 딥
옮긴이 | 홍석윤
펴낸이 | 정광성
펴낸곳 | 알파미디어
출판등록 | 제2018-000063호
주소 | 05387 서울시 강동구 천호옛12길 18, 한빛빌딩 4층(성내동)
전화 | 02 487 2041
팩스 | 02 488 2040
ISBN | 979-11-91122-39-8 (03320)